LAS
PARÁBOLAS
DEL REINO DE
JESÚS DE NAZARET

Dr. Samuel Pagán

Editorial CLIE
www.clie.es

EDITORIAL CLIE
C/ Ferrocarril, 8
08232 VILADECAVALLS
(Barcelona) ESPAÑA
E-mail: clie@clie.es
http://www.clie.es

Las parábolas del reino de Jesús de Nazaret
ISBN: 978-84-18204-41-8
Depósito Legal:
Estudios bíblicos
Nuevo Testamento
Referencia: 225156

Impreso en Estados Unidos de América / *Printed in the United States of America*

El Dr. Samuel Pagán, ministro ordenado de la Iglesia Cristiana (Discípulos de Cristo), es un reconocido y apreciado biblista puertorriqueño, que ha publicado más de 50 libros y cientos de artículos en torno a temas exegéticos, teológicos, educativos, literarios y pastorales; además, ha trabajado en la edición y preparación de cinco Biblias de estudio, y colaborado en decenas de proyectos de traducción de la Biblia en América Latina, Europa, África y en el Extremo y Medio Oriente.

Entre las obras exegéticas y teológicas más conocidas de Samuel están sus libros sobre Jesús de Nazaret, el rey David, Introducción a la Biblia Hebrea y los Salmos; también ha publicado varios libros y artículos sobre diversos aspectos teológicos y ministeriales de la obra *Don Quijote de la Mancha*; ha editado varias revistas de educación cristiana transformadora y escribe regularmente sobre temas religiosos, educativos y sociales en diversos periódicos de Estados Unidos y América Latina.

En su trayectoria ministerial el Dr. Pagán ha enseñado, predicado y dictado cátedra en cientos de países y ciudades alrededor del mundo, ha sido profesor de la Biblia, decano académico y presidente de seminarios y universidades en Puerto Rico, Estados Unidos, Europa e Israel y, en la actualidad, es decano de programas hispanos en el *Centro de Estudios Bíblicos de Jerusalén*. Como profesor de Biblia y decano en este centro organiza y auspicia anualmente viajes educativos y transformadores a las tierras bíblicas para miles de peregrinos de habla castellana del mundo.

Posee los siguientes grados académicos: Bachillerato en Ingeniería Química de la Universidad de Puerto Rico-Mayagüez, Maestría en Divinidad del Seminario Evangélico de Puerto Rico, Maestría en Teología del Seminario Teológico Princeton, Doctorado en Literatura Hebrea del Seminario Teológico Judío y Doctorado en Sagrada Teología del Centro para la Educación Teológica de Florida. Además ha cursado estudios post-doctorales en lingüística y antropología en la Universidad de Texas y en geografía bíblica en el Centro Avanzado para la Educación Teológica en Jerusalén.

Samuel está casado con la Dra. Nohemí C. Pagán y tienen dos hijos y cuatro nietos. Viven, alternadamente, entre Jerusalén y EE. UU.

_Dedicatoria

A Don Plutarco Bonilla Acosta:
Español y latinoamericano,
escritor y erudito,
compañero de muchos años
y buen amigo…

_Índice

_Prólogo

"Círculo vicioso" es una expresión negativa, como lo indica el adjetivo peyorativo que acompaña a la palabra "círculo". El *Diccionario de la lengua española*, de la Real Academia Española y de la Asociación de Academias, la define así: "Vicio del discurso que se comete cuando dos cosas se explican una por la otra recíprocamente, y ambas quedan sin explicación".

El círculo vicioso está emparentado, en cierta forma, con otro error de raciocinio: el llamado *petitio principii* ("petición de principio"), que consiste en dar como probado aquello que hay que probar.

A esas formas desvirtuadas del razonamiento, podemos oponer lo que hemos denominado –para seguir utilizando simbolismos geométricos– "espiral virtuosa".

Nos explicamos.

La argumentación que se sigue en el círculo es, como el nombre deja claro, circular. O sea, que en el recorrido argumentativo se llega, con precisión, al punto de partida. Con ello quiere decirse que no se ha avanzado nada en el razonamiento. Al terminar el recorrido se está en el mismo preciso lugar desde donde se partió. Por eso, a ese círculo se le añade el calificativo de "vicioso".

En la espiral, al contrario, no se cierra el discurso. Como en la espiral geométrica, el círculo va elevándose de plano, de tal manera que cuando podría parecer que va a tocar el punto de partida, la línea se encuentra en un nivel superior.

¿Es esto, acaso, una lección de geometría? –se preguntará el lector–. ¿O de lógica? ¿Qué tiene que ver esto con las parábolas?

Con mucha probabilidad, nada.

Pero sí, y mucho, con un libro sobre las parábolas.

Y lo tiene, porque "saltamos" del nivel estrictamente lógico que analiza la corrección del pensamiento al más amplio de comprensión de los contenidos. Lo aclaramos en los párrafos siguientes.

"Escribir más y más libros es un trabajo interminable", dijo el Predicador (Ec 12.12). No obstante, hay libros y libros.

Unos libros son como los círculos viciosos, al tomar en consideración la bibliografía referida al mismo tema. Dicen solo lo que ya se ha dicho. El punto de llegada es el mismo al que otros ya han llegado siguiendo la misma ruta, sin añadir ningún elemento nuevo o novedoso... o sin profundizar más en la comprensión de lo ya dicho.

No se nos malentienda..., a pesar de haber usado, para referirnos a esos libros, el mismo adjetivo que ya mencionamos. Muchos de esos textos tienen su razón de ser, por muy diversas razones. Por ejemplo, por las personas que los escriben; por la forma en que se dice lo que se dice (o sea, por el estilo, al que algunos autores no le prestan la debida atención); por la inopia de textos sobre el mismo tema, en el contexto propio de la publicación; por las experiencias que los autores hayan añadido de su propia cosecha, etcétera.

Hay, así mismo, otros libros que responden a eso que hemos bautizado como "espiral virtuosa", pues la espiral no se desdice de la curvatura un tanto circunferencial que le es propia. Con esto queremos señalar que el autor de esos libros presta atención a lo que otros hayan expresado sobre el tema. En estos otros libros hay nueva información; nuevos acercamientos al tema (sin dejar de reconocer los aportes hechos por otros comentaristas); nuevos detalles, producto de la acuciosidad del ojo del investigador; nuevos énfasis, que pueden responder a experiencias de quien escribe o de aquellos para quienes se escribe...

Pues bien, dicho lo dicho, consideramos que el presente libro del doctor Samuel Pagán se enmarca dentro de la categoría de "espiral virtuosa". Por supuesto —repetimos— sin desdeño alguno, como debe ser parte de cualquier investigación responsable, por lo que otros hayan investigado sobre el mismo tema. La bibliografía que se incluye al final de este libro da testimonio de ello.

De las parábolas se ha escrito mucho. Y en diversos idiomas.

Y de esas mismas parábolas se ha predicado aún mucho más desde los púlpitos de las diversas comunidades cristianas.

Escuchar en la actualidad a dos expositores predicar, en tiempos distintos y en contextos diferentes, sobre una misma parábola es no solo interesante sino también intrigante. Dejemos de lado lo que podría considerarse accidental, aunque importante, en la predicación (como, por mencionar solo un aspecto, las habilidades y recursos retóricos de los que cada uno de los expositores pudiera echar mano). Lo intrigante radica en que nunca son dos predicaciones iguales. La labor que cada predicador haga en la "desmetaforización" de la parábola, o sea, en la traslación de las metáforas del relato a la realidad del propio predicador y de su auditorio, para determinar a qué corresponden, nunca coincide. Por ejemplo, ¿a qué se refieren las metáforas que el parabolista utiliza para describir las distintas clases de terreno en que cayeron las semillas? Más aún: tampoco coinciden esos predicadores en sus esfuerzos por señalar las implicaciones que tienen esas enseñanzas para las respectivas congregaciones receptoras de los mensajes. Y se da el caso, incluso, de divergencias en la comprensión de *qué es la semilla que se siembra*.

Todo ese proceso es significativo porque ilustra un hecho que bien destaca el profesor Pagán. Dice él, en efecto, lo siguiente:

> *Con el paso del tiempo, y también con el desarrollo de los primeros grupos de fe, los creyentes, particularmente los líderes –p. ej., evangelistas, apóstoles, maestros, pastores y profetas– fueron repitiendo, redactando, revisando, reestructurando y actualizando el mensaje original de las parábolas de Jesús, para adecuarlas a las nuevas circunstancias y los nuevos desafíos.*
>
> *(El énfasis, por medio de la letra itálica, lo ha añadido el autor de este prólogo).*

No hay que olvidar algo que también se destaca en el texto que prologamos: tal como salieron de los labios de Jesús, las parábolas fueron narradas en arameo, por lo que ya en las transcripciones que encontramos en los Evangelios ha habido diversos procesos de traducción oral que recorrieron un largo camino hasta plasmarse en los textos que sirvieron de base a nuestros Evangelios canónicos, escritos en griego.

Ese hecho no contradice, en absoluto, la otra afirmación que se hace así mismo en el presente libro: en esas parábolas se mantiene, no obstante, esas transformaciones, el núcleo esencial de las enseñanzas que Jesús quería transmitir. Y cada Evangelio acentúa detalles o aspectos de las parábolas que registran y que le sirven para destacar el oportuno mensaje. Así deben interpretarse, creemos, las diferencias en detalles cuando comparamos el texto de una misma parábola en dos o en los tres Evangelios canónicos.

Junto a ello, hay que destacar otro dato, como aporte indispensable para la más plena comprensión de las parábolas y, por ende, para su aplicación a nuestras diversas realidades. Lo expresamos, de nuevo, en palabras del autor:

> *El entorno de las parábolas se relaciona con la Palestina ocupada por el imperio romano, los campos de la Galilea, el mar de Genesaret, el camino de Jericó a Jerusalén, el judaísmo del siglo primero, el conflicto con los samaritanos.*

Lo explicamos con otras palabras: en efecto, las parábolas tuvieron sus propios contextos. Y estos fueron diversos, pues van desde la presentación original (la hecha por Jesús), pasando por las etapas por las que hayan pasado en el proceso de transmisión, oral y escrita, hasta la formulación en el texto canónico que ahora poseemos. Hay que añadir, además, que estos contextos son totales, en el sentido de que incluyen tanto los aspectos geográficos, políticos, religiosos, económicos y culturales, como los espirituales (por ejemplo, las expectativas mesiánicas de liberación que el pueblo albergaba y anhelaba). Si no se toma en consideración todos esos datos, se pierde el auténtico sentido del relato parabólico.

Préstese atención, a este respecto, a lo que el propio autor dice en el *Prefacio* en relación con el contexto en que este libro se gestó, pues tiene que ver, así mismo, con su propio contexto.

Aquí también resulta significativo percibir cómo el autor de nuestra obra ha esquematizado sus comentarios de las parábolas.

Aunque en la *Introducción* se explican aspectos que tienen que ver con lo que hemos comentado en líneas precedentes (hay una sección que se titula "Trasfondo histórico, cultural y religioso de las parábolas") se incluyen ahí otros epígrafes muy importantes. Entre ellos, destacamos estos dos: "Características de las parábolas de Jesús" (con diez subtítulos) e "Interpretación de las parábolas" (con la indicación de diez principios que deben tenerse presentes o seguirse al hacer la labor exegética).

Además de lo anterior, en cada uno de los comentarios a las parábolas, en los diversos capítulos de la obra, encontramos los siguientes apartados: (a) la parábola misma; (b) la cultura; (c) las implicaciones.

Un último detalle deseamos destacar.

No hay total unanimidad, entre los estudiosos de las parábolas, a la hora de definir cuántas son las que encontramos en los Evangelios del Nuevo Testamento. ¿Son parábolas los relatos que solo ocupan un versículo (en la división del texto en versículos propia de nuestras ediciones de la Biblia)? Por ejemplo, ¿son sendas parábolas lo que se dice en Lucas 13.19 y 13.21? ¿Son parábolas lo que encontramos en Marcos 2.21 y 22? Si se comparan con otras, como las de "Los labradores malvados", "El hijo pródigo", "El buen samaritano", pareciera que no lo son…, en caso de que nos atuviéramos solo a la extensión. De ahí que algunos comentaristas hablen también de "dichos parabólicos" …

Pero tampoco hay unanimidad cuando se trata de clasificar las parábolas.

Todos los estudiosos concuerdan en que gran número de las parábolas tienen que ver con el tema central del ministerio de Jesús, tema que él mismo expuso desde su primera predicación en la norteña provincia de Galilea, según el testimonio del Evangelio de Marcos. O sea, el "reino (o reinado) de Dios". Pero pareciera que la unanimidad de criterio termina ahí.

Por eso, es significativo que el Dr. Pagán haya enmarcado, dentro de ese tema general, todas las parábolas. Y lo hace siguiendo este llamativo esquema:

1. Parábolas del Reino
2. Parábolas del Reino y las cosas y las personas perdidas
3. Parábolas del Reino y sus ciudadanos
4. Parábolas del Reino y las riquezas
5. Parábolas del Reino y la piedad
6. Parábolas del Reino y la escatología

Nota final

Más, mucho más, habría que añadir, pero queda en manos de los lectores. Ahora solo queremos señalar que quienes hayan leído otras obras de la fecunda pluma del Dr. Samuel Pagán se percatarán de inmediato del hecho de que la que tiene en sus manos se enmarca dentro de su inconfundible estilo. Léxico variado; expresión clara; énfasis reiterados donde lo cree oportuno, con el uso de palabras (verbos, substantivos o adjetivos) que en escala ascendente van revelando diversos aspectos del punto que desea destacar; intención pedagógica; interés pastoral.

Y una nota muy personal: agradezco el inmerecido privilegio de escribir esta presentación.

Plutarco Bonilla A.
Tres Ríos, Costa Rica
6 de junio de 2020

_Prefacio

Y les enseñaba por parábolas muchas cosas,
y les decía en su doctrina:
Oíd: He aquí, el sembrador salió a sembrar;
y al sembrar, aconteció que una parte cayó junto al camino,
y vinieron las aves del cielo y la comieron.
Otra parte cayó en pedregales, donde no tenía mucha tierra;
y brotó pronto, porque no tenía profundidad de tierra.
Pero salido el sol, se quemó; y porque no tenía raíz, se secó.
Otra parte cayó entre espinos;
y los espinos crecieron y la ahogaron, y no dio fruto.
Pero otra parte cayó en buena tierra,
y dio fruto, pues brotó y creció,
y produjo a treinta, a sesenta, y a ciento por uno.
Entonces les dijo:
El que tiene oídos para oír, oiga.
Marcos 4.2-9

Presentación

Este libro sobre las parábolas nació mientras escribía sobre la vida, las enseñanzas, la obra y el significado del ministerio de Jesús de Nazaret. Al analizar de forma sistemática y crítica los pasajes bíblicos que ponen de relieve el mensaje del famoso rabino galileo, me percaté que el corazón de sus enseñanzas se encuentra en esas narraciones, generalmente breves, que viven diseminadas en los evangelios canónicos, particularmente en los sinópticos. En efecto, la evaluación sosegada de la vida de Jesús pone claramente en evidencia que, en las parábolas, se descubre el núcleo fundamental de su mensaje, el centro básico de su doctrina y el corazón de sus enseñanzas. Además, las parábolas incluyen varias de las ideas, los desafíos y las imágenes más populares y famosas expuestas por el famoso Maestro de Nazaret.

Aunque las personas no sean religiosas ni estén muy interesadas en los asuntos asociados a la fe cristiana, las iglesias, la espiritualidad o la religión, ciertamente han escuchado, entienden y aun repiten frases como "el hijo pródigo", "los talentos" y "el buen samaritano". Esas expresiones provienen de las enseñanzas de Jesús que se encuentran en las parábolas. Esas afirmaciones han roto los linderos geográficos, históricos, religiosos y temporales, y han llegado con fuerza y vigor a las sociedades contemporáneas, particularmente al mundo hispanoparlante.

La verdad es que las parábolas son relatos sencillos, cuentos cortos, narraciones gratas que educan, motivan, inspiran, entretienen y desafían. ¡A la gente le gusta escuchar cuentos! Los niños y las niñas, y también muchos adultos, no quieren que les presenten datos complejos, informaciones confusas, estadísticas aburridas ni conclusiones ininteligibles. ¡Desean disfrutar la narración de un buen relato! Y Jesús, conocedor de esa singular característica humana, transmitió gran parte de sus enseñanzas en parábolas, que son narraciones espontáneas, cuentos cortos, relatos interesantes, asociados a la vida diaria de las personas y comunidades a las cuales se dirigía.

Me han guiado en la redacción de este nuevo libro sobre las parábolas de Jesús, varias obras de importancia capital en los estudios sistemáticos de este tipo de literatura, y en general de los evangelios y del fundador de la religión cristiana. Algunas se han convertido en documentos clásicos, como los libros de C.H. Dodd y J. Jeremías. Algunos autores presentan teorías interesantes y pensamientos innovadores, y han influenciado de forma destacada mis pensamientos y reflexiones: José Enrique Ruiz de Galarreta, Craig L. Blomberg y Klyne R. Snodgrass. Referencias a esas obras se notan o incluyen, no solo en la redacción de este libro, sino en la bibliografía, junto a los detalles particulares de cada publicación.

Mis objetivos

El siguiente libro está dirigido a personas interesadas en estudiar esta importante sección de los evangelios: las parábolas. El objetivo, además de introducir el tema para el lector y la lectora general, es identificar, exponer y comentar una gran parte de las parábolas de Jesús, para descubrir y disfrutar su mensaje, e identificar los valores y las enseñanzas que pueden ser apreciadas, aplicadas y vividas en la actualidad.

El libro que usted tiene en sus manos no nace en las bibliotecas de universidades famosas o seminarios teológicos distinguidos. Tampoco desea responder únicamente a las necesarias y muy importantes preocupaciones de mis buenos amigos y amigas de la academia. Esos son objetivos loables, pertinentes y necesarios, que yo ciertamente afirmo sin inhibiciones. Sin embargo, mi finalidad inmediata ha sido llegar a pastores y pastoras, maestros y maestros, y creyentes en general. Personas de habla castellana con apetitos espirituales, intelectuales, teológicos y pedagógicos, que deseen comprender mejor la naturaleza y extensión del mensaje de Jesús, aunque no estén iniciados en los análisis bíblicos avanzados, ni hayan comenzado sus estudios en la teología crítica, ni estén tomando cursos en el idioma griego *koiné*, en el cual están redactadas en el Nuevo Testamento las palabras de Jesús de Nazaret.

No quiero decir con estas afirmaciones que este libro evada o carezca de la necesaria rigurosidad académica profesional, o que no posea la reflexión crítica pertinente a obras serias de este tipo en torno al tema. Por el contrario, he querido incorporar en esta obra el estado actual de la investigación del estudio de las parábolas, para propiciar que esa información llegue a las comunidades de fe. Intento poner al servicio de todo el pueblo de Dios el estado actual de las investigaciones sobre las parábolas y la teología del Reino en el mensaje de Jesús de Nazaret.

Estoy interesado, por ejemplo, en llegar a seminaristas, estudiantes, creyentes y no creyentes, y académicos en general; que desean disfrutar y estudiar de forma profunda este sector importante de la pedagogía y teología de Jesús. Y con este objetivo didáctico he incluido al final del libro una importante –aunque no tan extensa– bibliografía, que puede motivar, inspirar y guiar a personas que deseen profundizar aún más en los temas que expongo y analizo. Invito a los lectores y las lectoras interesados en continuar estas investigaciones a penetrar aún más en este mundo maravilloso de las parábolas, guiados por nuestra bibliográfica y las reflexiones críticas que incluyo en el libro.

La verdad es que escribir en torno a este tema de las parábolas me ha dado una gran satisfacción personal, por las implicaciones familiares y profesionales que tiene. De un lado, honro a mi abuela y mis padres, pues con ellos escuché por vez primera las extraordinarias narraciones bíblicas que estudio aquí de manera formal, detenida y sistemática. Y del otro, espero que este estudio llegue a mis hijos y nueras, y a mis nietos y nieta, para que se mantenga en la familia, y también entre mis amistades, colegas y estudiantes, y en el pueblo en general, el mensaje grato, significativo, transformador, relevante y desafiante de las parábolas de Jesús de Nazaret.

He escrito este libro en medio de mis vivencias en la Tierra Santa, específicamente en Jerusalén. Es decir, que al analizar las parábolas y reflexionar en torno a las implicaciones de las enseñanzas de Jesús, he vuelto a los lugares tradicionales que recuerdan el escenario original de esas extraordinarias narraciones bíblicas. En medio de la redacción de esta obra me rodeaban los paisajes de Jerusalén, Jericó, el lago de la Galilea y Nazaret donde estas narraciones cobraron vida por vez primera.

En efecto, mientras investigo, reflexiono y escribo, he querido recorrer nuevamente las montañas alrededor de Jerusalén, transitar los terrenos pedregosos de la Galilea, disfrutar los paisajes del desierto de Judea, navegar las aguas del lago de Genesaret, caminar la ruta de Jerusalén a Jericó, y volver a Betania, para ver en lontananza el paisaje inspirador que se contempla desde la cima del monte de los Olivos, muy cerca de donde vivían el amigo y las amigas de Jesús, Lázaro, Marta y María. Esos ambientes son inspiradores, esos parajes son desafiantes, esas localizaciones son estimulantes, esas experiencias son transformadoras…

Escribo este libro, además, en medio de la traducción y revisión de la Biblia conocida como la Nueva Versión Internacional. Esas labores académicas y pastorales me han permitido regresar al corazón de la literatura que contiene las parábolas de Jesús, me han motivado a leer y releer las enseñanzas del maestro en el idioma en que se presentaron, y del cual se han traducido, a través de la historia: el griego *koiné* o común.

Agradecimientos

Son muchos los agradecimientos relacionados con la investigación, redacción y edición de esta obra. En primer lugar, la oportunidad que me concedió *Global Ministries* de vivir por varios años en la Tierra Santa, ha sido de un valor incalculable en mi vida personal, familiar y profesional. Le agradezco mucho al Dr. Peter Makari esa valiosa oportunidad. También *Educational Opportunities* me permitió vivir por períodos de tiempo prolongados en Jerusalén y proveyó los recursos necesarios para llevar a efecto las investigaciones pertinentes para preparar esta obra. Al Dr. James Ridgway y a su hijo James Ridgway Jr., va también nuestro muy sincero agradecimiento. Y a ambas instituciones y ejecutivos: Muchas gracias, muchas veces...

Además, quiero aprovechar la oportunidad para expresar públicamente mi agradecimiento al buen amigo y colega, Plutarco Bonilla Acosta. Fue su libro *Los milagros también son parábolas*, el que me inició en el estudio riguroso de las parábolas de Jesús de forma sistemática. Una vez leí su obra, supe que algún día visitaría esos temas y le impondría mis huellas digitales, mis pensamientos, mis ideas, mis teologías, mis prioridades, mis aspiraciones... Gracias Plutarco, eres un escritor magnífico y un amigo ejemplar...

Nohemí ha editado mis libros por muchos años. Ella no solo lee los manuscritos, sino los comenta y analiza, añade ideas y contribuye positivamente no solo en los procesos de redacción y edición, sino que me desafía con sus preguntas, reflexiones, análisis y teología. Gracias Nohemí...

El poema

Quisiera culminar este prefacio con algunas ideas que se exponen en una de las parábolas más famosas de Jesús. En efecto, «el sembrador salió a sembrar», y como respuesta a esa enseñanza incluyo un poema que escribí hace algunos años en torno a ese importante *Sembrador*, y las implicaciones transformadoras y contextualización de su mensaje...

El Sembrador...
Sembrador de las edades,
Sembrador de la esperanza,
Riega paz, justicia, danza,
Virtud, nobleza, verdades.
Labrador de las bondades,
Sembrador, Señor y Dios.

Toma un pedazo de tierra,
Haz surco en el corazón,
Toma la espina, el dolor,
De un pueblo que está llorando,
Destruye quejas, quebrantos.
Sembrador, Señor y Dios.

Sembrador de muchos suelos,
Que linderos, tiempos rompes,
Métete aquí entre los hombres,

Transforma, mueve y libera.
Cambia en vida las cadenas,
Sembrador, Señor y Dios.

Sembrador que sueñas gracia,
En medio de las tristezas,
Que a las mujeres renuevas,
Y les brindas libertad,
Llega con vida y lealtad
Sembrador, Señor y Dios.

Sembrador que vives presto,
Y respondes a clamores,
Eliminando dolores
Y destruyendo quimeras.
Libertador de mil penas,
Sembrador, Señor y Dios.

Sembrador de las ideas,
Forjador de pensamientos,
Levanta a un pueblo, que lento
Va rechazando las vedas.
Destructor de mil condenas,
Sembrador, Señor y Dios.

Sembrador de gracia y vida,
Quijote de las bonanzas,
Llega hasta aquí, a mis labranzas,
Endereza mis veredas,
Constructor de fortalezas,
Sembrador, Señor y Dios.

Samuel Pagán
Jerusalén
Semana Santa 2020

_Introducción

También dijo: «Un hombre tenía dos hijos,
y el menor de ellos dijo a su padre:
"Padre, dame la parte de los bienes que me corresponde".
Y les repartió los bienes.
No muchos días después, juntándolo todo,
el hijo menor se fue lejos a una provincia apartada,
y allí desperdició sus bienes viviendo perdidamente».
Lucas 15.11-13

Un mensaje y cuatro evangelios

La lectura inicial de los cuatro evangelios canónicos revela la importancia que tienen las parábolas en el estudio y la comprensión del mensaje de Jesús. De forma continua y sistemática, el Señor hablaba a sus discípulos en esa singular forma literaria. Tenía muchas enseñanzas y discursos, pero afirmaba un solo mensaje de esperanza, transformación y vida.

Una evaluación atenta de los documentos bíblicos pone en evidencia clara que las parábolas contienen una parte fundamental e indispensable del mensaje del famoso Rabino de la Galilea. Inclusive, hay porciones evangélicas que afirman, de manera directa y categórica, que Jesús solo le hablaba en parábolas a sus discípulos (p. ej., Mt 13.34; Mr 4.34). Estos versículos ponen claramente de manifiesto, en un lenguaje figurado e hiperbólico, que las parábolas jugaban un papel protagónico en la metodología pedagógica, la afirmación de los valores y la teología de redención del Señor.

La verdad histórica y académica en torno a las parábolas de Jesús es que sin identificarlas, analizarlas y explicarlas nos perderíamos un componente primordial y necesario del mensaje y las doctrinas fundamentales de Jesús. Sin las parábolas nos quedamos sin entender la amplitud, intensidad y profundidad de la teología cristiana en torno al Reino de Dios, el Reino de los cielos o simplemente al Reino.

Nos interesa mucho comprender no solo quién es Jesús de Nazaret, para entender lo que hizo, sino analizar con detenimiento el contenido de lo que dijo a sus discípulos y a los diversos grupos de líderes judíos de su tiempo. Deseamos evaluar con sobriedad las enseñanzas religiosas, los principios morales, las afirmaciones éticas y los valores espirituales del Maestro galileo, pues esos relatos tienen la capacidad de romper los linderos del tiempo, superar las limitaciones de espacio y llegar a la sociedad contemporánea con virtud liberadora.

El número de parábolas que se incluye en los evangelios no es tan fácil de precisar. Esta dificultad no se relaciona con nuestra imposibilidad de identificarlas, aislarlas, contarlas y estudiarlas en los evangelios canónicos, sino con la definición específica que se haga de este singular género literario. Para algunas personas que estudian profesionalmente el Nuevo Testamento y que de forma específica analizan el mensaje de Jesús, se pueden contar como parábolas tanto algunas de las frases muy cortas y las expresiones breves que hablan del Reino, como las narraciones más extensas que llevan al oyente o lector a meditar con detenimiento y profundidad en algunos detalles del relato y en las implicaciones del mensaje.

Dependiendo de la definición que se adopte, las parábolas en los evangelios pueden llegar quizá de treinta a cuarenta y hasta cincuenta, aunque para algunos estudiosos ese número inclusive puede ser mayor. De todas formas, en este trabajo sobre las parábolas me propongo estudiar el mayor número de ellas, aunque también identifico y exploro algunos dichos parabólicos más breves para descubrir alguna enseñanza singular del joven rabino galileo.

Propósito de las parábolas

Referente al propósito de Jesús al usar las parábolas, los evangelios nos brindan dos posibilidades. La primera explicación se relaciona con la facilidad de comprensión: ¡Para que todos los discípulos y oyentes entendieran con claridad el significado del mensaje! (véase Mt 13.34-35; Mr 4.33-34). En efecto, para lograr su propósito educativo fundamental, Jesús requería del uso reiterado de esta singular forma de comunicación indirecta, pues facilitaba la comprensión de su prédica y propiciaba el entendimiento de sus enseñanzas. Estas narraciones, junto a su capacidad de oratoria, le permitían al Señor exponer sus doctrinas y actualizar sus enseñanzas.

Hablaba en parábolas, según el evangelio, para que su auditorio inmediato pudiera asimilar con facilidad su palabra redentora y pudiera aquilatar sin dilación su mensaje transformador. Inclusive, de acuerdo con las narraciones de los evangelios, nada impedía que luego de la presentación pública de las parábolas, posteriormente las explicara con detenimiento y sobriedad a sus seguidores más íntimos. Ese ambiente íntimo con sus discípulos propiciaba el diálogo necesario para profundizar en los temas expuestos y destacar algún asunto de importancia ulterior.

Los evangelios presentan otra razón de peso para justificar el uso continuo de las parábolas en la difusión del mensaje de Jesús. De acuerdo con varios pasajes evangélicos (p. ej., Mt 9.9-13; Mr 4.9-12; Lc 8.8-10) el propósito también era esconder el contenido de ese mensaje. Según varias narraciones evangélicas, ¡la finalidad era obstruir el proceso de asimilación de su palabra! Esa conclusión, que se basa en una lectura rápida de solo algunas narraciones, sin tomar en consideración el resto de las enseñanzas canónicas, no necesariamente hace justicia al mensaje educativo más amplio e inclusivo de Jesús. Posiblemente los evangelistas, al explicar esta metodología educativa del Señor, pensaban en hacer más difícil la comprensión del mensaje del Reino a quienes se allegaban al grupo de sus seguidores con la intención de sorprenderlo en alguna ofensa a la Ley o en expresiones en contra de las autoridades religiosas y políticas de Jerusalén.

Referente a este singular tema del uso repetido de las parábolas, es menester comprender que entre las personas que seguían a Jesús había discípulos, colaboradores, amigos y amigas, y gente que positivamente estaba interesada en su mensaje transformador de esperanza y vida en abundancia. Sin embargo, no debemos ignorar que, a la vez, había un grupo de individuos que buscaba desafiarlo, confrontarlo con las enseñanzas rabínicas tradicionales y oficiales, comparar sus palabras con las de otros rabinos, maestros y líderes judíos, y hasta para contradecir en público su sabiduría y doctrina. Ese grupo funcionaba como espías al servicio de las autoridades políticas y religiosas de la época, tanto judías como romanas.

Al utilizar imágenes comunes e ilustraciones populares en la articulación de sus enseñanzas, Jesús pretendía que sus discípulos y seguidores sinceros lo entendieran; y al mismo tiempo, intentaba nublar el entendimiento y complicar el significado y las implicaciones redentoras de sus palabras ante los líderes de los escribas, fariseos y representantes del imperio romano. Esa forma de enseñar hacía que sus amigos y amigas se sintieran atraídos, fascinados y edificados por sus palabras; y esas enseñanzas, a la vez, hacían que sus adversarios, enemigos y contrarios las rechazaran, se ofendieran y hasta se escandalizaran.

Esta comprensión amplia de la pedagogía de Jesús apunta posiblemente hacia el significado adecuado de expresiones complejas y un tanto enigmáticas de Jesús. Y entre ese tipo de afirmaciones están las siguientes: para «que viendo no vean, y oyendo no oigan» (Lc 8.10), o «el que tenga oídos para oír, oiga» (Mt 13.43). El maestro usa de esta forma una singular y antigua manera de comunicación bíblica, que atribuye a Dios tanto la virtud capaz de renovar un corazón como la autoridad de endurecerlo.

En esa tradición teológica de doble significación, está el singular caso del famoso faraón de Egipto, en los tiempos de Moisés, que fue objeto de una intervención divina compleja: Dios mismo hizo que el corazón de ese líder político se endureciera, para propiciar el éxodo o la salida extraordinaria de los hijos e hijas de Israel de esas tierras. Egipto representaba, de acuerdo con los antiguos profetas bíblicos, el cautiverio y la opresión del pueblo de Dios; y Moisés era símbolo de esperanza, futuro y liberación. En esos relatos del éxodo, Dios mismo comisiona a Moisés la liberación de los israelitas y, a la vez, endurece el corazón del faraón para complicar el proceso de salida a la Tierra Prometida.

Las parábolas se relacionan muy bien con la pedagogía de Jesús. Como es un género literario imaginativo, que toma en consideración la cultura, el entorno, la naturaleza y la historia para transmitir el mensaje, facilitaba los procesos efectivos de comunicación. Para el Señor, la educación verdadera no era la repetición acrítica de las tradiciones antiguas del pueblo de Israel, sino la revisión de los valores prioritarios y los principios rectores que se manifiestan en la Ley y las enseñanzas de los profetas bíblicos, para explicarlos y aplicarlos a las nuevas realidades históricas, espirituales, sociales, económicas, políticas y religiosas del mundo palestino del primer siglo.

En el análisis detenido de las parábolas, se pone de manifiesto la capacidad didáctica y la visión teológica de Jesús de Nazaret. El Señor no se dedicaba a repetir las doctrinas de los fariseos y los saduceos, sino que, fundamentado en las tradiciones de los antepasados del pueblo, articuló un mensaje pertinente a su generación, que ciertamente rompió los límites del tiempo y la geografía, para llegar con fuerza a otras épocas y latitudes. Jesús, en efecto, era un maestro de las parábolas, un educador contextual, un buen orador con gran capacidad de comunicación, y un predicador extraordinario de valores, sueños y esperanzas.

Respecto a las parábolas de Jesús, la gente puede escucharlas con agrado y sencillez, disfrutar su mensaje esperanzador, aquilatar el significado desafiante y responder positivamente al llamado divino. Hay personas que, al escuchar el mensaje de las parábolas, y al ver el resultado de esas palabras transformadoras en los individuos y en la comunidad, responden con humildad, gratitud, conversión y fidelidad a los valores que se destacan en esas enseñanzas.

Otras personas, sin embargo, ante esa misma palabra, ripostan al mensaje parabólico de Jesús, con indiferencia o altivez, con hostilidad e inmisericordia, con resentimiento y agresividad. Ante las palabras redentoras, desafiantes y penetrantes del Maestro, hay individuos que deciden rechazar el llamado divino e ignorar su reclamo fundamental e indispensable: Vivir a la altura de los valores de paz, justicia y dignidad, que se ponen claramente de manifiesto en las enseñanzas del Reino de los cielos, que es la forma que utilizaba Mateo para identificar esa importante enseñanza de Jesús.

Definición de las parábolas

De fundamental importancia en este estudio es la definición de parábolas que usaremos. Esa definición básica nos ayudará a desarrollar los parámetros necesarios para enmarcar nuestro estudio en un entorno temático y teológico adecuado, y para ubicar nuestras reflexiones en un contexto literario y lingüístico pertinente. Además, nos permitirá agrupar las parábolas en categorías, para propiciar un mejor manejo de los asuntos expuestos y para fomentar una mejor identificación de las diversas características que manifiestan.

Algunas definiciones tradicionales nos pueden ubicar en la tradición hermenéutica, o de interpretación, de estas narraciones relacionadas con el ministerio de Jesús. De forma sencilla y popular, una parábola es un tipo de relato sencillo que transmite una verdad profunda. Otra manera breve de explicar el género es indicar que las parábolas son narraciones cortas que se cuentan con una segunda intención, con una finalidad alternativa. Esta última definición destaca el componente referencial del relato, sin necesariamente identificar a lo que se alude. Se trata de un tipo de relato que tienen una intención ulterior, además de las realidades que presenta.

Una definición más elaborada y académica, que presenta los diversos niveles de la narración, indica lo siguiente: "En lo esencial, una parábola es una metáfora o símil de la naturaleza o de la vida cotidiana que cautiva a quien la escucha por su fuerza o novedad, y que deja en la mente suficiente acerca de su aplicación exacta como para provocarla a pensar activamente" (C.H.Dodd). Esta definición, un poco más elaborada, compleja y técnica, destaca los elementos de comparación e incluye el propósito de pensar con juicio para descubrir las implicaciones de la enseñanza.

Nuestro análisis de las parábolas, explora las definiciones necesarias y adecuadas entre esas directrices. Desde la perspectiva temática y literaria, las parábolas son narraciones sencillas, comunicaciones indirectas, generalmente breves, que toman de la vida diaria sus imágenes, personajes, contextos y asuntos. Jesús las utiliza como un vehículo fundamental y prioritario en la comunicación de su mensaje. Las realidades de la vida, con sus desafíos, contentamientos y paisajes palestinos, son el recurso fundamental para el desarrollo de este tipo de enseñanza de Jesús. El ambiente genera en Jesús la creatividad y propicia la inspiración. Los gozos y las tribulaciones del pueblo estaban en el corazón de los propósitos de Jesús al comunicar esas narraciones breves y directas. Y fundamentado en esas realidades de la vida presentaba una enseñanza que desafiaba a los oyentes.

El estudio sobrio de las parábolas revela que, además, como se fundamentan en la cotidianidad, sus detalles, imágenes, colores, olores e insinuaciones incentivan la comunicación, propician el aprendizaje, fomentan la asimilación de los valores y contribuyen positivamente al proceso educativo transformador. Son narraciones que llaman al oyente y lector a la renovación: los desafían a moverse del mundo conocido a esferas noveles de la imaginación y la creatividad. Ese ambiente familiar de las parábolas le permite al oyente o lector identificarse con los personajes de las narraciones, que propicia una muy buena manifestación de contrastes y revelación de sorpresas.

En este proceso de definición literaria y temática, una singular y clara afirmación metodológica es de importancia capital: las parábolas no son alegorías, por lo menos en el contexto primario de sus presentaciones. La palabra «alegoría» proviene del griego *alla-agoreuo*, y etimológicamente, significa «decir otra cosa».

Las alegorías son formas de comunicación que están llenas de significados. ¡Hay enseñanzas e implicaciones definidas en cada uno de los detalles de las narraciones! Los personajes, las imágenes, los parajes y los silencios; tienen relevancia y significación. Las alegorías son comunicaciones preñadas de simbolismos en sus diversos componentes.

A través de la historia muchas parábolas se han visto, estudiado e interpretado desde esta forma alegórica. Y los intérpretes de estas narraciones de Jesús, descubrieron diferentes significados en los detalles, las ilustraciones y los personajes de las parábolas. La verdad es que ha sido un ejercicio de creatividad e ingenio, pues muchas de las interpretaciones delatan más las teologías de los intérpretes que las enseñanzas de Jesús.

Las parábolas, aunque en algunos procesos de interpretación han sido alegorizadas con intensidad −es decir, han sido comprendidas como si fueran alegorías− tienen solo un propósito específico y una finalidad determinada. Los detalles de esas narraciones no tienen necesariamente significación particular y no cumplen función educativa alguna. Las parábolas tienen un mensaje central definitivo que debe identificarse, destacarse y asimilarse. Y ante esa enseñanza y desafío, se espera del oyente o lector alguna respuesta.

Un elemento singular de las parábolas de Jesús es que son narraciones abiertas, sin conclusiones definidas claras, y en ocasiones finalizan de forma abrupta y sorpresiva. Parte del proceso educativo del Predicador nazareno es desafiar a la persona que oye y lee el relato a sacar sus propias conclusiones. El Señor motiva a quienes escuchan y leen sus enseñanzas a descubrir y disfrutar algunos alcances, tanto individuales como colectivos, del mensaje. Esta singular característica de las parábolas mueve a las personas a crecer y desarrollarse en los niveles del conocimiento: van de lo que conocen, aprecian y aquilatan, a planos noveles de comprensión que propician cambios fundamentales en sus actitudes, prioridades, valores, principios, decisiones y estilos de vida.

El tema fundamental de las parábolas es lo que Jesús identifica como el Reino de Dios o de los cielos, que es una manera singular de referirse a lo eterno, a Dios y a su señorío y poder sobre la historia, la humanidad y la naturaleza. Además, el Reino es una forma significativa de aludir a las relaciones humanas del Creador y las personas.

Referente a este singular tema del Reino, que veremos con detenimiento más adelante, es indispensable indicar de antemano que el objetivo primordial de las narraciones evangélicas no es solo transmitir informaciones o compartir conocimientos, sino llamar a una nueva forma de vivir, convocar a una manera novel de enfrentar la existencia, y reclamar un cambio sustancial de prioridades, valores y actitudes en la vida. ¡Los mensajes del Reino requieren cambios éticos, conversiones personales, transformaciones espirituales, renovaciones morales, redenciones sociales, liberaciones nacionales!

El Reino, más que un espacio histórico, es el reconocimiento del señorío divino sobre individuos, comunidades y pueblos. Más que un gobierno humano es la manifestación plena de la hegemonía divina en medio de la historia de la humanidad. Más que una administración geográfica es el aprecio a los valores que dignifican a las personas y enaltecen al Dios Creador. Más que súbditos serviles es la afirmación de la creatividad, la propiciación de la imaginación, la incentivación de esperanza y la promulgación de la renovación.

De singular importancia es comprender que las parábolas de Jesús son formas de comunicación simbólicas, son maneras de transmitir el mensaje que evitan las referencias claras y explícitas a los temas expuestos. Al mismo tiempo, son formas de referirse al Reino de manera directa, es decir: se trata de un valor supremo, un asunto fundamental, un principio distinguido en la vida, que demanda y requiere todo lo que las personas pueden brindar, todo lo que la gente quiere llegar a ser.

En las parábolas evangélicas, sin embargo, se indica únicamente que el Reino es «semejante a...», evitando de esa forma producir una definición explícita, definitiva y directa del término o de la idea. Se asocia el Reino con varias imágenes que destacan diversos conceptos que transmiten contenidos importantes para comprender su significado. Con el tema del Reino, Jesús inspiraba a sus discípulos y desafiaba a sus adversarios, abría nuevos horizontes teológicos para sus seguidores, e incentivaba la creatividad y la proyección al porvenir...

El análisis lingüístico del término griego *parabolé* también puede contribuir positivamente a nuestra comprensión de las parábolas en los evangelios. En español, la voz «parábola» tiene por lo menos tres usos y significados inmediatos. En primer lugar, puede describir, de forma amplia, a casi cualquier comparación que desee estimular el pensamiento y la reflexión. La expresión griega se puede utilizar para representar proverbios (Lc 4.23), enigmas o acertijos (Mr 3.23), comparaciones (Mt 13.33), contrastes (Lc 18.18), y narraciones simples (Lc 13.6-9) y complejas (Mt 22-14). Inclusive, si las alegorías constituyen un género literario singular, también pueden ser descritas de forma general por nuestro término (Mr 4.3-9).

Nuestra palabra «parábola», además, puede tener un uso más restringido y singular. Se puede utilizar solo para describir las analogías, y de esa manera se excluirían los proverbios, los enigmas o acertijos, y las formas narrativas de comunicación. Inclusive, una tercera forma aún más limitada de entender «parábola» en castellano, es distinguirla también de similitudes, alegorías e historias ejemplares.

La comprensión del término que usaremos en nuestro libro (p. ej., *paraballo*) se fundamenta en el análisis y la evaluación del sustantivo hebreo *mashal*, que generalmente se traduce en el texto griego de la Biblia hebrea conocida como la Septuaginta (LXX), como *parabolé* (p. ej., ¡en 28 de 40 oportunidades!). En efecto, *mashal* en hebreo posee un campo semántico amplio, pues puede referirse a cualquier frase o pensamiento que tiene la finalidad de estimular el estudio pausado, la reflexión profunda y el análisis sobrio. Hay estudiosos que entienden, inclusive, que Jesús, en una muy buena tradición rabínica, recurría regularmente a los *mashalim* (plural de *mashal*) para desarrollar sus ideas y presentar sus mensajes.

En nuestra evaluación de las parábolas, entendemos que Jesús hereda en sus enseñanzas esa comprensión hebrea del término *mashal*, traducido al griego como *parabolé*. Ese entendimiento de la antigua imagen bíblica lo incorpora en sus discursos, proverbios, comparaciones, enigmas o acertijos, e imágenes que estimulan el pensamiento crítico, la reflexión ponderada, el análisis cuidadoso, y la educación transformadora.

En hebreo hay tres verbos relacionados con la palabra *mashal*. Y pueden significar «ser como», «usar un proverbio o parábola» o inclusive «gobernar». Posiblemente esos tres verbos provienen de una misma raíz hebrea, que se puede asociar directamente con las ideas de «semejanza» o «comparación». De esta forma, los *mashalim* hebreos, son formas de comunicación indirectas que presentan semejanzas o articulan comparaciones. Esas ideas se revelan de forma clara en la comprensión que hacen los evangelios de las parábolas de Jesús.

Procesos de transmisión oral y redacción

Según se incluyen en los evangelios, las parábolas de Jesús han vivido procesos literarios importantes, que van desde la transmisión oral en las comunidades de fe, a la redacción individual y arreglo en grupos temáticos, pasando por varias etapas de revisiones estilísticas, transformaciones literarias, reformulaciones teológicas e interpretaciones contextuales. Desde el momento mismo en que el Señor pronunció las parábolas en su entorno inicial, hasta que se fijaron de manera escrita, para posteriormente incluirse en los evangelios, pasaron como tres décadas, posiblemente cuatro, o quizá más. En ese período la vida continuó, y las necesidades de los creyentes y las iglesias incipientes cambiaron, según variaban las realidades sociales, políticas, económicas y religiosas de las comunidades.

Con el paso del tiempo, y también con el desarrollo de los primeros grupos de fe, los creyentes, particularmente los líderes –p. ej., evangelistas, apóstoles, maestros, pastores y profetas– fueron repitiendo, redactando, revisando, reestructurando y actualizando el mensaje original de las parábolas de Jesús, para adecuarlas a las nuevas circunstancias y los nuevos desafíos. Y ese singular proceso de recuento, estudio, adaptación y presentación, se pone de relieve en la redacción de los evangelios canónicos en general, y también en la incorporación y fijación final de las parábolas que los evangelistas incluyen en sus documentos canónicos.

Jesús de Nazaret, de acuerdo con el testimonio evangélico, no escribió sus mensajes ni puso por escrito sus parábolas. ¡No tenemos constancia de que haya escrito sus enseñanzas! ¡El Señor dominaba la oralidad! ¡Era un genio de la palabra hablada! ¡Era un maestro de la expresión, los matices y la entonación! ¡Y tenía control sobre las pausas y los silencios, los gestos y las insinuaciones, las miradas y los suspiros, las declaraciones y los reconocimientos!

Lo que comenzó con un discurso pedagógico de importancia, llegó a la memoria de los oyentes. En esos recuerdos se mantuvieron las parábolas y enseñanzas de Jesús, que fueron repetidas por sus seguidores de manera reiterada. Las personas que escucharon las parábolas directamente de Jesús, y posteriormente de sus discípulos, las recitaban en diversos ambientes familiares y educativos, las explicaban en variados contextos eclesiásticos, las analizaban en entornos religiosos diferentes, y las exponían en distintas discusiones apologéticas.

Una forma de mantener la fidelidad en las narraciones originales, son los recuentos repetidos de las parábolas en diversos contextos. En presencia de otros testigos de los recuentos originales, no podían introducirse muchas variaciones ni podían incorporarse cambios temáticos y literarios que alteraran las fórmulas originales. La oralidad era una forma importante de mantener los temas singulares, los contenidos específicos y las fórmulas precisas de las parábolas. En ese período inicial del cristianismo, donde el recuento oral era visto con respeto y seguridad, la desconfianza recaía sobre los documentos, pues podían variarse o cambiarse de acuerdo con el propósito de quien redactaba el escrito.

Cuando las parábolas fueron fijadas por escrito, todavía estaban vivos algunos testigos de lo que Jesús había dicho. Entre los miembros de las iglesias había personas que escucharon esos mensajes en su contexto original. Esos testigos, que no necesariamente eran pocos, garantizaban la fidelidad de las transformaciones de las parábolas, que viajaron de una fundamental y básica etapa oral a otra escrita, de igual importancia.

Las enseñanzas de Jesús, incluyendo las parábolas, se utilizaban repetidamente en homilías, en la eucaristía o cena del Señor, en los procesos educativos, en diálogos teológicos entre creyentes, en himnos y cánticos espirituales, y en discusiones apologéticas. Y esos necesarios contextos eclesiásticos y pedagógicos constituyeron el ambiente adecuado, no solo para la fijación de las parábolas, sino para la redacción final de los evangelios canónicos.

Una de las fuerzas que motivó la redacción de las parábolas y los evangelios fue el rápido crecimiento de las iglesias, que demandó de sus líderes, particularmente de los maestros, materiales adecuados para discipular a los nuevos convertidos; necesitaban recursos eficientes para preparar a los creyentes que debían crecer y desarrollarse en la fe. El avance de las congregaciones por el Oriente Medio fue un detonante principal para transformar las narraciones en documentos, para mover la oralidad a la literatura.

De singular importancia en la evaluación de las parábolas de Jesús, es la relación entre Jesús y sus enseñanzas. Para los creyentes, las predicaciones y enseñanzas que se brindaban en las iglesias, particularmente en los procesos educativos, no eran los recuerdos de alguna persona fallecida y que recordaban con agrado y distinción. Por el contrario, esas enseñanzas y valores eran las palabras de un ser viviente, pues para las comunidades cristianas Jesús había resucitado, para los grupos de creyentes el Cristo resucitado estaba presente en sus actividades. Para la gente de fe, ¡Jesús no quedó cautivo en la tumba, no permaneció muerto! ¡El sepulcro no le había vencido! ¡Esas enseñanzas y narraciones y narraciones provenían de un líder que había roto con las comprensiones tradicionales de la vida y la muerte!

Las parábolas de Jesús, como también el resto de los evangelios, eran una forma de afirmar el milagro de la resurrección, era una manera espiritual de celebrar la vida sobre la muerte, era parte de un proceso teológico que destacaba la esperanza como un valor indispensable en la vida. El Jesús que había pronunciado las parábolas en su entorno original en la Galilea y Jerusalén, para sus seguidores, era el mismo Cristo que se manifestaba con virtud, gracia y misericordia en la vida de las congregaciones luego del día de Pentecostés. De esa forma teológica se unían las tradiciones históricas sobre Jesús de Nazaret con los reclamos de la fe, que afirma, sin temores e inhibiciones, que Dios resucitó a Cristo de entre los muertos.

En ese extraordinario proceso histórico, educativo, espiritual y teológico, las parábolas de Jesús fueron leídas y explicadas en las congregaciones. Algunas de esas reflexiones y revisiones posteriores se incorporaron en la redacción final de los evangelios como explicaciones de las parábolas (véase, p. ej., Mt 7.1-14). Y esas reflexiones se relacionan generalmente con los sermones y las enseñanzas de los líderes congregacionales, específicamente con las necesidades espirituales de las primeras comunidades cristianas.

Características de las parábolas de Jesús

Al estudiar el cuerpo en general de las parábolas de Jesús, se pueden descubrir y explorar algunos elementos significativos que las caracterizan. Se pueden discernir y descifrar, en efecto, al analizarlas, algunos detalles literarios, varias singularidades teológicas y diversas particularidades temáticas, tanto en el estilo del Maestro como del evangelista, que pueden contribuir positivamente al proceso de análisis y comprensión del mensaje.

No intento en esta sección imponer de forma arbitraria algunos criterios externos y ajenos a la gama rica, compleja y extensa del género parabólico de Jesús. La verdad es que cada una de las parábolas tiene su identidad, genio, sentido y singularidad: ¡No hay nada de lo que podamos decir que las abarque a todas! ¡No hay forma de contener la creatividad de un maestro excepcional! ¡No es posible subestimar la extensión y las implicaciones de las enseñanzas de Jesús!

Cada parábola es una unidad en sí, y no es tarea fácil descubrir y presentar características temáticas, estilísticas y literarias que se manifiesten en todas. Mi objetivo es identificar y subrayar algunos elementos estilísticos y temáticos que nos pueden ayudar en nuestro estudio. Sigo de esta forma los estudios contemporáneos en torno a las parábolas.

Las parábolas evangélicas son generalmente narraciones cortas

El mensaje se presenta de manera directa y clara, y la narración, en la gran mayoría de los casos estudiados, es corta. ¡Más de la mitad de las parábolas tienen cuatro versículos o menos! ¡Y solo nueve tienen más de diez versículos! Las parábolas van desde dichos breves en un solo versículo, hasta algunas narraciones un poco más extensas, que llegan a veintidós versículos. Los relatos son directos y desafiantes.

Las parábolas omiten detalles que no son relevantes para el objetivo del mensaje. Incluyen solo personajes y entornos que son necesarios para el descubrimiento y la afirmación de la enseñanza. Y de esta forma se excluyen pormenores y motivaciones que a nosotros nos pudieran parecer importantes y necesarios. En este sentido, hay que recordar y reiterar que las parábolas generalmente transmiten un solo mensaje, no son alegorías en las que cada detalle del relato tiene alguna significación ulterior.

Las parábolas son sencillas y en ocasiones, simétricas

La simplicidad de las parábolas impide que se vean más de dos personas o grupos actuando a la vez en la misma escena, aunque la narración incluya más personajes. Esa misma sencillez hace que el relato incluya estructuras balanceadas, contrastes, repeticiones y paralelos, que ayudan al importante proceso de memorización en las dinámicas educativas. Y para la oralidad y la memorización, esos detalles estructurales son muy importantes.

Las parábolas generalmente relatan acontecimientos relacionados con alguna persona

Con la posible excepción de la parábola de la semilla de mostaza (véase Mr 4.30-32), estas narraciones tienen que ver con los seres humanos. La prioridad de las parábolas es presentar una escena de la vida diaria. Lo cotidiano es lo importante, lo necesario y lo fundamental. No son enseñanzas hipotéticas o explicaciones filosóficas en torno a la naturaleza animal o vegetal, sino desafíos espirituales, éticos y morales para seguir los valores del Reino.

Las parábolas se fundamentan en la vida diaria, pero son relatos ficticios con componentes hiperbólicos

En estas narraciones se incorporan exageraciones para destacar algún punto, aunque el mismo relato hace que la gente se identifique con los personajes o se relacione con alguna de las escenas que se presentan. La hipérbole tiene la función literaria de enfatizar alguna enseñanza o incorporar el importante elemento de la sorpresa en la narración.

¡Es improbable que alguien pudiera tener 10,000 talentos en la Palestina del primer siglo! (Mt 18.23-35). La exageración en esta parábola hace que el mensaje llegue con autoridad y vida a su audiencia.

Las parábolas hacen que los oyentes o lectores se sientan atraídos por el relato, se sientan motivados por la narración

El propósito es crear interés, mantener la atención e incentivar algún tipo de respuesta, que puede ser reflexiva o activa. Y para lograr este particular objetivo, las parábolas hacen uso de diversos recursos, que pueden ser tanto literarios como retóricos: por ejemplo, se emplean soliloquios, diálogos y exageraciones; se pueden brindar algunos detalles en la narración que hagan que el oyente se sienta parte del relato. La finalidad es motivar al oyente a la acción y para lograrlo se utilizan los recursos disponibles.

Como uno de los propósitos básicos del mensaje de Jesús es desafiar a la gente a la conversión, algunas parábolas incluyen el importante elemento de llamado a la transformación. Son narraciones que llaman a la conversión, motivan al cambio de vida, reclaman la revisión de las prioridades, demandan la renovación de los valores en la vida.

Las parábolas generalmente incluyen un elemento crucial, muchas veces de forma sorpresiva, al final de la narración

¡La finalidad del relato es impactar el pensamiento de las personas y la conducta de la gente! Y de esa forma, al culminar la parábola, el oyente tiene espacio y tiempo para pensar qué debe hacer con el mensaje recibido. La sorpresa cumple un propósito didáctico fundamental en las parábolas.

Las parábolas tienen un contexto histórico, político, social y religioso específico y definido

El entorno de las parábolas se relaciona con la Palestina ocupada por el imperio romano, los campos de la Galilea, el mar de Genesaret, el camino de Jericó a Jerusalén, el judaísmo del siglo primero, el conflicto con los samaritanos. Y el conocimiento adecuado de ese contexto geográfico, político, religioso y espiritual es impostergable para la comprensión adecuada del mensaje. Por esa razón las parábolas se presentan sin explicaciones previas, ni introducciones temáticas. ¡La gente comprendía muy bien lo que Jesús decía!

Las parábolas de Jesús tratan el tema de Dios e intentan cambiar el comportamiento humano al confrontar las personas con los valores que deben distinguir a la gente que se asocia con los valores del Reino

En las narraciones se habla de una nueva realidad, superior a la presente, que demanda de las personas cambios sustanciales de actitud. ¡La teología de las parábolas es la afirmación del Reino de Dios! Y fundamentadas en esa importante afirmación teológica, las parábolas reclaman cambios sustanciales en la vida y el comportamiento de los oyentes.

Con frecuencia, las parábolas de Jesús aluden a narraciones o enseñanzas que se encuentran en el Antiguo Testamento

Jesús se educó en un ambiente judío donde el estudio de la Biblia hebrea era continuo, prioritario e indispensable. Y esas imágenes bíblicas y enseñanzas escriturales son las que informan el temario y nutren la teología de las parábolas de Jesús.

Regularmente las parábolas se incluyen en grupos, en el orden canónico de los evangelios

Ese arreglo literario posiblemente tiene la finalidad de destacar algún tema o enfatizar alguna enseñanza, no necesariamente indica el orden original en el cual Jesús presentó la parábola originalmente. Revelan, más bien, el objetivo temático y teológico del evangelista.

Interpretación de las parábolas

El proceso de interpretación de las parábolas debe seguir el rigor académico, la pulcritud intelectual y la piedad humilde que caracteriza todo estudio bíblico serio, pertinente, sistemático y profundo. ¡No hay atajos en la exégesis seria de las parábolas! ¡No hay caminos cortos en el estudio sistemático de estas narraciones! Se requiere, en efecto, buena disposición académica, recursos bibliográficos adecuados, serenidad de espíritu y apertura intelectual.

Para comenzar, hay que entender, y nunca olvidar, que tenemos tres desafíos mayores al estudiar la Biblia en general, y estas narraciones evangélicas en particular: las parábolas no se presentaron originalmente en español; no reflejan estos relatos la cultura latinoamericana; ni estas narraciones provienen de nuestra época moderna o postmoderna. En efecto, hay que reconocer, antes de acometer nuestra tarea investigativa de las parábolas, que existen diferencias lingüísticas, culturales y temporales que no pueden subestimarse al evaluar esta serie de discursos importantes de Jesús, ni mucho menos ignorarse.

Jesús pronunció sus parábolas posiblemente en arameo, y con el tiempo se tradujeron al griego koiné para formar parte de los evangelios. Las versiones que leemos en castellano provienen de traducciones de los mejores manuscritos griegos del Nuevo Testamento que tenemos a nuestra disposición el día de hoy. Sin embargo, no podemos perder de vista que aún las mejores traducciones siguen siendo traducciones, y que hay elementos lingüísticos que son extremadamente difíciles de mover de un lenguaje a otro. Además, cada idioma tiene su genio, sus características, sus singularidades, sus matices...

La cultura que presuponen las parábolas es esencialmente agraria, y prioritariamente revela las dinámicas rurales que se vivían en la Palestina del primer siglo. Es el mundo de la Galilea el que se pone de manifiesto en la mayoría de las narraciones de Jesús. Algunos relatos presuponen el ambiente y los contextos de la ciudad de Jerusalén, especialmente las dinámicas alrededor del Templo.

Las costumbres, los oficios, la geográfica, los comportamientos y las teologías forman parte de la cultura judía de la época de Jesús. ¡No son retratos de nuestras sociedades hispanoparlantes en América Latina, España y las comunidades hispanas de los Estados Unidos de América! Tener consciencia de esa distancia cultural es fundamental al comenzar el trabajo exegético y hermenéutico de las parábolas.

La Palestina que fue testigo de las parábolas de Jesús está enmarcada en las dinámicas sociales, políticas y religiosas del siglo primero. ¡Ese era un período de ocupación romana en Palestina! Era el momento de la hegemonía política de la familia de Herodes, que gobernaba bajo el amparo imperial de los ejércitos de Roma. Esa singularidad militar, que tenía repercusiones sociales, económicas, políticas y religiosas, es completamente diferente al mundo contemporáneo. En la actualidad, vivimos, solo para dar un ejemplo, en el tiempo de las comunicaciones instantáneas, donde las distancias físicas en el globo terráqueo se han acortado. ¡Es el mundo cibernético!

Una vez se toman las medidas necesarias para superar esos tres desafíos exegéticos básicos, procedemos a estudiar e interpretar las parábolas. Y para lograr ese objetivo fundamental, recomiendo ser cauteloso y riguroso, osado y prudente, audaz y humilde, sobrio y sabio. Además, invito a seguir las siguientes recomendaciones, que están en consonancia con las investigaciones académicas contemporáneas.

Hay que analizar cada parábola con sobriedad y detenimiento
Este estudio detallado debe tomar seriamente en consideración la estructura del relato, los paralelos y las simetrías de la narración; también debe ponderar las palabras clave del discurso, los paralelos en otros evangelios, el lugar de la parábola en la narración total del evangelio, y el factor sorpresa, que generalmente está presente al final del texto.

Debemos allegarnos a la parábola, en lo que se pueda, sin prejuicios teológicos ni presuposiciones temáticas
Es importante permitir que sea la misma parábola la que guíe el estudio, que oriente la identificación de los temas, que revele su teología, que describa a sus personajes, que presente las descripciones pertinentes. Es importante evitar, en lo que podamos, la imposición de nuestras teologías y estructuras eclesiásticas y filosóficas en la narración de la parábola.

Es muy importante recordar que las parábolas son producto de una cultura oral y fueron dichas mucho antes de ser redactadas
Aunque posiblemente Jesús las pronunció en más de una ocasión, la oralidad juega un papel protagónico en el estudio de las parábolas. Debemos estar pendientes de algunos detalles orales que son marcadores de significado: Por ejemplo, la expresión «el que tiene oídos para oír...» pone de manifiesto que en las narraciones de Jesús había más de un nivel de sentido al que había de poner singular atención.

Hay que prestar particular atención a cómo los primeros oyentes palestinos recibieron el mensaje
La interpretación de las parábolas debe tomar en consideración que fueron los discípulos, los líderes de las comunidades judías y los oyentes contemporáneos de Jesús en la Galilea o Jerusalén los que recibieron esa palabra por primera vez. Si alguna interpretación de estas narraciones no toma en consideración esa finalidad original de las parábolas, no es adecuada ni puede ser correcta. Debemos escuchar y tratar de descifrar lo que el Señor le quería enseñar a sus

seguidores primarios, antes de llegar a conclusiones y preparar enseñanzas para las comunidades contemporáneas.

Referente a las parábolas, hay que estar conscientes que su redacción final, y su ubicación dentro de la narración general en el evangelio, responde a las prioridades temáticas y teológicas de los evangelistas

Esta singularidad estructural requiere que identifiquemos y evaluemos las líneas teológicas fundamentales de los evangelios, para relacionar el mensaje específico de las parábolas con esa finalidad educativa y teológica de cada evangelista. No podemos perder de vista que las parábolas revelan dos contextos inmediatos: el primero, el entorno en el cual Jesús las pronunció; y el segundo, el uso que le ha dado el evangelista en la formación de su evangelio.

Analice la relación de la parábola con el resto de las enseñanzas de Jesús

Al estudiar e interpretar las parábolas, es importante ubicar el mensaje específico de esa narración con relación al resto de las palabras de Jesús. Esa teología general de Jesús, esas reflexiones amplias del Maestro nos pueden ayudar a entender los detalles, las imágenes, los matices, las ideas y los principios que se revelan en algunas parábolas en específico.

Las parábolas son narraciones cortas y debe interpretarse lo que está explícito en el relato, no lo que está ausente

Como las parábolas son breves, y evitan brindar información no necesaria para el propósito específico del relato, hay economía de datos, y el silencio de algún detalle no puede ser el fundamento para desarrollar alguna teoría hermenéutica o afirmar una tendencia teológica específica.

El tiempo en las parábolas se desarrolla en función del propósito del relato

El tiempo en las parábolas cumple una finalidad simbólica no cronológica. No se presentan relatos históricos, no se trata de experiencias vividas por los personajes neotestamentarios. Cada narración tiene su percepción del tiempo, la historia y las realidades.

De singular importancia es el final de la parábola

Aunque en la narración de las parábolas hay detalles que se articulan y un asunto singular que se presenta, hay que poner atención específica a la forma en que finaliza el relato. La terminación de las parábolas con frecuencia incluye un elemento de sorpresa, que revela la intención específica de Jesús y el propósito real del evangelista.

Identifique la finalidad teológica de la parábola

Las parábolas eran instrumentos educativos que le servían a Jesús para articular sus prioridades teológicas y presentar sus desafíos éticos, morales y espirituales. La identificación del valor teológico que la parábola desea destacar es de gran importancia en el esclarecimiento del propósito del relato. La comprensión de la teología de la parábola nos ayuda a entender su finalidad educativa y su desafío ético.

Estas recomendaciones, unidas a la responsabilidad, el esfuerzo y la dedicación de las personas que estudian estas narraciones, contribuirán positivamente al análisis y el esclarecimiento del mensaje de las parábolas, y también al descubrimiento de sentidos y valores que pueden aplicarse a la sociedad contemporánea. La comprensión y enseñanza de las parábolas debe estar ligada a su estudio riguroso y profundo, con las herramientas necesarias y con los recursos pertinentes.

Una palabra adicional es requerida, referente a la metodología de estudio de este tipo de narraciones de Jesús. El estudio de las parábolas no solo es ciencia sino arte, gracia y revelación. En el proceso sistemático, sosegado y ponderado de evaluación literaria y análisis teológico, nada sustituye la creatividad y el ingenio de un estudiante motivado y decidido, ni suplanta la gracia divina y la virtud del Espíritu. Debemos recordar que las parábolas transmiten las enseñanzas de un maestro excepcional, que utilizaba el lenguaje, no solo con pulcritud semántica, sino con arte, creatividad, ingenio e inspiración.

Trasfondo histórico, cultural y religioso de las parábolas

Jesús de Nazaret fue el maestro en la creación y presentación de las parábolas. Las utilizó como su vehículo educativo principal, posiblemente desde los comienzos mismos de su ministerio público en la Galilea, y prosiguió esa metodología hasta las etapas más avanzadas de su tarea docente en Jerusalén. En ese proceso didáctico, el Maestro de Nazaret fue desarrollando y perfeccionando ese sistema de comunicación, al utilizar las imágenes que le brindaban los parajes palestinos por los cuales transitaba regularmente con sus seguidores, e incorporar los temas y asuntos que le proveían sus lecturas, estudios y conocimiento de la Biblia hebrea o Antiguo Testamento. Quizá no inventó el género, pero lo utilizó de forma óptima, lo perfeccionó.

En honor a la verdad, se puede documentar el uso de parábolas en diversas culturas del mundo, antes y después del ministerio de Jesús. En las culturas chinas, por ejemplo, particularmente en ambientes budistas, se ha descubierto que el uso de parábolas tuvo una influencia considerable en la comunidad. Aunque no podemos afirmar que Jesús fue el primero en usar este tipo de comunicación indirecta para transmitir sus enseñanzas, podemos decir que en su ministerio terrenal ese género llegó a su máxima expresión.

La influencia del Antiguo Testamento

En el desarrollo del ministerio parabólico de Jesús, la influencia más decisiva, firme y clara proviene de sus lecturas, reflexiones y estudios de la literatura veterotestamentaria. Específicamente esa influencia se nota con claridad en las imágenes y los temas expuestos, y en el uso continuo de la literatura poética, sapiencial y profética. Ese ambiente de ideas, imágenes, valores, conceptos, principios, enseñanzas y teologías, que se pone claramente de manifiesto en la Biblia hebrea, constituyó la fuerza mayor que movió a Jesús a utilizar y desarrollar su ministerio educativo a través de las parábolas.

El Antiguo Testamento griego, o la versión Septuaginta (LXX), utiliza la palabra *parabolé* para traducir de forma continua el término hebreo *mashal*. Lo singular de esta expresión hebrea, es que su significado fundamental en castellano es «enigma» (quizá «acertijo») y transmite la idea de algo oculto. Esa comprensión se pone de manifiesto con claridad al leer y estudiar varios pasajes bíblicos del Antiguo Testamento de pertinencia y significación (p. ej., 1Re 5.10-14; Sal 78.2; Ez 17.1-2).

El *mashal* bíblico, en efecto, estaba relacionado principal y directamente con la literatura sapiencial. Describía algo enigmático o secreto; aludía a lo misterioso o proverbial; se relacionaba con lo oscuro e inexplicable. El *mashal* del Antiguo Testamento, aunque se ha traducido como «parábola» en la LXX y otras versiones de la Biblia, no transmite la totalidad de las ideas y los sentidos que se ponen de manifiesto al estudiar el contenido de las parábolas que utilizó Jesús en su ministerio. El elemento semántico fundamental que se destaca en el término *mashal,* es el misterio, mientras que la voz *parabolé,* en el ministerio de Jesús, describe prioritariamente un cuerpo de enseñanzas que son entendibles, comprensibles, asimilables y apreciables.

Una posible excepción en torno a esa comprensión hebrea es necesaria en este análisis. Se trata de un caso singular en el que un profeta utiliza la narración parabólica para confrontar al rey, con una intención similar a que se usa en el ministerio de Jesús. Se encuentra en 2 Samuel 12.1-7.

El relato se relaciona con la palabra que le llevó el profeta Natán al rey David, luego que el monarca adulteró con Betsabé y ordenó el asesinato del general Urías, su esposo. La parábola es sencilla: Un hombre pobre tenía solo una oveja, pero vino un hombre acaudalado y se la quitó, para hacer fiesta con sus amigos. Como respuesta al relato profético, el rey declaró la sentencia de pena capital sobre el hombre rico, insensible y prepotente. De singular importancia en el relato, es que un sencillo profeta confrontó a un monarca poderoso con una corta narración parabólica, que finalizó con una sentencia clara, con un reclamo firme, con una decisión solemne: ¡David, tú eres ese hombre injusto!

Quizá este es el único relato que a ciencia cierta deberíamos identificar como «parábola» en el Antiguo Testamento, en la comprensión del término como lo utilizó Jesús en su ministerio. En la narración no hay nada misterioso ni enigmático. Es un relato que incorporó en el proceso de comunicación al oyente, de forma tal que dictó una sentencia, sin percatarse que se trataba de él mismo.

Como en las parábolas de Jesús, el relato del profeta Natán no es un enigma indescifrable y complejo, sino una historia sencilla que demandaba una acción concreta del oyente. Es posible que esta sencilla narración profética haya servido de inspiración y motivación de Jesús para desarrollar su ministerio parabólico. Quizá fue el profeta Natán quien más influenció directamente el ministerio de Jesús de Nazaret, y si ese es el caso, de ese singular relato es que surgen los compromisos proféticos de Jesús.

La búsqueda cuidadosa de narraciones que se asemejen a las parábolas de Jesús en el Antiguo Testamento puede encontrar otros ejemplos significativos. Y hacia esa dirección pueden señalar los siguientes relatos: la parábola profética de la viña en el libro de Isaías (Is 5.1-7); el relato en torno a la viuda y los vengadores (2Sa 14.1-20), en la que Joab hace que una mujer sabia de Tecoa aconseje a David; y la singular narración parabólica en la que un profeta desconocido confronta al famoso rey Acab (1Re 20.35-42).

Quizá es el libro de Ezequiel el que más utiliza en sus mensajes ese tipo de idioma figurado e indirecto característico de las parábolas. Podemos identificar, por lo menos, un grupo de pasajes que utilizan un singular tipo de narración similar al de las parábolas, aunque para algunos estudiosos se trata más bien de alegorías claras y explícitas. Son relatos que describen diversos períodos de la historia de Israel, en los cuales el pueblo es comparado, entre otras imágenes, con una prostituta, una viña y un león (p. ej., Ez 17.2-24; 19.2-9; 19.10-14; 23.1-49; 24.3-14).

A esos pasajes de Ezequiel debemos añadir dos narraciones que merecen nuestra consideración especial, por los temas expuestos y la teología articulada. En el primero se alude a los pastores irresponsables e infieles de Israel, y se afirma que Dios mismo será el pastor de su pueblo (Ez 34). La relación directa con la imagen de Jesús como el buen pastor (Jn 10) es clara, obvia y directa. Y el segundo, trata el tema de la resurrección del pueblo de Israel, en medio de un valle lleno de huesos secos (Ez 37), que puede relacionarse sin mucha dificultad con las narraciones de la resurrección de Cristo.

La observación de su entorno

En el desarrollo del ministerio narrativo de Jesús, se puede identificar cómo el Maestro incorporó en sus parábolas las experiencias de vida: por ejemplo, sus vivencias de hogar, sus viajes por la Galilea, sus trabajos como carpintero y sus estadías cerca del lago de Genesaret. Se puede notar, al estudiar con detenimiento las parábolas y sus enseñanzas, que el entorno tiene una gran influencia en las dinámicas que rodearon a Jesús, mientras vivía, crecía, viajaba, observaba, enseñaba y trabajaba.

¡Un buen maestro usa lo que está a su disposición para crear y presentar sus lecciones! Y eso hizo Jesús… El hogar, la comida, la naturaleza, la flora, la fauna, el lago, la construcción, los paisajes, los pescadores, los agricultores y los peligros del camino, entre otros temas y asuntos, se incorporaron en las enseñanzas parabólicas de Jesús. Transformó esas experiencias de vida en narraciones interesantes y desafiantes, que hacían que el oyente o lector se sintiera atraído, motivado, desafiado, interpelado.

El Señor hablaba del trabajo familiar, la carpintería, y del hombre prudente que construía su casa sobre la roca (Lc 6.24); de la puerta estrecha (Mt 7.13) que aludía a las entradas bajas y angostas que permitían pasar a solo una persona a la vez; y de las lámparas de aceite (Mt 5.15) que facilitaban la visión en las casas oscuras de la Galilea.

La observación del trabajo del hogar le brindó a Jesús material adecuado y pertinente para la elaboración de los relatos parabólicos. En sus mensajes, aludía a la levadura necesaria para la elaboración del pan (Mt 13.33); a las medidas justas de grano (Lc 6.38); al vino nuevo y al viejo (Lc 5.37); y al trigo (Lc 16.7) y la cebada (Jn 6.9). Inclusive alude a la letrina (Mr 7.19), en uno de sus mensajes en el cual hablaba de lo que hace daño al cuerpo.

También la naturaleza le brindó al Señor una serie extraordinaria de imágenes, que utilizó para la ilustración adecuada de sus enseñanzas. Hablaba de las aves que no siembran ni siegan (Lc 12.24); y de higueras (Mr 13.28), olivos (Mr 13.3), zarzas (Lc 6.44) y espinos (Mt 13.7). Inclusive, comparó al Reino de los cielos con un sencillo y diminuto grano de mostaza (Mr 4.31), y entendió que la labor fundamental del sembrador es salir a sembrar, aunque la semilla caiga en diferentes tipos de terrenos (Mr 4.3).

Una serie de mensajes de Jesús requieren nuestra singular atención: las parábolas que incorporan sus observaciones sobre las personas y la naturaleza humana. Una buena persona da a sus hijos alimentos adecuados (Mt 7.10), como hace Dios con sus hijos e hijas; a los buenos amigos hay que recibirlos y responder a sus reclamos (Lc 15.5), aunque sea tarde en la noche; los jueces justos revelan solo un reflejo pálido de la justicia divina (Lc 18.3); los ciegos necesitan lazarillos que los dirijan, que no pueden ser también ciegos (Mt 15.14); y afirmó que en la vida, la gente que triunfa tiene lealtades definidas, no tiene dos señores (Mt 6.24).

Quizá la observación más intensa, y de significación más grata e importante, se relaciona con sus experiencias en el campo, específicamente en la observación de los pastores y las ovejas. Cuando vio las multitudes en la Galilea, pensó que estaban como ovejas que no tenían pastor (Mt 9.36); y cuando habló de la importancia de que nadie quedara atrás ni desorientado en la vida, relató la famosa parábola de la oveja perdida, en la cual un buen pastor dejó las noventa y nueve, por buscar a solo una oveja descarriada (Mt 18.13). Estas imágenes pastoriles, llegan a su más alto nivel cuando habla y dice: «Yo soy el buen pastor, y el buen pastor su vida da por las ovejas…» (Jn 10.11).

La literatura judía

Aunque en la literatura rabínica hay bastantes ejemplos de parábolas, similares a los usos de Jesús, es difícil precisar las fechas de composición de muchas de esas narraciones. Se incluyen en el Talmud, que consiste principalmente de una recopilación de enseñanzas originalmente orales que se encuentran en la Misná, y que destacan y exponen la interpretación de la Ley. Sabemos que estas narraciones estaban redactadas en el siglo 5 d.C., lo que desconocemos es de qué período específico provienen esos relatos. Suponemos que algunos de esos relatos pueden provenir del siglo primero.

El Maestro de Nazaret formaba parte de un grupo de rabinos que se dedicaban a la educación popular en Palestina, y que ciertamente presentaban una teología alternativa a las posturas oficiales del judaísmo de la época, especialmente el que se vivía en Jerusalén. En ese sentido, lo más probable es que Jesús debe haber influenciado y haber recibido la influencia de esos grupos sociales, políticos y religiosos coetáneos.

Varios ejemplos de literatura parabólica se pueden encontrar en Qumrán (p. ej., Génesis Apócrifo 19.14-21), y en algunos documentos apócrifos y pseudoepigráficos (p. ej., *Jub* 37.20-23; *1En* 1.2-3; *2Mac* 1.28-30; *4Ez* 4.13-21; *Bib Ant* 37.1-5; *2Bar* 22-23; *4Bar* 7.26-27). Esa presencia indica que luego del primer siglo, las parábolas se convirtieron en un vehículo popular de comunicación.

Literatura griega y romana

En la literatura greco-romana se pueden encontrar también ejemplos de parábolas. Se trata de narraciones que usan el lenguaje figurado similar a las formas en que Jesús utilizaba el género. Generalmente son formas de comunicación indirectas que incorporan analogías, alegorías y paralelismos (p. ej., *Ilíada* 9.502-514). Los filósofos griegos son los que más utilizan este tipo de comunicación (p. ej., Séneca y Plutarco).

Las primeras iglesias

En el Nuevo Testamento, aparte de los evangelios y específicamente de las enseñanzas y los mensajes de Jesús, no hay muchos ejemplos del lenguaje parabólico. Quizá en la literatura epistolar alguna analogía (p. ej., 1Co 9.26-27) y alegoría paulina (Gá 4.21-31), pero los ejemplos no son muchos ni significativos. Además, en la Epístola a los hebreos se utiliza la palabra griega *parabolé*, con un significado más bien metafórico: para indicar que el día del juicio era un símbolo o ilustración de la inefectividad del viejo orden de las cosas (Heb 9.9), y para afirmar que Abraham recibió figuradamente a Isaac de entre los muertos (Heb 11.19).

En la literatura apostólica posterior, la expresión griega *parabolé* se utiliza con cierta frecuencia. Especialmente en los documentos relacionados con el Pastor de Hermas, se encuentran bastantes referencias al género de las parábolas, aunque no se trata de enseñanzas y narraciones similares a las de Jesús (p. ej., *Her* 3.2.4—3.8.11; 3.3.2; 3.12.1-3). Y en las cartas de Clemente se utiliza la alegoría para contrarrestar algunas tendencias teológicas (1*Clem* 23.4-5; 1*Clem* 11.2-3).

Respecto al mundo que rodeó el desarrollo del género de las parábolas, es importante reafirmar lo siguiente: la influencia mayor de Jesús en el desarrollo de su ministerio parabólico fue posiblemente el Antiguo Testamento, aunque el entorno físico de Palestina debió haber incentivado la creatividad del Maestro. Predicó y enseñó Jesús en medio de un ambiente cultural y religioso judío, que también estaba influenciado por el mundo político y filosófico del imperio romano.

En medio de todas esas fuerzas militares y espirituales, y también al reconocer lo que le había sucedido a Juan el Bautista, Jesús decide llevar a efecto su ministerio parabólico, que ciertamente ha roto con los linderos del tiempo. Las parábolas han llegado hasta las comunidades académicas y a los grupos de fe en la sociedad contemporánea.

Las parábolas en los Evangelios sinópticos

Al evaluar el conjunto de parábolas que se incluyen en los cuatro Evangelios, se descubre que se trata de un fenómeno literario de la tradición sinóptica. Juan en su evangelio ciertamente incorpora un lenguaje metafórico (Jn 10.1-18; 15.1-8), pero la naturaleza y la extensión de esas comunicaciones son eminentemente de orden teológico. Inclusive, este cuarto evangelio no utiliza el término *parabolé* en sus presentaciones del ministerio de Jesús.

De singular importancia es notar que Marcos es, entre los sinópticos, quien incluye menos parábolas de Jesús, pues es el evangelio más corto. La situación cambia dramáticamente en Mateo y Lucas, que incluyen una gama extensa de las narraciones parabólicas de Jesús. Posiblemente, porque sus redacciones son posteriores a Marcos, estos dos evangelios incorporan en sus descripciones del ministerio de Jesús, casi todas las parábolas del segundo evangelio.

Mateo y Lucas tienen en sus evangelios nueve parábolas que provienen de otras tradiciones que no son de Marcos. Además, cada uno de estos evangelios incluyen parábolas únicas, que no están presentes en ningún otro evangelio canónico. De singular importancia, es descubrir que en Mateo 13 se juntan seis parábolas del Reino, que destacan ese fundamental tema en las enseñanzas prioritarias de Jesús. Y en Lucas, se incorpora un grupo singular de quince parábolas en la sección que tradicionalmente se conoce como "relato del viaje de Jesús" (Lc 9.51—19.44).

Las parábolas en el Evangelio de Juan

El estudio de las parábolas de Jesús encuentra un desafío especial al llegar al cuarto evangelio canónico. Por alguna razón, el evangelista Juan no incorporó en su redacción en torno a la vida y las actividades de Jesús las parábolas, que son tan comunes e importantes en los evangelios sinópticos. Se pone de manifiesto claramente de esta forma, la importancia que tiene el objetivo específico del evangelista y su audiencia en la redacción final de los evangelios neotestamentarios.

No son muchas las instancias en las cuales Jesús utiliza el lenguaje parabólico en Juan. En primer lugar, el idioma usado para presentar a Jesús como el buen pastor y la puerta es parabólico. Inclusive, de acuerdo con el relato, cuando el Señor explicó la parábola del buen pastor, el texto de Juan indica que los oyentes no comprendieron lo que el Maestro les indicaba (Jn 10.6).

Posteriormente, Jesús indica a los discípulos que hasta ese momento les ha hablado en parábolas, pero que llegará la hora en que les hablará con claridad respecto al Padre (Jn 16.25). La implicación es que los mensajes parabólicos son enigmáticos y ocultos.

Y entorno a ese mismo tema, los discípulos responden al Señor, y le indican, que ahora le entienden porque hablaba con claridad y «no en parábolas» (Jn 16.29). Esas afirmaciones ubican el uso del género parabólico en Juan, cercano a las comprensiones de la palabra hebrea *mashal* en el Antiguo Testamento.

Para Juan, las parábolas son sistemas de comunicación complejos y ocultos, que vedan los significados y complican la comprensión adecuada del mensaje.

El estudio del cuarto evangelio, en contraposición con los sinópticos, pone de manifiesto que para el evangelista Juan la palabra griega *parabolé*, tiene un significado misterioso y enigmático. Sin embargo, el estudio de las parábolas en Mateo, Marcos y Lucas revela que el objetivo de las parábolas era la comprensión adecuada para generar una respuesta pertinente.

Esta comparación revela la intención teológica de Juan al redactar su evangelio. Su propósito específico es presentar a Jesús como el Cristo, Mesías o Ungido de Dios, que articula discursos teológicos sofisticados, profundos, misteriosos, desafiantes. En efecto, la finalidad del cuarto evangelista es mostrar que el Maestro de la Galilea articula una teología alta, es decir, que comparte pensamientos teológicos que están en diálogo con las corrientes teológicas y filosóficas que se manifestaban a finales del primer y principios del segundo siglo de la iglesia. De esta forma Juan se distancia del Jesús de los primeros evangelios, que es más educador del camino, más predicador de la calle, más profeta de pueblo.

La cristología de Juan se define desde los inicios mismos del evangelio. La primera afirmación teológica lo dice con claridad: en el principio está el Verbo o la Palabra. Y ese principio básico y fundamental está fuera de los niveles del tiempo: ya no está en Belén, Nazaret o Jerusalén, sino en los comienzos mismos de la historia humana.

Las afirmaciones en torno al Verbo de Dios o la Palabra divina, presentan a un Jesús denso en su teología, y en diálogo intenso con los maestros en la Ley y los filósofos griegos. La teología referente a la misión de Jesús ya no era la presentación del Reino que se asemeja o se parece a… En Juan se intenta explicar a Dios, comprender el mensaje del Hijo, presentar la presencia del Espíritu. Es un viaje novel hacia la razón, hacia el conocimiento, hacia la filosofía, hacia la alta teología, hacia el camino, hacia la verdad, hacia la vida…

Nuestra metodología

Muchos estudios de las parábolas las dividen en tres grupos. El primero se relaciona con las parábolas dichas en la Galilea, al comienzo de su ministerio. El grupo segundo se asocia principalmente con el capítulo 15 de Lucas, que son narraciones que se pueden asociar al tema de la misericordia. Finalmente está el tercer grupo, que incorpora las parábolas dichas en la etapa final de su ministerio, en Jerusalén.

Otra forma de estudiarlas es dividirlas en categorías temáticas, estructurales y estilísticas. Y esa clasificación alterna identifica las siguientes divisiones en las parábolas, que son más complejas: Parábolas con aforismos, similitudes, interrogativas, narrativas (que se subdivide en indirectas dobles y sencillas, o judiciales), y las que incluyen la pregunta «cuánto más...».

Desde la perspectiva temática, las parábolas de Jesús se pueden dividir en tres secciones mayores, de acuerdo con un criterio general muy amplio. La primera sección se puede relacionar con las parábolas del Reino; la segunda, con los ciudadanos del Reino; y la tercera, con el Señor del Reino.

De esta forma descubrimos que el tema del Reino es fundamental y prioritario en las enseñanzas de Jesús, en los evangelios en general y en las parábolas en particular. Sin embargo, ese reconocimiento no cautiva nuestro análisis en categorías contemporáneas, que pueden incluir algún grado de arbitrariedad. Debemos permitir que cada parábola exprese su propio mensaje y articule su tema distintivo, en su contexto escritural pertinente. Además, al estudiarlas vamos a tratar de respetar y seguir el orden canónico (p. ej., Mateo, Marcos y Lucas).

Con el propósito de orientar el análisis de las parábolas desde la perspectiva temática, sugerimos el siguiente esquema para destacar el Reino. Otros formatos pueden ser pertinentes y útiles. Sin embargo, optamos por nuestro propio arreglo del material para poner de manifiesto, no solo el tema del Reino y su prioridad en las parábolas, sino una serie de asuntos secundarios que también eran importantes para el ministerio de Jesús.

1. Parábolas del Reino y el rey
2. Parábolas del Reino de Dios o de los cielos
3. Parábolas del Reino y los animales, cosas o personas perdidas
4. Parábolas del Reino y el pueblo de Israel
5. Parábolas del Reino y sus ciudadanos
6. Parábolas del Reino y las riquezas
7. Parábolas del Reino y la piedad
8. Parábolas del Reino y la escatología

El estudio de cada parábola incluirá lo siguiente: la presentación general del tema, con sus paralelos y variaciones, si fueran pertinentes; la identificación y explicación de algunos problemas textuales, lingüísticos, culturales y teológicos de la narración; el análisis del tema central y el mensaje fundamental del relato; y algunas implicaciones contemporáneas del mensaje.

Con este trasfondo histórico, metodológico y teológico, nos proponemos estudiar las parábolas de Jesús de Nazaret, según se presentan en los evangelios.

01
Parábolas del Reino y el rey

"Pues bien, dile a mi siervo David que así dice el Señor Todopoderoso:
Yo te saqué del redil para que, en vez de cuidar ovejas,
gobernaras a mi pueblo Israel.
Yo he estado contigo por dondequiera que has ido,
y por ti he aniquilado a todos tus enemigos.
Y ahora voy a hacerte tan famoso como los más grandes de la tierra.
También voy a designar un lugar para mi pueblo Israel,
y allí los plantaré para que puedan vivir sin sobresaltos.
Sus malvados enemigos no volverán a humillarlos
como lo han hecho desde el principio,
desde el día en que nombré gobernantes sobre mi pueblo Israel.
Y a ti te daré descanso de todos tus enemigos.
. . .
Tu casa y tu reino durarán para siempre delante de mí;
tu trono quedará establecido para siempre".
2 Samuel 7.6-8, 16

El tema del Reino

En las parábolas encontramos el corazón del mensaje de Jesús, y en esas narraciones se ponen claramente de manifiesto los temas teológicos prioritarios, los asuntos misioneros fundamentales y los elementos educativos primordiales. Desde la perspectiva histórica es incuestionable que el tema recurrente y más importante de Jesús de Nazaret era el Reino de Dios o de los cielos; y desde la dimensión teológica, ocupa el sitial prioritario.

En ese mundo docente y teológico, las parábolas del Reino articulan una comprensión de Dios, y de sus intervenciones redentoras en medio de la historia, que rebasa los entendimientos tradicionales en el Oriente Medio de las divinidades antiguas y sus acciones. El Dios del Reino, en las parábolas de Jesús, y en la importante tradición relacionada con Moisés (Éx 3), ve los dolores, escucha los clamores y desciende para responder con autoridad a esos cautiverios, aflicciones y necesidades del pueblo.

El Reino, para Jesús de Nazaret, era la manifestación extraordinaria y concreta de la soberanía divina en medio de la historia. Y esa revelación del Dios soberano no solo tenía importancia en la vida y las acciones del joven rabino galileo, y también en la comudidad que le rodeaba, sino llegaba al futuro, a las dimensiones escatológicas. Esa acción divina, que no se ajustaba a los patrones teológicos de la época, manifestaba su compromiso prioritariamente a la gente en necesidad y las comunidades en dolor. Esa irrupción especial del Señor de la vida, tiene la capacidad de orientar a la gente cautiva y moverla al mañana, al porvenir y a la vida abundante que propicia sanidad espiritual, mental, social, económica y política.

El reino, reinado, gobierno, imperio y dominio. La idea básica que transmite la palabra es poder y dominio; el concepto incluye también las esferas semánticas de la autoridad y la potestad. En los Evangelios canónicos se utiliza la expresión como en un centenar de ocasiones. La gran mayoría de las veces el término alude al Reino de Dios, aunque en Mateo ese concepto se presenta como el Reino de los cielos, para evitar la posibilidad de usar el nombre de Dios en vano, en una muy fuerte tradición judía de abstenerse de pronunciar el nombre divino. En ocasiones, inclusive, *basileia* puede ser usado como el reino del mundo o del diablo (p. ej., Mt 4.8; 12.25-26; 24.7; Mr 3.24; 13.8; Lc 4.5; 11.17-18; 21.10), y también al reino de Herodes (Mr 6.26).

Este singular tema del Reino en las enseñanzas de Jesús, por alguna razón, no aparece con frecuencia en el resto del Nuevo Testamento ni se explora con intensidad en los escritos de las primeras comunidades cristiana. En las Cartas de Pablo, el Reino se expone solo de forma esporádica (1Ts 2.12; Gá 5.21; 1Co 4.20; 6.9-10; 15.24,50. En el Apocalipsis de Juan solo hay tres pasajes que utilizan directamente la expresión (Ap 1.9; 11.15; 12.10). Y en el Libro de los Hechos la frase que predomina es "heredar el Reino de Dios", que es una referencia a la vida eterna, aunque el tema del Reino se usa en la predicación en varias ocasiones (véase Hch 8.12; 19.8; 20.25; 28.23,31).

Una lectura inicial de las narraciones evangélicas en torno al Reino descubre que su existencia y manifestación histórica no depende de esfuerzos o programas humanos, sino de la voluntad y las iniciativas divinas. Las personas no pueden crear, levantar, adelantar, construir o extender el Reino, que ciertamente es patrimonio divino; solo lo reciben, aprecian, comparten y celebran. La manifestación real e histórica del Reino depende directamente de la soberanía de Dios. Y esa soberanía, que lo ha movido a intervenir de forma especial en medio de la historia y la naturaleza, se revela una vez más en medio del pueblo, pero en esta ocasión como monarca universal para establecer un Reino, sin fronteras geográficas, diferencias étnicas, escalafones sociales ni niveles económicos.

Esa dimensión profética en el mensaje de Jesús fue, posiblemente, uno de los componentes más importantes que propiciaron su éxito ministerial. Luego de un tipo de silencio profético en el pueblo por años, y posiblemente siglos, el Señor retoma esa vocación antigua, que ya Juan el Bautista en su época había comenzado, y le brinda su peculiar estilo pedagógico al utilizar las parábolas como su más importante vehículo de comunicación.

Ese retomar de las antiguas tradiciones proféticas debe haber conmocionado al pueblo, que estaba necesitado de escuchar la revelación divina independientemente de las estructuras religiosas del Templo. En Jesús de Nazaret, las antiguas comunidades judías de las regiones de Galilea y Judea escucharon nuevamente una voz profética que traía la voluntad divina a las esferas humanas.

El estilo pedagógico efectivo de Jesús, unido a la autoridad profética con su presentación de los temas desafiantes del Reino, junto a sus extraordinarias capacidades de comunicación prepararon el ambiente para su ministerio transformador y exitoso. Esas virtudes educativas, teológicas y oratorias, tomaron fuerza, de acuerdo con las narraciones evangélicas, con el poder del Espíritu e hicieron que las contribuciones del joven maestro de Nazaret rompieran los parámetros del tiempo y el espacio, para llegar a otras latitudes con diferentes idiomas en diversas épocas.

En el Reino, Dios es rey

Para tener una comprensión amplia de las parábolas de Jesús, debe entenderse que en el Reino anunciado, Dios es el monarca. Y esa importante afirmación teológica está anclada muy fuertemente en las tradiciones bíblicas. El Señor que se revela en la Biblia hebrea es creador de los cielos, la tierra y la humanidad; es libertador del pueblo de Israel que estaba cautivo en Egipto; es revelador de la Ley a Moisés, que brindaba al pueblo las normas y ordenanzas para propiciar la fidelidad y fomentar las relaciones sociales saludables y justas; es conocido como el Señor Todopoderoso y de los Ejércitos, pues salía a las batallas con su pueblo para darle la victoria contra sus enemigos; es el Señor de la poesía hebrea, pues se identifica en el Salterio como Pastor, Roca, Altísimo, Omnipotente y Rey; y es el Dios que promete y tiene la capacidad, y el compromiso de cumplir sus promesas.

A través de la historia, y a la medida que Israel obedece y es fiel al Pacto, el Reino se hace realidad en medio de las vivencias del pueblo. Sin embargo, como los israelitas de forma reiterada desobedecían la revelación divina, hay elementos del Reino que se van manifestando de forma paulatina en la historia hasta llegar al porvenir. Ese componente futuro del Reino se revelará plenamente en los tiempos finales, en la era escatológica. En la presentación de sus parábolas, Jesús revela esa doble perspectiva del Reino, tanto las manifiestaciones históricas en el presente como sus dimensiones escatológicas en el futuro.

Posiblemente uno de los entornos iniciales del concepto del Reino se relaciona con los encuentros del rey David y el profeta Natán (2Sa 7.12-16). El mensaje del profeta al famoso monarca israelita es el fundamento de una promesa divina excepcional. Y esa singular promesa, rompió los linderos del tiempo y la historia para incursionar con fuerza en el mundo de lo escatológico, y llegar con autoridad a los tiempos finales. Esta profecía está muy cerca de los inicios del concepto del Reino de Dios y del Señor como monarca soberano.

La promesa del profeta al rey es la siguiente: Dios levantará un monarca especial de la casa de David que reinará para siempre sobre el pueblo de Israel. Con los años, como respuesta a esa esperanza profética y como resultado de las continuas dificultades históricas, problemas éticos y conflictos morales de los monarcas israelitas, ese Reino, o reinado de Dios, se mueve de los niveles terrenales a las esferas celestiales. El tiempo y las realidades de la vida en el mundo israelita transformó la teología del Reino de un espacio geográfico específico y un entorno político concreto, a una comprensión amplia del señorío y la soberanía de Dios en el mundo y el cosmos en la figura de un Mesías venidero.

Informado por esa singular tradición profética y mesiánica, llega a la historia Jesús de Nazaret con el mensaje que afirmaba que el Reino prometido se hacía realidad en su vida, ministerio y mensajes. Y esas enseñanzas en torno al Reino, tenían implicaciones personales, componentes nacionales, expresiones en la naturaleza y repercusiones en el cosmos. En el joven rabino galileo el tema del Reino deja de ser auncio profético ideal para un futuro indeterminado, para convertirse en la actualización histórica de la voluntad de Dios y en vivencias concretas del Señor soberano en medio de las realidades de su pueblo.

La prioridad e importancia del tema del Reino se pone de relieve, entre otras formas, en una serie de preguntas introductorias que hace Jesús antes de comenzar la narración de alguna de esas parábolas. Eran formas imaginativas de iniciar los diálogos e incentivar la reflexión, pues motivaban el análisis y fomentaban la reflexión crítica: ¿A qué es semejante el Reino de Dios? (Lc 13.18). ¿A qué compararé el Reino de Dios? (Lc 13.20).

Ese singular estilo retórico nos permite identificar sin mucha dificultad la importancia del tema, sin embargo, no indica que el significado del concepto y las implicaciones de las enseñanzas en los discursos de Jesús sean tareas sencillas o fáciles. El Reino es un tema determinante en la teología de Jesús, pero el contenido ético, moral y espiritual de la expresión es denso, complejo, profundo, elusivo y polivalente. En sus presentaciones, Jesús incentivaba la creatividad y fomentaba la imaginación, y presuponía que había comunicación efectiva.

De singular importancia al explorar el tema es notar que, cuando Jesús afirma que "el tiempo se ha cumplido y el Reino de Dios se ha acercado" (Mr 1.14,15), no está interesado en presentar una definición precisa y detallada del concepto. El Señor presupone que sus audiencias judías entienden bien su mensaje. Para esas comunidades el término Reino de Dios les era familiar, pues se incluye con cierta frecuencia en la Biblia hebrea. Inclusive, las narraciones bíblicas afirman de forma directa y sin inhibiciones que el Dios del pueblo de Israel es Rey (Sal 103.19; Is 43.15). Además, en la teología de los profetas se incluye la idea de un futuro glorioso en el cual Dios va a gobernar, mediante las intervenciones extraordinarias de un tipo de rey ideal.

Referente a las parábolas y el Reino, Jesús hizo un comentario interesante que no debemos subestimar ni ignorar. En medio de uno de sus discursos sobre el tema, el Señor alude a que estaba predicho en las Escrituras que el Mesías le hablaría al pueblo en parábolas (Mt 13.34-35). De esa forma aludía a los Salmos y se apropiaba de una importante afirmación teológica para el futuro indeterminado (Sal 78.2). Era una manera exegética de afirmar que su estilo pedagógico estaba anunciado, como una especie de confirmación de su teología. Inclusive, ese antiguo mensaje poético y profético incluye el tema del contenido de las parábolas, pues hace referencia a "cosas que estaban escondidas desde la creación". Jesús de Nazaret está en esa tradición poética y profética, pues presenta su mensaje del Reino como la revelación divina que, desde la perspectiva teológica, se fundamenta en los comienzos mismos de la historia.

Aunque esa teología real se vio frustrada por las acciones de reyes históricos, que no vivieron a la altura de los valores éticos que se desprenden de la Ley de Moisés y de los reclamos espirituales y morales que se incluyen en los libros proféticos, la esperanza mesiánica nunca murió, por el contrario, fue creciendo y desarrollándose con el tiempo, especialmente en el período postexílico. Esa esperanza mesiánica se nutrió considerablemente de la literatura que se encuentra, por ejemplo, en los libros de Ezequiel y Daniel. Y en la época de Jesús, las realidades políticas, sociales y espirituales del pueblo estaban listas para la materialización histórica de esa esperanza escatológica.

El pueblo, y sus líderes espirituales, no pusieron sus esperanzas en alguna figura real que llegara a la historia para transformar sus expectativas ideales en un proyecto histórico vivible en el judaísmo. Por el contrario, el judaísmo en los tiempos de Jesús desarrolló una singular teología de la esperanza que afirmaba que sería Dios mismo quien iba a traer el juicio sobre los enemigos del pueblo y propiciaría un nuevo orden político, social y espiritual, que estaba fundamentado en la paz y la justicia.

El Reino en la historia y la escatología

En medio del contexto de las intervenciones políticas y militares del imperio romano, a la luz de las acciones teológicas de las instituciones rabínicas y como resultado de las decisiones religiosas de las autoridades en el Templo de Jerusalén, Jesús articuló el tema del reinado de Dios y afirmó la inminencia del Reino en medio de la historia nacional.

Para Jesús, el Reino significaba la victoria definitiva de Dios contra los poderes espirituales, políticos, religiosos e históricos que se oponían, de forma directa o indirecta, a la revelación e implantación de la voluntad divina en medio de la sociedad. Frente a un imperio inmisericorde y una administración judía violenta, Jesús anuncia el Reino como una alternativa eficaz a los modelos que proyectaban las autoridades judías y romanas. Ante la injusticia humana, Jesús "anunciaba el año agradable del Señor" (Lc 4.18-19), que representaba la buena noticia de salvación a los pobres, la libertad de los presos, la recuperación de la vista a los ciegos, la liberación de los oprimidos, y la llegada del año de la gracia divina y la paz.

Desde las perspectivas teológicas y pedagógicas, el Reino era el triunfo definitivo de Dios contra todas las fuerzas satánicas que atentaban contra la revelación de la paz y la justicia en medio del pueblo y de la historia. ¡Era el rechazo público a la desesperanza, a la desolación, a las lágrimas, al cautiverio espiritual, al dolor del alma y al discrimen social! ¡Era la manifestación plena del amor, la misericordia, el perdón y la dignidad!

El Reino era un tipo de transformación extraordinaria que tenía implicaciones históricas, personales, nacionales y cósmicas. Era la irrupción de lo eterno en el tiempo, la revelación de la integridad en medio de las injusticias y los cautiverios de la vida, la manifestación de la paz en una sociedad de violencia y angustias, y la afirmación de la esperanza en un mundo sin sentido de dirección y sin dignidad.

El Señor del Reino llega y se manifiesta, de acuerdo con las enseñanzas de Jesús, en medio de la humanidad, no para repetir las teologías que provienen de los caminos trillados de la religión tradicional, sino para descubrir nuevos senderos espirituales y articular noveles posturas éticas en torno a Dios y referente a sus reclamos a los individuos, las comunidades, los líderes y las naciones.

El Reino es un tipo de encuentro transformador con el Dios creador, redentor y libertador, que se ha manifestado de manera extraordinaria en las realidades de la historia y en el corazón de las vivencias humanas. El Reino, en las enseñanzas de Jesús de Nazaret, no era un tema teológico más, sino el centro espiritual de sus enseñanzas, el corazón de los valores éticos que promulgaba y el fundamento de su prioridad teológica.

Las manifestaciones del Reino se hacían realidad en la sanidad de los enfermos y en la liberación de los endemoniados; también en las predicaciones en los montes, los llanos, frente al lago y en Jerusalén. El Reino, según las enseñanzas de Jesús, se encarnaba en las respuestas que daba el Señor a las mujeres, los leprosos, los niños y las personas llamadas "pecadoras" de la comunidad. Era un Reino con ramificaciones históricas e inmediatas, escatológicas y eternas. Rechazaba, ese singular Reino, las cadenas y los cautiverios, los prejuicios y los rechazos sociales, las cárceles y los esfuerzos por detener el paso firme y decidido de la voluntad divina en medio de las esferas humanas.

En el entorno religioso de Jesús, la teología ocupaba un sitial de honor entre los fariseos, seduseos y los publicanos. Y en ese singular mundo judío, la teología apocalíptica tenía gran influencia en el pensamiento de los líderes religiosos y en el pueblo. Esa realidad social y religiosa se manifiesta claramente en las parábolas. Esos grupos pensaban que el Reino de Dios se manifestaría al final de los tiempos en medio de catástrofes y juicios divinos. Pensaban que la escatología se asociaba principalmente con la manifestación de los juicios finales de Dios en la historia.

Jesús entiende y atiende esas preocupaciones escatológicas, pero destaca la intervención inmediata del Reino en la historia, que representa la buena noticia de paz, bienestar y sanidad, aunque ciertamente tiene implicaciones futuras y eternas. El énfasis del Señor en la teología del Reino estaba en sus repercusiones directas y contextuales, y en la afirmación y aceptación de sus valores, pero no ignoró ni rechazó las dimensiones apocalípticas y escatológicas del tema.

De singular importancia en la teología del Reino es afirmar que el tema incluye dos componentes importante del tiempo. El Reino ya se manifiesta en la historia; y a la vez, todavía no se revela de forma plena. Esos dos componentes del "ya" y del "todavía no", son indispensables para la comprensión y afirmación adecuada del mensaje de Jesús. Revelan una dinámica en tensión que es fundamental para la comunicación adecuada del tema y para su presentación efectiva y prudente.

Destacar solo un aspecto de ese dualismo teológico no hace justicia a las enseñanzas amplias de Jesús ni facilita la afirmación del tema. El énfasis desmedido en el "ya" del Reino, puede desilucionar a los oyentes al perder los componentes eternos del mensaje y sus dimensiones en el porvenir. La subestimación de sus aspectos escatológicos cautiva la enseñanza del Reino en la historia inmediata, con sus desafíos y dificultades. Y eliminar la dimensión eterna del evangelio no hace justicia a la amplitud del mensaje de Jesús y puede generar rechazo en los oyentes, al cautivar la efectividad del tema del Reino al presente histórico sin implicaciones al porvenir.

Por otro lado, anunciar y destacar solo el "todavía no" del Reino, puede causar una actitud triunfalista y enajenante, que choca adversamente con las realidades sociales que se viven en las comunidades y que experimentan continuamente los creyentes. Si posponemos las bendiciones del Reino para "el más allá", eliminamos el disfrute de la vida cristiana saludable en la historia. Y posiblemente uno de los secretos de la enseñanza efectiva de Jesús en las parábolas fue mantener un balance efectivo entre las dimensiones históricas del Reino, junto a sus virtudes escatológicas. Ese equilibrio teológico es posiblemente responsable de gran parte del éxito de Jesús de Nazaret.

La prioridad del Reino, de acuerdo con la teología del joven rabino de la Galilea, era la manifestación plena e histórica de los valores que distinguen al Mesías desde las profecías veterotestamentarias, y que se ponen de manifiesto en sus nombres: Admirable Consejero, Dios Fuerte, Padre Eterno y Príncipe de Paz (Is 9.5). Esa percepción teológica incorpora el elemento de la intervención extraordinaria de Dios en la historia y las vivencias del pueblo, pues otro de los nombres mesiánicos es Emanuel, que presenta el núcleo de la revelación divina: "Dios con nosotros" (Is 7.14).

El Reino y Dios

El Reino se relaciona, además, con el descubrimiento siempre nuevo de quién es Dios, cómo se revela a la humanidad y qué requiere de las personas y los pueblos. Es percatarse que lo más importante en la vida es vivir de acuerdo con una serie de postulados nobles y altos que identifican y delatan a la gente distinguida y buena, a las personas responsables y gratas, a los hombres restaurados y redimidos, a las mujeres transformadas y renovadas, a los individuos íntegros y decididos, a los pueblos liberados y reformados. El encuentro íntimo y pleno con la naturaleza y revelación de Dios reclama cambios radicales en el pensamiento y comportamiento de las personas y los pueblos.

El descubrimiento y aprecio de los postulados del Reino también es percatarse de las implicaciones teológicas y pedagógicas en torno a cómo es Dios. Es explorar y comprender las imágenes que se utilizan para describir sus acciones y sentimientos. El Señor actúa como padre y madre, médico y maestro, vecino y amigo, juez y abogado, hermano y hermana, señor y siervo... Dios es como el samaritano que ayuda, el sembrador que labora, la mujer que busca lo perdido, el pastor que no permite que una oveja se pierda... En efecto, Dios es como la persona sabia, que construye su casa sobre la piedra, como la que evalúa sus recursos antes de comenzar algún proyecto de construcción, como la que deja todas sus posesiones para seguir al Maestro, y como el rey que analiza cuidadosamente sus recursos antes de ir a la guerra.

Descubrir el Reino hace desaparecer los temores, superar las ansiedades, olvidar los fracasos... Permite descubrir virtudes, vencer adversidades, revivir sueños... Ayuda a enfrentar la existencia humana con seguridad, fortaleza, valor... Hace que se pueda vivir con dignidad, misericordia, integridad... Motiva a comunicarnos con valor, respeto y humildad con personas de todas las religiones, razas, credos, teologías, culturas, ideologías, posiciones sociales... Incentiva el perdón, la misericordia y la solidaridad... Propicia el ayudar a las personas caídas, apoyar a la gente menesterosa, consolar a los hombres y las mujeres que lloran... Permite vivir de pie ante los grandes desafíos de la vida, ante los retos de la naturaleza, ante lo inconmensurable del cosmos... Y fomenta las manifestaciones plenas de amor ante las inmisericordias humanas, los prejuicios personales y los cautiverios espirituales.

Además, Jesús anuncia la llegada de un singular monarca que irrumpe en la historia de forma novel y definitiva. Esa intervención extraordinaria de Dios se produce en medio de las realidades religiosas, espirituales, sociales y políticas del pueblo. Esas dinámicas que, servían de contexto literario e histórico a Jesús, propician la transformación de las estructuras religiosas y políticas palestinas que generan el cautiverio, la desolación, el dolor, la desesperanza, el llanto y la opresión.

El lenguaje que utiliza Jesús de Nazaret para la predicación del Reino es uno poético de resistencia y rechazo a las políticas, estructuras y vivencias judías y romanas que incentivaban el dolor y el cautiverio de la comunidad. También esa palabra del Reino es de esperanza y futuro, de porvenir grato y liberación próxima, de mañana y vida abundante.

El Reino y las parábolas

Y como el Reino es así, amplio, inclusivo, desafiante, grato y pertinente, para estudiar las parábolas que articulan ese tema, vamos a utilizar de fundamento metodológico los valores y las enseñanzas que esas narraciones presentan, los asuntos que discuten y las teologías que articulan. La base fundamental de nuestro estudio es permitir que las parábolas nos hablen, pues deseamos escuchar la voz del joven rabino galileo que decidió invertir toda su vida en la presentación de un Reino que llegó a la historia para transformar y redimir personas, comunidades, culturas y estructuras.

El Reino de Dios en el mensaje de Jesús, aunque presentaba la extraordinaria oportunidad divina de redención histórica y escatológica, recibió la oposición pública de algunos sectores de la comunidad judía. Para los líderes religiosos, y también para los sectores que ostentaban el poder político y económico, Jesús representaba una amenaza a la hegemonía de autoridad y poder que tenían. El estilo abierto, imaginativo y dialogal del Señor estaba en clara oposición a las estructuras rígidas y tradicionales de los sectores religiosos y militares del Templo de Jerusalén. Y esos grupos de poder religioso judío estaban de acuerdo con las autoridades políticas y militares del imperio romano, que era la potencia real que gobernaba en la región. La finalidad era mantener un tipo de orden social que fuera conveniente a sus intereses.

Lo que comenzó con una serie de desafíos teóricos, discusiones hermenéuticas y conflictos teológicos, de parte de los grupos fariseos y publicanos, prosiguió con una serie continua de amenazas privadas y públicas, que continuamente aumentaban de tono e intensidad. Ese ambiente de tensión religiosa y sospechas políticas se complicó, y se convirtió en el cuadro ideal para organizar el complot para asesinarlo, que llevaron a efecto la semana de celebración de la Pascua judía por el año 30 d.C.

El rechazo directo al mensaje del Reino que anunciaba Jesús, fue el contexto amplio de su ejecución. Ante los desafíos que representaba un profeta galileo itinerante al gobierno de los Herodes, a las autoridades del Templo y al imperio romano y sus representantes en Jerusalén y Galilea, se unieron esos sectores de poder y decidieron eliminarlo. El objetivo era callar la voz del profeta que atentaba contra el *status quo*. La finalidad era eliminar las enseñanzas de un joven maestro galileo e itinerante que tenía gran éxito con sus palabras elocuentes y su doctrina alterna. No ejecutaron al Señor por alguna falta religiosa, por dificultades teológicas o por alguna incomprensión interpersonal: lo crucificaron porque amenazaba la autoridad y hegemonía política de Roma en Palestina.

Mientras las autoridades oficiales del Templo y del imperio rechazaban abiertamente el mensaje del Reino anunciado por Jesús en sus parábolas, la "buena noticia" del evangelio era muy bien recibida por los sectores más necesitados y dolidos de la sociedad. Para la gente enferma, rechazada, desposeída, cautiva y oprimida; esas predicaciones de Jesús significaban esperanza, sanidad, salvación y futuro. Las enseñanzas del Reino le devolvían los deseos de vivir a quienes ya no tenían fuerzas, energías ni apoyo ¡para llegar a las aguas del estanque de Betesda y ser sanados! (Jn 5).

Sin embargo, para los sectores que se aprovechaban de esas injustas estructuras sociales, económicas, religiosas y políticas, las "buenas noticias" del evangelio del Reino no eran tan "buenas". La predicación de Jesús significaba la terminación de los privilegios que mantenía a un pequeño sector de la sociedad en control de la vida del pueblo. La teología del Reino rechazaba las políticas públicas que traían la desesperanza y el dolor a individuos y comunidades. Las enseñanzas del Señor en sus parábolas no estaban acordes con la política oficial del judaísmo de la época, pues desafiaban las interpretaciones de la Ley que propiciaban o permitían que el pueblo anduviera "como ovejas que no tenían pastor".

Las enseñanzas del Señor presentaban una alternativa teológica y ética que brindaba esperanza y futuro, no solo a las personas heridas y marginadas del pueblo, sino para la humanidad entera, independientemente de las realidades geográficas, históricas, étnicas, sociales, religiosas, políticas y espirituales. El mensaje de Jesús proclamaba un Reino que era capaz de transformar las estructuras de poder, para implantar sistemas que permitieran a las personas explotar todo el potencial espiritual e intelectual y vivir en ambientes de seguridad, prosperidad y esperanza. El Reino era el ambiente necesario para vivir una espiritualidad feliz, sana, responsable y fructífera. Las parábolas de Jesús anuciaban ese Reino que era capaz de devolverle la paz, la salud y la felicidad al pueblo, que ciertamente es la voluntad divina para la humanidad.

02
Parábolas del Reino de Dios o de los cielos

Jesús le dijo a la multitud
todas estas cosas en parábolas.
Sin emplear parábolas no les decía nada.
Así se cumplió lo dicho por el profeta:
"Hablaré por medio de parábolas;
revelaré cosas que han estado ocultas
desde la creación del mundo".
Mateo 13.34-35

Las parábolas

La revisión temática y teológica de las parábolas de Jesús revela que la gran mayoría de esos relatos se pueden relacionar, de forma directa o indirecta, con el tema del Reino de Dios o de los cielos. Inclusive, el análisis sosegado de este material teológico y pedagógico, por lo menos, acepta o presupone la prioridad que el Señor le dio a ese singular tema en su ministerio, aunque no se incluya la frase de forma explícita. Varias narraciones, como la *Parábola del sembrador*, hablan del Reino de forma directa. Otros relatos en los cuales el Reino se presenta de forma clara y concreta son los que estudiaremos en este capítulo y se encuentran en los Evangelios de Mateo y Marcos.

De importancia teológica al estudiar estos mensajes de Jesús es que los evangelistas los ubican luego de la *Parábola del sembrador*, en la cual el Reino presente e inmediato es un tema central y explícito desde el comienzo de sus labores pedagógicas, teológicas y proféticas. Y aunque Lucas contiene estas parábolas, las incorpora posteriormente en su relato, para enfatizar el mismo tema del Reino dentro de su finalidad teológica clara y definida. La singular expresión "Reino presente", no necesariamente alude al elemento histórico o escatológico, solo afirma y destaca que los oráculos antiguos de los profetas de Israel comenzaban a cumplirse y hacerse realidad en la vida y obra de Jesús de Nazaret.

Parábola del sembrador

De nuevo comenzó Jesús a enseñar a la orilla del lago.
La multitud que se reunió para verlo era tan grande
que él subió y se sentó en una barca que estaba en el lago,
mientras toda la gente se quedaba en la playa.

Entonces se puso a enseñarles muchas cosas
por medio de parábolas y, como parte de su instrucción,
les dijo: «¡Pongan atención!
Un sembrador salió a sembrar.
Sucedió que al esparcir él la semilla,
una parte cayó junto al camino,
y llegaron los pájaros y se la comieron.
Otra parte cayó en terreno pedregoso, sin mucha tierra.
Esa semilla brotó pronto porque la tierra no era profunda;
pero cuando salió el sol, las plantas se marchitaron
y, por no tener raíz, se secaron.
Otra parte de la semilla cayó entre espinos
que, al crecer, la ahogaron, de modo que no dio fruto.
Pero las otras semillas cayeron en buen terreno.
Brotaron, crecieron y produjeron una cosecha
que rindió el treinta, el sesenta y hasta el ciento por uno.
«El que tenga oídos para oír, que oiga», añadió Jesús.
Cuando se quedó solo, los doce y los que estaban alrededor de él
le hicieron preguntas sobre las parábolas.
«A ustedes se les ha revelado el secreto del reino de Dios
—les contestó—; pero a los de afuera
todo les llega por medio de parábolas,
para que» "por mucho que vean, no perciban;
y por mucho que oigan, no entiendan;
no sea que se conviertan y sean perdonados".
«¿No entienden esta parábola? —continuó Jesús—.
¿Cómo podrán, entonces, entender las demás?
El sembrador siembra la palabra.
Algunos son como lo sembrado junto al camino,
donde se siembra la palabra.
Tan pronto como la oyen, viene Satanás
y les quita la palabra sembrada en ellos.

Otros son como lo sembrado en terreno pedregoso:
cuando oyen la palabra, enseguida la reciben con alegría,
pero como no tienen raíz, duran poco tiempo.
Cuando surgen problemas o persecución a causa de la palabra,
enseguida se apartan de ella.
Otros son como lo sembrado entre espinos:
oyen la palabra, pero las preocupaciones de esta vida,
el engaño de las riquezas y muchos otros malos deseos
entran hasta ahogar la palabra,
de modo que esta no llega a dar fruto.
Pero otros son como lo sembrado en buen terreno:
oyen la palabra, la aceptan y producen una cosecha
que rinde el treinta, el sesenta y hasta el ciento por uno».
Marcos 4.1-20

La parábola

La *Parábola del sembrador* es una de las narraciones más conocidas y apreciadas de Jesús. Su ambiente rural es ideal, sus labores agrícolas evocan imágenes de bienestar y el mensaje es detallado, pues incluye una explicación elaborada del tema. Esas características hacen de esta enseñanza del Maestro una de las más utilizadas en la evaluación e interpretación de su teología.

Las virtudes temáticas y literarias del relato, sin embargo, no alteran el hecho de que es una de las parábolas más difíciles de explicar e interpretar. Además, no podemos ignorar que, junto a la *Parábola del trigo y la cizaña* (Mt 13.18,36), son las únicas parábolas que la misma narración evangélica identifica con títulos.

La primera característica al estudiar esta enseñanza de Jesús es que se trata de una parábola que tiene cierta extensión narrativa. Son veinte versículos que presentan al sembrador y los diversos tipos de semillas que caen en caminos de diferentes características. Es de notar que esta parábola incluye una especie de análisis interno que clarifica el mensaje, orienta el significado y propicia su contextualización, no solo en la época antigua, sino en la actualidad.

Además, es importante comprender que la presencia de esta parábola en los tres evangelios sinópticos (Mt 13:1-15; Mr 4.1-20-; Lc 8.5-15) pone de relieve la importancia de esta enseñanza en la época apostólica. En efecto, la expresión "a ustedes se les ha revelado el secreto del Reino de Dios", revela la calidad del tema, además de destacar la labor de los apóstoles en la presentación de ese nuevo mensaje del joven Maestro de la Galilea.

La evaluación de la parábola en sus tres versiones revela similitudes, aunque las diferencias no deben ignorarse. Las introducciones del relato en Mateo y Marcos ubican a Jesús predicando a una multitud a la orilla del lago de la Galilea, pero la presentación en Lucas es más genérica. En los tres relatos, el Señor le explica en privado a los discípulos la finalidad de sus enseñanzas mediante el uso de parábolas. Del análisis se desprende que el Señor tenía dos auditorios inmediatos, el íntimo de sus discípulos y el amplio, en el que estaban incluidas las multitudes y los líderes religiosos. En el estudio de las parábolas debemos tener presente estos dos niveles de auditorios, pues de forma explícita o implícita van a afectar la presentación del mensaje de Jesús y su interpretación.

La lectura detenida de la narración, en sus versiones sinópticas, la ubican al comienzo del ministerio de Jesús. Ese lugar en las estructuras literarias de los Evangelios puede ser un signo de la prioridad que tanto los evangelistas como el Señor le daban a sus mensajes y enseñanzas en forma de parábolas.

Hay estudiosos que identifican esta parábola como "la parábola de las parábolas", pues no solo se expone la enseñanza del sembrador, sino que se destaca la importancia de las parábolas en el ministerio de Jesús. Además, en esta narración se asocia directamente el tema del sembrador con el Reino, que juega un papel protagónico en el ministerio del joven Rabino galileo.

Los tres evangelios sinópticos incluyen, entre la parábola y su explicación, el propósito de Jesús al usar este singular género literario y narrativo: anunciaba el Reino de Dios en lenguaje metafórico, cargado de imágenes y simbolismos, para que los discípulos entendieran y también para que "los de afuera", que alude a quienes le perseguían o estaban fuera del círculo de intimidad con Jesús, no pudieran comprender la naturaleza y extensión de sus palabras y acciones. En las parábolas el Señor le hablaba, a la vez, a amigos y enemigos, a discípulos y a grupos de judíos que buscaban sorprenderlo en algún desliz teológico o confusión doctrinal.

En su incorporación final en cada Evangelio, los relatos incluyen detalles que no debemos subestimar. Los evangelistas Mateo y Marcos presentan a Jesús enseñando con muchas parábolas desde una barca en el lago de la Galilea, y de esa manera destacan la metodología pedagógica de Jesús. Lucas, sin embargo, alude a una sola parábola, y de esa forma enfatiza la importancia del relato del Reino en la estructura de su Evangelio. Los tres evangelistas entienden el Reino como un tema fundamental en la teología de Jesús de Nazaret.

En la afirmación misma de Jesús, para explicar el uso de este singular género literario, hay un doble propósito: que sus seguidores comprendan el mensaje y que sus detractores no se percaten de las implicaciones transformadoras de sus palabras. Y el Señor transmite esa singular metodología pedagógica fundamentado, posiblemente, en el mensaje profético de Isaías (Is 6.9-10).

La importancia del Reino en esta parábola del Señor se pone de relieve al ver cómo en Mateo y Marcos la ubican en medio de una serie importante de mensajes en torno al tema. Mateo incluye, además, en la estructura general del evangelio, ocho parábolas del Reino (si entendemos a Mt 13.52 como parte de ese tipo de parábolas) que proveen el entorno teológico de estas enseñanzas de Jesús. Como su audiencia era judía, el tema del Reino era conocido como una teología escatológica. Sin embargo, en boca de Jesús, el Reino dejaba de ser un tema teológico de expectativa al futuro, para convertirse en realidad y vivencia inmediata en sus acciones y enseñanzas.

El análisis del relato revela que no es una narración breve ni sencilla. Por otro lado, no plantea un tema muy complejo ni desarrollado. La narración presenta tres incidentes sencillos en un proceso de siembra infructuoso, y una acción final en la cual la semilla germinó. Una vez el relato concluye, el Señor hace uso de una frase de gran significación teológica: "el que tenga oídos para oír oiga" (Mr 4.9), que es una especie de reclamo pedagógico y profético; es una manera figurada de decir, presten atención, oigan, escuchen y obedezcan, porque lo que les digo es muy importante, entiendan bien el mensaje.

La comprensión del mensaje fundamental de la *Parábola del sembrador* requiere que comparemos sus diversas presentaciones en los Evangelios. El énfasis de cada evangelista está íntimamente ligado al propósito general de su obra. En los tres evangelios sinópticos hay un elemento de importancia que se repite: la idea fundamental es que los discípulos escuchen el relato, que oigan la narración, que comprendan el mensaje, que obedezcan las instrucciones y que afirmen los reclamos del Reino.

Aunque el "oír" es un elemento común en las tres versiones de la parábola, es en Marcos que se enfatiza el proceso de audición, pues la palabra se incluye en el relato trece veces (véase Mr 4.3,9,12,15,16,18,20,23,24,33). En este Evangelio la parábola comienza con el "oír" y finaliza también destacando la importancia del "oír". Ese arreglo literario produce una especie de inclusión temática. En efecto, el relato del sembrador trata primordialmente de "oír el mensaje del Reino", y en el contexto teológico de Jesús, ese "oír" no es solo escuchar, sino comprender, apreciar, disfrutar y aplicar la enseñanza.

Mateo, en continuidad con las prioridades teológicas que se revelan en Marcos, no solo incluye la palabra "oír" de forma reiterada, sino que añade un verbo de gran importancia pedagógica, "entender" (Mt 13.13,14,15,19,23,51), pues el objetivo no solo es escuchar, sino comprender. En Lucas, por su parte, se destaca no solamente el acto de "oír", sino que se alude de forma directa a la "palabra", que es una manera de destacar que el corazón del mensaje del sembrador es oír, escuchar, comprender y obedecer la palabra de Dios, que en este singular caso es el mensaje del Reino (Lc 8.11).

Respecto a este mensaje del Reino, es importante entender que posiblemente el origen de la expresión "el que tenga oídos para oír" viene de los oráculos del profeta Ezequiel (Ez 3.27). Y para ese profeta los sentidos y las imágenes formaban parte integral de los procesos de comunicación divina.

La importancia del mensaje de la *Parábola del sembrador*, aunque se manifiesta en sus tres versiones canónicas, se revela claramente en Marcos. En este Evangelio solo se incluyen dos secciones de parábolas: las del capítulo 4 y la *Parábola de los obreros malvados* (Mr 12). En estas dos secciones, el evangelista presenta su percepción del ministerio de Jesús. Para Marcos, Jesús era el sembrador de la palabra divina y el heredero de la viña, conceptos que revelan el mensaje básico y principal del Maestro. El Señor sembraba la palabra de esperanza, que brindaba al pueblo sentido de futuro sin cautiverios físicos, emocionales, espirituales, religiosos, políticos, económicos y sociales.

La cultura

Las referencias e imágenes de campos (p. ej., sembradores, cosechas y semillas) son comunes en la Palestina antigua. Inclusive, esas descripciones se utilizaban para representar la vida con sus complicaciones diaria de abundancia y escasez. Los trabajos, la naturaleza, la flora y la fauna de la Galilea son fuente de inspiración para Jesús, que utilizó de forma creadora en sus enseñanzas el ambiente en general y los paisajes regionales, como los árboles, los ríos, el lago, las montañas, y hasta los lirios del campo.

En la antigüedad, los trabajos agrarios eran variados, como en cualquier otra cultura. Los agricultores podían identificar los factores que eran capaces de producir buenas cosechas o de propiciar pérdidas de tiempo y esfuerzos. Esas dinámicas incluyen el uso de malas semillas que no germinan, los tiempos de sequía que detenían la agricultura efectiva y productiva, y los períodos de guerra, en los cuales los agricultores no podían sembrar ni cosechar.

En el singular caso de nuestra parábola, el problema no estaba necesariamente en la climatología, sino es las peculiaridades del terreno. En efecto, hay terrenos buenos para la agricultura y los hay también malos. Quizá el secreto de la cosecha abundante es saber identificar el buen terreno para dedicar las mejores semillas y los mejores esfuerzos a esos lugares.

Las imágenes que utilizó Jesús en la comunicación de sus enseñanzas eran entendidas por los diversos grupos de discípulos y seguidores, pues compartían la misma experiencia cultural, en el mismo entorno histórico y en la misma región geográfica. Eran expresiones literarias que propiciaban la comprensión de la vida con sus aciertos y desaciertos, con sus virtudes y defectos, con sus privaciones y logros. Transmitían de forma clara las ideas del juicio divino y permitían a los oyentes comprender la importancia de la bendición de Dios, que en el contexto de las parábolas en general y en la enseñanza del sembrador en particular, se trataba del Reino.

Las referencias al tamaño de la cosecha son importantes. Las semillas que caen en buen terreno pueden dar hasta el ciento por uno, que ciertamente alude a una cosecha abundante. Las posibilidades de comprensión de la imagen son, al menos, dos: puede ser una referencia a la cosecha escatológica que haga referencia al futuro ideal o puede ser un signo de muchos frutos físicos y reales.

En el caso de nuestra parábola, y en el contexto del diálogo con los fariseos, es posible que las intenciones de Jesús se relacionen con la abundancia histórica de los frutos. Las personas que responden positivamente a la palabra del Reino no son pocas, pues las reacciones y el aprecio a las enseñanzas del Maestro son abundantes. Esa perspectiva histórica de las semillas no invalida las interpretaciones escatológicas del Reino.

Las implicaciones

Las interpretaciones tradicionales de esta parábola han estado relacionadas con los aspectos de la narración que se deseen enfatizar. Y los temas que se han destacado son los siguientes: el sembrador y sus labores, el suelo y sus diversas características, la semilla y la cosecha. El tema de la parábola que se quiere destacar será el criterio fundamental que determinará la exégesis y la hermenéutica del texto: agricultor, terreno y simientes.

El sembrador de nuestro relato es un profesional de la agricultura. Tira la semilla en cuatro ocasiones, pues entiende que los terrenos son diversos y cada uno tiene sus peculiaridades. ¡Es un trabajador dedicado! En la narración hay un sentido de abundancia. Las primeras tres semillas caen en terrenos impropios, lugares donde la semilla no podía germinar; sin embargo, al final, la perseverancia triunfó y la semilla dio su fruto, y fruto en abundancia. La capacidad de mantenerse en las labores asignadas, independientemente de las primeras respuestas, es fundamental en esta enseñanza.

El sembrador no se dejó impresionar adversamente por las primeras tres malas experiencias, sino que decidió continuar, hasta que logró su propósito.

¡La perseverancia produce buenos frutos en la vida! El secreto del éxito, de acuerdo con esta enseñanza se relaciona con la determinación, la persistencia, la paciencia. Desorientarse, frustrarse o retirarse por reacciones iniciales adversas a algún proyecto, no son actitudes compatibles con las personas que alcanzan el éxito en la vida.

Una buena posibilidad hermenéutica en esta parábola es afirmar que la intervención divina es capaz de traer fruto abundante, inclusive, de nivel escatológico, a las actividades regulares de los trabajadores humanos. El sembrador hizo responsablemente su labor, pero gracias a la intervención divina se generan frutos extraordinarios. Aunque hubo fracasos iniciales y repetidos, y la semilla no germinaba por las complejidades del terreno, el poder divino es capaz de superar la frustración humana. Y esa comprensión de la parábola podría servir de estímulo y apoyo a las labores evangelísticas y misioneras de los discípulos, que se veían rodeados continuamente de enemigos religiosos y políticos, que estaban constantemente en medios sociales de adversidad y hostilidad.

Esta parábola, además, tiene la capacidad de señalar otros temas de importancia para Jesús. Quizá podría explicar la razón verdadera de por qué Israel había rechazado al Mesías: ¡la semilla no había caído en el terreno adecuado y fértil! La narración puede manifestar el sentimiento de Jesús al notar las reacciones de líderes de los grupos religiosos del judaísmo.

Este relato, que podría entenderse también como una especie de interpretación de Isaías 6.9-10, muestra la eficacia de la palabra divina que siempre encuentra formas de germinar y dar frutos, aunque encuentre terrenos difíciles. Y por estas razones, el mensaje se presenta en el contexto de oír, escuchar, entender, aceptar, obedecer...

En el estudio de esta parábola es muy importante analizar su estructura literaria. Su ubicación en las secciones iniciales del ministerio de Jesús en los tres evangelios revela su importancia teológica y misionera, y pone de relieve el contexto pedagógico en el cual estaban los discípulos y revela la preocupación hacia algunos grupos de líderes del judaísmo tradicional.

A   4.1-2:   Introducción
   B   4.3-9:   Parábola del sembrador
      C   4.10-12:   El propósito de las parábolas
         D   4.13-20:   Interpretación del sembrador
      C'   4.21-25:   Declaraciones sobre las parábolas
   B'   4.26-32:   Parábola de las semillas
A'   4.33-34:   Conclusión

Con este análisis se podría encontrar el corazón de la parábola en la sección central del quiasmo, que es un arreglo literario que ubica en el centro de la estructura literaria el tema que se desea destacar. El centro literario y teológico de la enseñanza está en la explicación que el mismo Señor hace del relato (Mr 4.13-20). La interpretación de la parábola es, en efecto, el centro del quiasmo; además, nos puede dar una pista para su adecuada comprensión.

El sembrador siembra la palabra de Dios, pero Satanás se interpone en el proceso de aceptación y asimilación de la revelación divina. El acto de sembrar es ciertamente un símbolo importante del Reino (Mr 4.26), que Jesús desea destacar y afirmar entre sus discípulos y oyentes. ¡Las actividades de Satanás no pueden detener la siembra efectiva, pues el sembrador es perseverante! ¡Los frutos llegan en el momento oportuno!

Las referencias que hace Jesús, de acuerdo con la parábola en el Evangelio de Marcos al mensaje del profeta Isaías (Is 6.9-10), es significativa. Es posiblemente una manera de incorporar en sus mensajes la importante tradición profética de las Escrituras hebreas. No utilizó el Señor las parábolas de forma casual o arbitraria como medios de comunicación general; estas narraciones son instrumentos proféticos, son formas de afirmar los desafíos del Reino en medio de los diversos sectores de la sociedad. La singular referencia a Isaías alude al llamado del profeta y a la respuesta adversa de la comunidad, excepto el aprecio de un pequeño núcleo que se identifica como "remanente" (Is 6.11-13).

Jesús era un buen educador en la tradición de los antiguos profetas de Israel. Y con ese trasfondo, anunció juicio y castigo, y esperanza y liberación. Sus formas de comunicación incluían la simbología, que se manifestaba inclusive en los milagros, que implicaban mensajes de importancia para los individuos y las comunidades. Un buen ejemplo de esas maneras de comunicación simbólica es la entrada triunfal en su última semana de vida en Jerusalén. Pudiendo entrar a la Ciudad Santa de forma modesta y callada, decidió entrar como rey, con séquito y proclamaciones, para poner de manifiesto la naturaleza de su mensaje, que se relacionaba con el Reino de Dios y la manifestación de la justicia divina (Mt 221.1-11).

La diferencia fundamental entre los profetas del Antiguo Testamento y Jesús de Nazaret es que los primeros anunciaban un Reino venidero, proclamaban una manifestación extraordinaria y futura del poder de Dios. El acercamiento profético del Señor, sin embargo, afirmaba que el Reino ya había llegado y estaba en medio de la comunidad, representado en su persona y sus enseñanzas.

Cuando Jesús llamaba al arrepentimiento, afirmaba que los oyentes tenían la oportunidad y la capacidad de participar de ese Reino antes prometido proféticamente, pero que en la figura del Rabino galileo se hacía realidad.

El tema del Reino en los mensajes de Jesús se movió del ámbito escatológico al histórico, y la *Parábola del sembrador* es un muy buen ejemplo de esas realidades contextuales.

Respecto a la cita de Isaías 6.9-10, a la luz de la parábola del sembrador, es importante notar que se trata de una explicación íntima a los discípulos. El dicho de Isaías es, posiblemente, una ironía, ¡no son palabras para interpretar literalmente! Jesús utiliza las expresiones del antiguo profeta para incentivar la actitud de oír la palabra de Dios. Es muy importante escuchar y hacer caso a la revelación divina. Pero es en ese mismo contexto, donde hay personas que no desean oír el reclamo divino, el mandato de Jesús toma nueva dimensión: el profeta de Nazaret y sus seguidores deben continuar con las predicaciones del Reino.

En el contexto general y más amplio de esta parábola en los evangelios sinópticos, las alusiones al texto de Isaías por Jesús, ponen de manifiesto lo siguiente: el lenguaje es de juicio, advertencia y desafío; comunica lo inmediato de la ira de Dios; las imágenes se relacionan con la dureza del corazón humano y la actitud de rechazo a la palabra del Señor; y afirma que, independientemente de la respuesta humana, las personas deben oír el mensaje profético, que en el caso concreto de esta parábola, es la proclamación del Reino de los cielos.

Un elemento adicional que no debemos obviar, al analizar esta singular parábola, es que puede aludir a las posibles reacciones que la gente tiene al ser confrontada con la revelación divina, la palabra del Reino y el mensaje de la esperanza, juicio y liberación. Quizá esta narración incluye las reacciones que la gente tuvo ante las predicaciones de Jesús. Y si ese fue uno de los propósitos al incluir el relato en los tres primeros evangelios, en el mensaje original debe incorporarse que la gente escuche la palabra divina con responsabilidad y respeto, no de forma superficial o con actitudes de rechazo. El "oír" verdadero conduce a la respuesta positiva, a la obediencia, a la aceptación de los valores del Reino.

Esta parábola le da importancia capital al proceso de recibir con respeto el mensaje divino, pues abren las puertas del Reino a la humanidad. La narración presupone que el Reino está presente, no intenta posponer el disfrute del Reino a niveles escatológicos. Aceptar los valores del Reino, y ser discípulos de quien enseña su inminencia, significa oír el mensaje de Jesús para perseverar, disfrutar, compartir y celebrar sus enseñanzas.

En la presentación de esta parábola, de acuerdo con los detalles que se desprenden de las narraciones evangélicas, se señala un milagro extraordinario. Se afirma que, independientemente de los fracasos iniciales, el Reino trae frutos en abundancia en el momento oportuno. A pesar de las dificultades y los fracasos humanos, hay plenitud divina y frutos en el Reino. Y esos frutos tienen niveles históricos y escatológicos.

La aparente sencillez de la semilla y las dificultades del terreno no tienen la capacidad de detener el fruto necesario. Y ese significativo fruto es la palabra divina que afirma: la manifestación plena del Reino no puede fallar, pues es resultado de la intervención extraordinaria de Dios en medio de la historia, aunque se encuentre con diversos "terrenos".

Parábola de la semilla que crece

Jesús continuó:
"El reino de Dios se parece
a quien esparce semilla en la tierra.
Sin que este sepa cómo,
y ya sea que duerma o esté despierto,
día y noche brota y crece la semilla.
La tierra da fruto por sí sola;
primero el tallo, luego la espiga,
y después el grano lleno en la espiga.
Tan pronto como el grano está maduro,
se le mete la hoz,
pues ha llegado el tiempo de la cosecha".
Marcos 4.26-29

La parábola

La lectura detenida de esta *Parábola de la semilla que crece* descubre que esta enseñanza se incorpora únicamente en el Evangelio de Marcos. Tradicionalmente se ha identificado como uno de los trece relatos que no están presentes en Mateo y Lucas. ¡Es la única parábola en Marcos que Mateo no incluye! Posiblemente el Evangelio de Tomás tiene algún tipo de adaptación de esta parábola (Tom 21). Quizá los evangelistas Mateo y Lucas no la incluyeron en sus narraciones por lo enigmático del mensaje. Y esos detalles literarios y editoriales pueden ser un buen indicador de que esta breve parábola nos ubica muy cerca de las palabras originales de Jesús de Nazaret.

Con la afirmación directa de que "el Reino de Dios se parece a un sembrador" —a alguien que esparce la semilla en la tierra— comienza esta parábola. ¡Y la narración está llena de intriga y secretos! Aunque la intención de presentar el Reino es clara, las formas de describirlo están saturadas de simbolismos, enigmas y misterios. El componente central de la enseñanza es el Reino, pero cómo esa afirmación teológica se manifiesta de forma concreta en medio de las realidades humanas es un misterio, es un serio desafío teológico y hermenéutico.

La simbología del mensaje se asocia con el crecimiento y desarrollo de una semilla. El sembrador esparce la semilla, que una vez está en la tierra comienza a crecer. Se describe el crecimiento, con referencias al tallo, espiga y grano, para llegar al tiempo de la cosecha. Es un proceso continuo e irreversible, que culmina en el fruto. Se presenta un proceso normal de crecimiento agrícola. No es un misterio: una vez se siembra la semilla hay que esperar pacientemente que el proceso agrícola se lleve a efecto, y entonces, llegan los frutos. La dinámica que se presupone es la esperada.

Implícito en el relato, sin embargo, es que el sembrador no sabe cómo esa dinámica agrícola natural se produce internamente en la tierra, solo sabe que se llevará a efecto, pues al final del proceso llega la siega. El sembrador no puede explicar los detalles, pero debe tener la hoz lista para el momento oportuno. Así es el Reino de Dios: una vez se esparce la semilla comienza el proceso, que no podemos explicar en detalles, pero que dará fruto al tiempo preciso.

El Reino de Dios tiene un elemento de misterio que no podemos rechazar, negar, ignorar ni subestimar. Aunque no podamos describir sus detalles internos de crecimiento, sabemos que debemos estar preparados para el momento de los frutos. No tenemos la capacidad de explicar el fenómeno de la recepción y respuestas al mensaje, pero tenemos la certeza que brindará los frutos esperados en el instante oportuno.

Al analizar las parábolas de Jesús —como el resto de las narraciones bíblicas— debemos estar conscientes que los títulos que las Biblias impresas dan a los diversos relatos evangélicos son elaborados e impuestos por las personas que traducen y editan el texto bíblico, no son parte de los relatos originales. Y esos títulos impresos pueden prejuiciar y guiar de alguna forma directa o indirecta el análisis exegético y las comprensiones del mensaje de las parábolas.

Algunas ediciones de la Biblia incorporan en el título de esta parábola un singular elemento de misterio o de algo secreto que no necesariamente se ve en la narración original de Jesús. En ocasiones se ha descrito esta narración con el título: "el crecimiento secreto de la semilla", que presenta los elementos de la semilla y su crecimiento, pero contiene un componente de intriga que no se desprende necesariamente de las lecturas y del texto bíblico.

Aunque otras expresiones pueden describir con alguna exactitud el contenido de la enseñanza de Jesús, posiblemente un título más genérico: "parábola de la semilla que crece", a la vez, es descriptivo y abierto a la imaginación. ¡La naturaleza misma de la semilla es crecer y dar frutos! ¡Lo esperado del proceso agrícola es que se manifiesten resultados positivos!

La cultura

Respecto a los elementos culturales que contribuyen positivamente a la comprensión de esta parábola, no es necesario añadir muchas ideas. El tema ya lo hemos expuesto en el análisis de la *Parábola del sembrador*. Quienes escuchan la parábola estaban familiarizados con las imágenes rurales que la narración presupone; además, conocían los procesos tradicionales de la agricultura en la región. Ese elemento en común incentivaba el diálogo y propiciaba la comprensión del mensaje.

Quizá solo debamos aludir y comentar la expresión en griego "noche y día" (Mr 4.27; véase también Est 4.16; Is 34.10). Para el mundo judío en la antigüedad, los días comienzan al inicio de la noche y finalizan al ponerse el sol. Y esa percepción del desarrollo del día, se revela desde las primeras narraciones canónicas en Génesis (Gn 1.1—2.4a). Inclusive, esa es la explicación para entender que desde la crucifixión y muerte de Jesús hasta la resurrección pasaron tres días, de acuerdo con las comprensiones judías de la época (p. ej., primer día: jueves en la noche-viernes en la tarde; segundo día: viernes en la noche-sábado en la tarde; y tercer día: sábado en la noche-domingo en la mañana).

Las implicaciones

El tema de las semillas es recurrente en las enseñanzas de Jesús. ¡Su mundo galileo se pone de manifiesto claramente en sus enseñanzas! Esa realidad y reiteración temática insinúa la posibilidad de que hubo una serie o colección de parábolas con ese singular tema agrario antes de la fijación literaria y previo a la redacción final de los evangelios. No debemos dudar de esa posibilidad, pues el entorno inicial de Jesús era los parajes rurales de la Galilea y su mundo agrícola. La naturaleza, con sus paisajes y procesos naturales de vida, eran un buen punto de contacto y elemento en común de Jesús con sus oyentes, que ciertamente podía facilitar los procesos de comprensión de las enseñanzas del Reino.

Que Marcos no mencione ni identifique directamente los receptores iniciales del mensaje, puede ser una indicación de que se trataba de sus discípulos (Mr 4.10), aunque las implicaciones transformadoras de sus enseñanzas tienen repercusiones generales para las multitudes (Mr 4.26-32), y también para las autoridades religiosas judías y la cúpula política del imperio romano en Palestina. Las implicaciones del mensaje del Reino llegaban con fuerza a los diversos sectores de la sociedad en la cual Jesús se crió y en la que llevó a efecto su ministerio.

La interpretación de esta parábola puede destacar varios elementos fundamentales. Cristo puede representar la siembra de la semilla divina en los corazones humanos; el crecimiento, además, puede ser una indicación del desarrollo de la fe. También la parábola puede ser una descripción figurada del crecimiento del Reino en medio de las dinámicas históricas de la humanidad. Inclusive, algunos estudiosos han entendido el mensaje de la cosecha como una alusión al fin del mundo; en efecto, a los tiempos finales, escatológicos y apocalípticos.

Para algunos intérpretes de la parábola, Jesús estaba frente a algún campo listo para la siega y la cosecha, y utilizó la imagen y el contexto para responder a la impaciencia de los discípulos, y quizá para calmar las iniciativas de grupos zelotes que lo seguían. Posiblemente, los seguidores de Jesús que provenían de los sectores más militantes y políticos del judaísmo, deseaban que Jesús organizara algún tipo de actividad que finalizara la hegemonía romana en Jerusalén y Galilea.

Con esta enseñanza, el Señor alude a la paciencia que se debe tener cuando se tratan los temas del Reino. Quizá, era una manera figurada de decirles que en la vida "todo tiene su tiempo y que todo lo que se quiere debajo del cielo tiene su hora". Afirmaba el Señor con esta narración que la paciencia es una virtud necesaria para tener éxito en la vida.

Las diversas interpretaciones de la parábola no son mutuamente exclusivas. Y las diferencias que se perciben, posiblemente, delatan más las prioridades de los intérpretes que las intenciones originales del Señor. Depende del elemento de la narración que se desee destacar, así será el énfasis en la interpretación y aplicación del mensaje. La hermenéutica de las parábolas, al igual que al estudiar el resto de las Escrituras, en cuanto sea posible debe tomar seriamente en consideración los protagonistas iniciales, los contextos básicos y la finalidad pedagógica de los autores originales de los relatos, que en el caso específico de las parábolas, es Jesús de Nazaret.

La semilla destaca la palabra divina y el sembrador pone de relieve su impotencia para hacer crecer esa semilla y su labor en el tiempo de la cosecha. Y si se quiere destacar la imagen de la tierra, se revela que no es el sembrador quien hace crecer la semilla, que alude a la palabra divina, sino que solo Dios es quien tiene esa potestad y capacidad de propiciar el crecimiento y la cosecha, que ciertamente superan los linderos de la comprensión humana.

Una evaluación general de la parábola, que tome en consideración la totalidad de las parábolas y los mensajes de Jesús, revela que el tema del Reino no solo es de gran importancia para el Señor, sino que es sistemático y recurrente. Además, un pequeño detalle del mensaje que no debe obviarse: el relato de Jesús incorpora de forma directa el elemento del tiempo, que alude a la paciencia que se debe tener al afirmar el tema del Reino y al esperar las respuestas humanas y sus resultados. La paciencia, en estos casos, no es un extra optativo en la llegada del Reino, sino un requisito indispensable. La paciencia es necesaria en la vida para no intervenir a destiempo y dañar la cosecha.

Unido al tema del Reino y del tiempo, hay un componente de gran importancia teológica: el mensaje afirma la certeza del resultado, pues la cosecha llegará en el momento propicio. ¡El corto relato de Jesús nunca pone en duda el resultado del proceso! El corazón del mensaje de la parábola, desde esta perspectiva, no es si el Reino llega o no, pues esa era una certeza judía milenaria, sino que sus manifestaciones ya se hacen realidad en la vida, las acciones, los discursos y las enseñanzas del joven rabino nazareno. El Reino llega, está presente y tiene implicaciones ulteriores, pero hay que tener paciencia para esperar los resultados adecuados en el momento oportuno.

No es de ignorar que la parábola presupone un conocimiento de las dinámicas agrarias en las cuales los sembradores estaban expuestos continuamente. La tierra produce el crecimiento de forma natural y automática. El tema central es el Reino de Dios, y las personas no causan, adelantan o retrasan su desarrollo ni su progreso. Una vez se siembra la semilla del mensaje de Jesús, el crecimiento y la cosecha se verán posteriormente en el tiempo pertinente.

Hay un sentido de optimismo grato en el mensaje; hay un espíritu noble de esperanza; hay una actitud respetuosa de descubrir, recibir, obedecer y disfrutar la palabra divina, que ciertamente en la parábola se asocia al tema del Reino de Dios. Los discípulos y las multitudes, en la antigüedad y la actualidad, necesitan saber que las manifestaciones históricas del Reino se van haciendo realidad de forma plena en la historia humana.

Las apariencias no son el factor predominante en la comprensión de esta parábola, sino la certeza de que el Reino se está haciendo realidad, aunque no se vea a simple vista. Mientras la gente está cumpliendo con sus responsabilidades cotidianas, el Reino de los cielos, en palabras de Jesús, se está materializando. La cosecha llegará en el momento pertinente. Y ese mensaje es signo de esperanza.

Esta parábola está en la tradición de otras narraciones agrícolas y relatos de sembradores. Y ese gusto por los temas asociados a la agricultura, puede ser un buen indicativo del aprecio que tenía Jesús por la naturaleza, que ciertamente es parte integral de la creación de Dios. El Señor se presenta contemplativo, en ambientes íntimos de oración, meditación y piedad, amante de los paisajes galileos y de los trabajos agrícolas, en dinámicas donde se descubre y se escucha la palabra de Dios en medio de la naturaleza, en la tradición poética del Salterio de Israel, "los cielos cuentan la gloria de Dios…".

Parábola del trigo y la cizaña

Jesús les contó otra parábola:
"El reino de los cielos es como un hombre
que sembró buena semilla en su campo.
Pero mientras todos dormían, llegó su enemigo
y sembró mala hierba entre el trigo, y se fue.
Cuando brotó el trigo y se formó la espiga,
apareció también la mala hierba.
Los siervos fueron al dueño y le dijeron:
'Señor, ¿no sembró usted semilla buena en su campo?
Entonces, ¿de dónde salió la mala hierba?'
Esto es obra de un enemigo', les respondió.
Le preguntaron los siervos:
'¿Quiere usted que vayamos a arrancarla?'
'¡No! —les contestó—, no sea que,
al arrancar la mala hierba,
arranquen con ella el trigo.
Dejen que crezcan juntos hasta la cosecha.
Entonces les diré a los segadores:
Recojan primero la mala hierba,
y átenla en manojos para quemarla;
después recojan el trigo y guárdenlo en mi granero'".

...

Una vez que se despidió de la multitud, entró en la casa.
Se le acercaron sus discípulos y le pidieron:
—Explícanos la parábola de la mala hierba del campo.
—El que sembró la buena semilla es el Hijo del hombre
—les respondió Jesús—.
El campo es el mundo,
y la buena semilla representa a los hijos del reino.
La mala hierba son los hijos del maligno,
y el enemigo que la siembra es el diablo.
La cosecha es el fin del mundo,
y los segadores son los ángeles
"Así como se recoge la mala hierba
y se quema en el fuego,
ocurrirá también al fin del mundo.

El Hijo del hombre enviará a sus ángeles,
y arrancarán de su reino
a todos los que pecan y hacen pecar.
Los arrojarán al horno encendido,
donde habrá llanto y rechinar de dientes.
Entonces los justos brillarán
en el reino de su Padre como el sol.
El que tenga oídos, que oiga".
Mateo 13.24-30, 36-43

La parábola

La narración que tradicionalmente se conoce como la *Parábola del trigo y la cizaña*, dentro del mensaje de Jesús, es singular por varias razones. En primer lugar, es una de las tres parábolas evangélicas que brindan una interpretación detallada del mensaje como parte del relato; además, junto a la *Parábola del sembrador*, incluye internamente un título explícito.

La interpretación alegórica del mensaje proviene como respuesta a los discípulos que reclamaban más comprensión de la enseñanza. Culmina la parábola, en una buena tradición evangélica, con la exhortación a oír, que es una manera figurada de poner de relieve su importancia teológica y pedagógica del mensaje expuesto. En Mateo el reclamo de oír está ligado a uno de los propósitos educativos del Evangelio: hay que tomar muy en serio la revelación divina, especialmente las enseñanzas y los reclamos del Reino. ¡Oír es obedecer!

Esta parábola solo se incluye, en una versión abreviada, en el Evangelio de Tomás, que puede ser un indicador de que se trata de un relato antiguo y auténtico de Jesús. Marcos y Lucas, no incluyen esta parábola en sus Evangelios. Mateo, sin embargo, la incorpora en medio de un grupo importante de mensajes en parábolas que comienzan en el lago de la Galilea y termina en la sinagoga; inicia con la admiración de multitudes y finaliza con la división del grupo de oyentes. Y dificulta su análisis que, entre la parábola y su interpretación, el Evangelio incorpora dos parábolas adicionales y añade cuál es el propósito del uso de las parábolas en el ministerio de Jesús.

En Mateo, se indica claramente en la narración que la gente "dormía", mientras que en Tomás se dice que era de noche. Además, en la narración de Tomás, se omiten varios detalles que están explícitos en Mateo, entre los que podemos identificar los siguientes: el crecimiento de la semilla, las preguntas de los siervos, el origen de la cizaña, el detalle de que crezcan juntos el trigo y la cizaña, y las referencias a los graneros. Sin embargo, ambos relatos muestran continuidad temática y teológica.

El lugar en su Evangelio, en que Mateo ubica esta parábola, es importante. El gran tema de esa sección mayor (Mt 9.35—16.20) es la misión que Jesús lleva a efecto con el pueblo de Israel y el continuo rechazo de esa comunidad judía a los reclamos, las enseñanzas y los desafíos que le presentaba el Señor. En el entorno general de la misión profética del Señor a su pueblo, se incluye el mensaje del Reino, que acepta la realidad de las buenas y las malas semillas, e identifica claramente la labor malsana, hostil y desorientadora del enemigo.

El estudio de la parábola revela una estructura temática con varios detalles de importancia. En primer lugar, se ubica la enseñanza en el contexto de la teología del Reino de los cielos (Mt 13.24). Eso implica que la comprensión de las imágenes debe entenderse a la luz de esta firme declaración teológica inicial. Posteriormente se desarrolla el tema: se alude a la siembra buena (v. 24), a la siembra mala (v. 25), al crecimiento de la semilla (v. 26), a la primera pregunta de los siervos (v. 27), la respuesta del dueño del campo (v. 28a), a segunda pregunta de los siervos (v. 28b) y la nueva respuesta del dueño (v. 29-30).

En la presentación de la parábola se afirma el Reino de los cielos, que es como el sembrador que utiliza una buena semilla para hacer su trabajo, pero en el proceso agrícola, el enemigo también siembra la mala semilla, que afecta adversamente la cosecha. Al final, la recomendación del dueño es a no tratar de eliminar la mala semilla, una vez está sembrada, pues ese proceso puede afectar adversamente a las buenas. La intervención humana a destiempo, en vez de contribuir positivamente en el proceso de siega, lo puede afectar de manera adversa. Una vez más la paciencia juega un papel preponderante en la pedagogía de Jesús.

La estrategia adecuada, de acuerdo con la narración de Jesús, es permitir que lleguen los frutos, y en la siega se pueden distinguir sin dificultad el resultado de las buenas y las malas semillas. Los factores determinantes en esta enseñanza del Señor son la paciencia, la prudencia y la sabiduría de no precipitarse en la vida, pues los frutos determinan la naturaleza de la semilla. Las intervenciones humanas en momentos inadecuados no avanzan los procesos ni eliminan las dificultades; por el contrario, esas actividades pueden ser la causa de complicaciones innecesarias y de pérdidas mayores.

La interpretación de la parábola, que se incluye posteriormente en el Evangelio (Mt 13.36-43), se presenta en tres secciones. La primera, ubica a los discípulos solicitando una explicación de la enseñanza. Ya las multitudes se habían despedido de Jesús y de su grupo de discípulos, cuando comienza el diálogo más íntimo. La reflexión íntima de la enseñanza estaba orientada hacia el grupo de seguidores más cercanos del Maestro.

La segunda sección incluye la explicación que le da Jesús a las imágenes de la parábola: el campo es el mundo; la buena semilla hace referencia a los hijos del Reino; la mala hierba son los hijos del maligno; el enemigo es el diablo; la cosecha es el fin del mundo; y los segadores son los ángeles (Mt 13.37-39). Ciertamente el análisis de Jesús pone de manifiesto su creatividad pedagógica y sus virtudes de comunicación.

Y en la tercera parte de la explicación de Mateo, se incluye una interpretación apocalíptica y escatológica de la parábola (Mt 13.40-43). En efecto, el Reino tiene implicaciones que superan las realidades humanas e inmediatas de los discípulos y la humanidad.

Estas explicaciones se pueden relacionar muy bien con la pedagogía, las doctrinas y la teología de los líderes y maestros de la iglesia primitiva, luego de la muerte de Jesús y la resurrección de Cristo. Con el deseo de actualizar y contextualizar las enseñanzas parabólicas, articulaban esas explicaciones que les permitían usar el mensaje de Jesús en medio de los nuevos contextos históricos.

La cultura

La referencia a la cizaña se relaciona posiblemente con un tipo singular de maleza que se parece mucho al trigo (*lolium temulentum*) que puede tener o transportar un hongo venenoso. Ese tipo de maleza y hongo arruinan las cosechas de trigo, pues dañan la harina. Y la diferencia entre el trigo y ese singular tipo de yerba mala está en el ancho de sus hojas: las del trigo son de 4-5 milímetros de ancho; las de la yerba mala son de unos 2-3 milímetros. Esa peculiaridad física, que es difícil de distinguir a simple vista, o cuando están en el comienzo del desarrollo, hace necesario esperar la cosecha y ver los resultados, para evitar dañar los buenos frutos. Identificar el resultado y los frutos son los temas determinantes para la comprensión del mensaje.

La parábola revela que el Señor conocía de primera mano las dinámicas de los agricultores galileos. Ese conocimiento de la vida rural y agrícola le permitía hablar el idioma de la gente y transmitir sus mensajes en formas literarias y en imágenes culturales de fácil comprensión en su comunidad.

Las implicaciones

Esta parábola ha jugado un papel de importancia en las discusiones teológicas tanto en la iglesia como en la academia. ¿Cuáles deben ser las respuestas cristianas al problema del mal en el individuo, la sociedad, el mundo y la historia? ¿Cómo debemos responder a los desafíos espirituales, éticos y morales que le presenta la sociedad contemporánea a la piedad común, que se manifiesta en las congregaciones? ¿Cuál debe ser la actitud adecuada ante las teologías de avanzada y los estudios críticos que se afirman en nuestras academias?

A través de los siglos, diversos estudiosos han destacado algunos detalles de esta narración. La referencia a que se deje crecer la cizaña junto al trigo en el campo, se ha asociado a las tradicionales actitudes pecaminosas y libertinas dentro de las congregaciones cristianas y las comunidades de fe. Esas dinámicas de polaridad ética y moral han hecho pensar que las iglesias contienen en su interior, tanto el potencial del bien como la realidad del mal. Y la sabiduría se manifiesta al permitir que el tiempo ponga de manifiesto los frutos, que ciertamente son los que delatan la naturaleza real de la semilla, que en este caso sería la integridad.

El contexto original de la parábola es un entorno mixto alrededor de Jesús y sus discípulos. Ese marco complejo de referencia teológica y práctica presenta al judaísmo tradicional y sus prioridades, interactuando reiteradamente con las nuevas enseñanzas de Jesús, con sus respectivas implicaciones éticas, morales y espirituales. ¡El vino nuevo se encontraba con los odres viejos! En el mensaje de Jesús llegaba a la Galilea y Jerusalén una forma alterna y desafiante de entender la religión, la Ley, la autoridad del Templo, las relaciones de la religión y la política, la espiritualidad y el imperio.

El mensaje del relato de Mateo es posiblemente un llamado a la paciencia con los gestos adversos que se manifiestan dentro de la iglesia; también es un tipo de amonestación contra las actitudes de juzgar a las personas en el interior de las congregaciones. Estas preocupaciones son esencialmente eclesiásticas, según se describen o implican en el Evangelio.

Inclusive, a través de la historia ha habido interpretes que han visto en esta enseñanza de Jesús las formas de trabajar con las diversas herejías que han salido de las dinámicas administrativas y los conflictos ideológicos de las iglesias. Las diferencias de opiniones doctrinales y de posturas teológicas deben dilucidarse internamente y de forma sabia, de manera que se permita analizar el fruto de esos diálogos, que es, en última instancia, lo que revela las bondades o las maldades de esas afirmaciones eclesiásticas.

Una posibilidad hermenéutica de esta parábola, además, es presentar la naturaleza y extensión del bien y el mal en la vida. Quizá la parábola es un tipo de explicación que el Señor brinda al problema que encontraban los discípulos por las actitudes y respuestas de las comunidades judías a las nuevas enseñanzas en torno al Reino. Ante las respuestas de rechazo de las autoridades religiosas a un mensaje diferente, el Señor presenta esta parábola que motiva la paciencia e incentiva la sabiduría.

La proclamación del Maestro de la Galilea no coincidía con las expectativas judías oficiales de manifestación inmediata del Reino en la sociedad. Jesús afirmaba el bien que está relacionado con el tema del Reino, pero los líderes judíos respondían a esas bondades desde las perspectivas de un judaísmo tradicional, que no tenía espacio alguno para una reflexión teológica progresista y transformadora como la de Jesús.

Para el judaísmo ortodoxo relacionado con el Tempo de Jerusalén, no había oportunidad para las enseñanzas que no se articulaban según la teológica tradicional. Y el joven rabino de Nazaret, articulaba una nueva visión de la espiritualidad y una forma alterna de vivir y disfrutar la experiencia religiosa. Para el Señor, la religión debía ser un instrumento divino de transformación, gozo, liberación, sanidad y restauración, pues rechazaba abiertamente las experiencias religiosas cautivantes, enajenantes y tóxicas.

La parábola pone de relieve el encuentro de dos comprensiones diferentes de la vida y la religión. El judaísmo tradicional estaba interesado en la ortodoxia y el cumplimiento estricto de las regulaciones rabínicas; sin embargo, Jesús estaba interesado en la sanidad, liberación, restauración y renovación del pueblo. La postura rabínica estaba muy interesada en mantener lo tradicional; Jesús estaba comprometido con hacer la voluntad de Dios, independientemente de las expectativas del liderato religioso de la época.

La enseñanza fundamental de la parábola es que el Reino de los cielos está presente, aun en medio de las realidades cotidianas donde también se manifiesta el mal. Lo esencial del mensaje es la naturaleza fundamental del Reino, la esencia misma de la revelación divina, el corazón de la palabra liberadora del Señor. En la manifestación del Reino, Dios es soberano y esa afirmación teológica es indispensable para Jesús y también para que los discípulos pudieran vivir en paz y con seguridad.

De singular importancia en la parábola es la frase que describe el propósito del Señor con este relato: el Reino de los cielos es semejante a… En efecto, de acuerdo con la enseñanza, el Reino había llegado y era semejante a un campo agrícola que tiene juntas las semillas del trigo y la cizaña. Y para descubrir el resultado final del proceso, había que esperar el momento oportuno de la siega, en donde se ponen de manifiesto los buenos y los malos frutos.

El propósito de la narración no es solo presentar una imagen idealizada de un sembrador, sino afirmar el proceso que va desde la siembra hasta la cosecha, que requiere discernimiento, paciencia y efectividad para separar el trigo y la cizaña. ¡Jesús presenta las realidades de la vida! La parábola no intenta explicar toda la dimensión teológica y social del Reino, no lo hace ninguna parábola, sino que presenta la realidad histórica del Reino y la seguridad del juicio venidero.

Desde una perspectiva amplia, es menester notar que las imágenes y metáforas de las siembras, los terrenos, las semillas y las siegas no se emplean de la misma forma en todas las parábolas que las usan. La *Parábola del sembrador*, por ejemplo, identifica la semilla como la palabra divina y con las personas que escuchan ese mensaje. En la narración *del crecimiento de la semilla* se afirma que la semilla se refiere directamente al Reino. Y en el relato *del trigo y la cizaña*, tanto la buena como la mala semilla se relacionan directamente con las personas.

Cuando se estudian y relacionan estas tres parábolas, se descubre una perspectiva amplia del mensaje de Jesús. La siembra puede relacionarse con las intervenciones históricas de Dios en medio de las realidades del pueblo de Israel; también alude a los tiempos finales, que es una importante dimensión escatológica en la teología de Jesús. Es un mensaje amplio que indica que Dios ha prometido traer un Reino de justicia a Israel y a la humanidad, y ese proceso histórico se hace realidad en la vida, los mensajes y las acciones de Jesús de Nazaret.

Esta parábola agrícola describe el Reino como parte de un gran proceso, en el cual hay dificultades, desafíos y complejidades. Y en ese singular proceso histórico, Jesús le presenta un gran desafío al pueblo de Israel, a los líderes religiosos y a los políticos del momento: el Reino de los cielos incluye un componente importante de juicio divino, aunque esa dimensión justiciera está diferida para el tiempo final. Y en la tradición de Juan el Bautista, Jesús retiene y reafirma ese singular componente teológico, aunque los mueve de su dimensión histórica inmediata al mundo futuro y escatológico.

El secreto de la *Parábola del trigo y la cizaña* es que presenta una doble naturaleza en la revelación divina. Un componente del mensaje alude al Reino como una realidad presente e inmediata para el pueblo, que está inmerso en dificultades, maldades y conflictos; el segundo aspecto de importancia en el relato, que no debemos obviar ni subestimar, es que, en ese juicio definitivo, los justos van a ser separados de los agentes de maldad, desesperanza e injusticia.

Para Jesús, aunque el Reino se hace presente en la historia, esa realidad no elimina las actividades malsanas del enemigo, que atentan contra los valores, las enseñanzas y los principios que Jesús destacaba en sus doctrinas y mensajes. No es una recomendación a la pasividad ética o inacción moral ante la maldad, ni es un reclamo a la contemplación irresponsable de las injusticias. El mensaje de Jesús reconoce la realidad donde la manifestación del Reino y sus virtudes deben convivir con las dinámicas adversas e injustas de la historia y la vida.

Las injusticias en la vida no son signos de que el Reino no esté presente, sino el reconocimiento de que el momento final no ha llegado, donde definitivamente se separará el bien del mal.

Parábola de la semilla de mostaza

También dijo:
"¿Con qué vamos a comparar el reino de Dios?
¿Qué parábola podemos usar para describirlo?
Es como un grano de mostaza:
cuando se siembra en la tierra,
es la semilla más pequeña que hay,
pero una vez sembrada crece
hasta convertirse en la más grande de las hortalizas,
y echa ramas tan grandes
que las aves pueden anidar bajo su sombra".
Mateo 13.31-32

La parábola

Esta *Parábola de la semilla de mostaza* se incluye tanto en los evangelios sinópticos como en el de Tomás; y esa característica, junto a su brevedad y su mensaje directo, puede ser un buen indicador de que se trata de una narración que está muy cerca de las palabras originales y directas de Jesús. En Mateo y Marcos esta narración breve es parte de las colecciones de mensajes que destacan el tema del Reino. Lucas, sin embargo, la ubica luego de la sanidad de una mujer encorvada y enferma por dieciocho años, por causa de un demonio (Lc 13.10). En los primeros dos evangelios se ubica en el contexto de la importancia del Reino; en su ubicación en Lucas, afirma que las sanidades y liberaciones espirituales son también parte de las demostraciones concretas del Reino de Dios.

El estilo literario en el cual se articulan preguntas reiteradas como parte de un diálogo es ciertamente semita. Se utiliza en el Antiguo Testamento (Is 40.18,25; 46.5; Lm 2.13) y es parte de las fórmulas de comunicación de Jesús (Lc 7.32). En las parábolas rabínicas también se utiliza este estilo de preguntas introductorias a algún tema. Un detalle adicional, tanto estilístico como teológico, no debe obviarse: esta narración está unida a la *Parábola de la levadura*, pues ambas presentan la importancia de crecimiento con relación al tema del Reino. Y este tipo de unión de parábolas y mensajes en los procesos educativos también se manifiesta en otros sectores religiosos, tanto de la literatura bíblica (Ez 17.2-24; 19.2-14) como en documentos rabínicos.

Al analizar el mensaje del relato se descubre que la finalidad teológica y pedagógica principal es comparar el tema del Reino de Dios con alguna imagen que los discípulos, y las multitudes posteriormente, pudieran entender. Y para propiciar la comprensión, el Señor vuelve a utilizar la simbología agraria en la que se destaca la necesidad e importancia de las semillas. En este singular caso, la semilla es la de mostaza, que tiene la peculiaridad de ser sumamente pequeña, pero al germinar, crece, da mucho fruto y se convierte en un árbol frondoso.

La virtud de la enseñanza no está solamente ligada a la pequeñez de la semilla, sino a su desarrollo, pues ese crecimiento genera un ambiente paradisíaco, que se ilustra con las aves que anidan bajo sus sobras. El énfasis no es lo diminuto de la semilla, sino lo que sucede con ella que se transforma en un árbol frondoso. Así es el Reino de Dios, comienza de forma modesta, pero crece hasta generar una imagen paradisíaca. La característica inicial del Reino puede entenderse como que comienza pequeña en tamaño; sin embargo, al crecer se convierte en un árbol frondoso.

La cultura

Tanto en el mundo judío como en las culturas greco-romanas las semillas de mostaza eran proverbialmente conocidas y famosas por su tamaño, que era ciertamente pequeño. Algunos estudiosos piensan que ese tipo de semilla tenía como un milímetro de diámetro. ¡Se necesitaban unas 725-760 semillas para llegar a un gramo! En efecto, la imagen destaca el elemento de la pequeñez, pues desea contraponer lo sencillo del comienzo y lo poderoso del final.

En el Oriente Medio, especialmente en la Palestina antigua, hay diversos tipos de árboles de mostaza, con sus semillas distintivas. En el caso específico de nuestra parábola, posiblemente se trata de la conocida como la mostaza negra. Este tipo de semilla germina como en cinco días y tiene la característica de crecer bastante rápido. Y puede llegar hasta unos 30 metros de alto; y porque tiene hojas muy grandes, y se transforma en un árbol que se distingue en los campos. Ciertamente crece bastante y ese firme desarrollo físico se contrapone a lo diminuto de la semilla.

La imagen del Reino en relación con la semilla es clara: comienza de forma modesta, sencilla y pequeña, luego germina y, finalmente, el árbol crece de forma tal que no puede ser ignorado. Además del tamaño, que en sí es un componente importante del relato, se destaca la idealidad del ambiente final, donde los pájaros del campo pueden hacer sus nidos, que es una imagen paradisíaca de paz, seguridad y esperanza, que son valores que se asocian al tema del Reino de Dios.

Las implicaciones

Tradicionalmente los creyentes y las iglesias han relacionado el mensaje de esta parábola con el crecimiento y desarrollo en la fe. Se piensa que la enseñanza se puede aplicar a individuos y congregaciones: nacimiento, crecimiento, desarrollo, entierro y resurrección. Jesús es visto como el sembrador de la semilla, que es el evangelio y afirma el triunfo del Reino de Dios sobre las realidades humanas inmediatas.

La transformación de la semilla, que va desde la pequeñez extrema hasta llegar a un árbol frondoso y grande, apunta hacia el triunfo definitivo del evangelio de Jesús, representado en el mensaje del Reino, en medio de las reales existencias de la sociedad y el mundo. Aunque comienza de manera modesta, el Reino crecerá y se notará públicamente su presencia. La enseñanza lleva al oyente de la debilidad al poder. Y ese mensaje de cambios radicales era signo de esperanza para los discípulos de Jesús, que se sentían impotentes ante las autoridades religiosas y políticas.

Aunque la interpretación de los detalles puede variar, de acuerdo con los intérpretes y períodos históricos, la intención de la parábola es clara: Jesús presenta uno de los elementos más importantes e indispensables de su teología, ya que alude a lo que Dios ya estaba haciendo en medio de su pueblo, pues ya el Reino en sus mensajes se hacía realidad. En Jesús el Reino había comenzado de manera sencilla, pero llegará el momento que crecerá y su presencia evocará lo paradisíaco de la creación de Dios y la gente lo va a notar.

De acuerdo con la enseñanza del Señor, Dios estaba poniendo las cosas en orden en medio de la historia. El Reino de Dios ya está presente, aunque haya personas que no lo entiendan, acepten o noten. Y está muy claro en Mateo y Marcos que el Señor dirige su mensaje, no solo a sus discípulos, sino a las multitudes. Lucas posiblemente tiene la misma intención de comunicación general, aunque en su narración no está tan claro ese detalle.

La lectura cuidadosa de la parábola revela que Jesús trata de presentar la naturaleza de su ministerio a los discípulos y la comunidad en general. Quizá esa sea la razón por la cual es breve. El punto fundamental es que Jesús representa el Reino de Dios que se hace realidad en su vida y enseñanzas. Y si el Reino está presente, la pregunta fundamental es: ¿cuál va a ser la respuesta de los oyentes?

Aunque algunas personas han asociado el mensaje de esta enseñanza con el crecimiento espiritual de los creyentes, el corazón de la parábola es que lo que puede comenzar de forma sencilla y modesta, si es parte del Reino y la voluntad divina, puede crecer de forma notable, hasta llegar a ser una experiencia de descanso y salud. No se puede menospreciar las demostraciones humildes de gracia, pues pueden transformarse en manifestaciones extraordinarias del amor de Dios para individuos, iglesias y comunidades.

Si se aplica el mensaje de la parábola a las iglesias se descubren niveles hermenéuticos noveles. La pequeñez no es una debilidad, de acuerdo con la enseñanza de Jesús, pues contiene el potencial del crecimiento y la fuerza de la grandeza. La humildad de las personas e instituciones de fe es la característica indispensable y fundamental que genera el éxito en la vida personal e institucional. El orgullo y la soberbia, lejos de incentivar el honor, la fama y el triunfo; ponen de manifiesto insanidades mentales, espirituales e institucionales que detienen y descarrilan los procesos saludables de crecimiento.

Parábola de la levadura

Les contó otra parábola más:
"El reino de los cielos
es como la levadura que una mujer tomó
y mezcló en una gran cantidad de harina,
hasta que fermentó toda la masa".
Mateo 13.33

La parábola

La *Parábola de la levadura* es muy corta y sencilla, y se incluye en Mateo y Lucas. En el Evangelio de Tomás hay una versión de esta narración para destacar no la levadura sino la labor de la mujer. El objetivo es describir el Reino de los cielos con una comparación directa y puntual. El mensaje es breve y no es complicado. El Reino es como la levadura que crece de forma dramática y visible. Es decir, que la irrupción de Dios en la historia por medio de Jesús de Nazaret, aunque puede comenzar de manera sencilla y modesta, se transformará y la gente lo notará. Y el contexto del relato es una escena cotidiana de una mujer que prepara el pan.

Tanto en Mateo como en Lucas esta enseñanza está ubicada en un entorno más amplio que incluye otras parábolas. En Mateo, junto a la *Parábola del sembrador*; y en Lucas, cerca de la *Parábola de la semilla de mostaza*. En efecto, las imágenes son agrarias y rurales, y el propósito es afirmar el crecimiento dramático del Reino de Dios. Una vez más el Señor destaca la contraposición de lo pequeño del Reino al comenzar y lo grande al manifestarse de forma plena.

Una vez más, una mujer es protagonista de una de las enseñanzas de Jesús. Y ese elemento en sus mensajes pone de manifiesto que las mujeres tienen un lugar significativo en sus enseñanzas sobre el Reino. No son mujeres pasivas, impropias ni débiles las que utiliza Jesús para articular sus parábolas, sino decididas, firmes, trabajadoras y emprendedoras. En efecto, para el Maestro de la Galilea, en el Reino de Dios hay espacio para las mujeres, aunque en la sociedad judía tradicional su papel social estaba limitado al hogar y estaban subordinadas a la autoridad de los padres o los esposos.

La cultura

Un detalle inicial se destaca en la parábola. La levadura era vista en ocasiones de forma negativa en el mundo judío, particularmente por las celebraciones de

Pascua, en la cual se debía comer pan sin levadura. Y esta regulación se puede encontrar en varios textos judíos antiguos. Sin embargo, el leudo en el mensaje no es lo mismo que la levadura, pues es el pequeño material que se utiliza para incentivar el proceso de fermentación.

Muchas de las casas en la antigüedad eran esencialmente pequeñas, ¡quizá de unos 15 metros cuadrados! Por esa razón el proceso de hornear se llevaba a efecto en los patios; posiblemente era un acto comunitario donde más de una familia horneaba pan en el mismo horno.

Quizá esta realidad histórica y cultural explique la razón por la cual la mujer utilizó gran cantidad de harina, pues no solo preparaba alimento para su casa sino para sus vecinos. Y aunque las comunidades podían tener algunos panaderos profesionales, esta labor era considerada como una responsabilidad femenina y del hogar. Inclusive el profeta Jeremías (Jer 7.18) considera el proceso de hornear pan como una tarea interna, íntima y familiar.

Las implicaciones

Las interpretaciones de esta parábola han sido muchas y en repetidas ocasiones promueven la alegorización de los más mínimos detalles del relato. La mujer se ha relacionado con María y con la iglesia, aunque desde una perspectiva negativa la imagen se ha utilizado para aludir con la sinagoga y sus programas; la levadura se refiere a los apóstoles que promueven el evangelio, la doctrina cristiana y las Sagradas Escrituras; y el crecimiento de la semilla alude al desarrollo del mensaje cristiano y al reconocimiento del Reino en la tierra.

De singular importancia en la comprensión de este mensaje es que la levadura no siempre cargaba una connotación negativa en las tradiciones judías. Por ejemplo, en las ofrendas de paz, de las primicias y de acción de gracias; la levadura era un elemento positivo, significativo y grato. La levadura es un signo negativo si el contexto lo reclama. En este caso, el símbolo es positivo pues hace crecer la masa, que es una manera de indicar que es un agente de bien, para la alimentación de un grupo mayor. La levadura que fermenta la masa, y que la hace crecer considerablemente, se puede asociar a las predicaciones y enseñanzas de Jesús y las manifestaciones plenas del Reino.

En la comprensión pertinente de esta parábola hay que destacar la importancia que el contexto le brinda al mensaje de Jesús. La historia de la humanidad ha sido transformada por sus dichos y hechos, pues sus enseñanzas han calado hondo no solo en individuos, sino en sociedades. El Reino de Dios, en el espíritu de esta parábola, ya está en marcha y no hay proceso ni dificultad que lo pueda detener. Es como una fuerza subversiva que se manifiesta y tiene la capacidad de incorporar a gente herida, rechazada, oprimida y marginada.

El mensaje de esta corta parábola desafía la comprensión humana: no hay que subestimar lo pequeño y menospreciar lo sencillo, pues el Reino comienza su irrupción en la historia de forma modesta, sencilla y humilde, pero llega a todas las esferas de la sociedad con capacidad transformadora y redentora. La percepción de las personas no es la última palabra divina para la humanidad, sino el mensaje de salvación y liberación que se relaciona con la implantación y la presencia del Reino en la historia.

Parábola del tesoro escondido

"El reino de los cielos
es como un tesoro escondido en un campo.
Cuando un hombre lo descubrió,
lo volvió a esconder,
y lleno de alegría fue
y vendió todo lo que tenía
y compró ese campo".
Mateo 13.44

La parábola

La *Parábola del tesoro escondido* es otra de las narraciones cortas y directas de Jesús de Nazaret. ¡El Reino es como un tesoro escondido en un campo! Y cuando una persona descubre ese tesoro, hace lo que debía hacer: escondió el tesoro hasta que pudo vender lo que tenía, y al recibir el dinero necesario, posteriormente compró el campo. El mensaje es claro: el Reino es un tesoro que requiere todo el empeño humano para poseerlo. Y si es necesario, hay que invertir todo lo que se posee, pues el Reino es más importante que todas las posesiones humanas.

Es de señalar que esta parábola no se encuentra en Marcos ni en Lucas, aunque tiene cierto parecido a una que se incluye en el Evangelio de Tomás (Tom 109). El Reino es algo de valor extraordinario, pues motiva a la gente a invertir todo lo que posee para adquirirlo.

La cultura

Una actitud transcultural, que también sobrepasa los límites del tiempo, es la costumbre de guardar u ocultar dinero, objetos de valor y tesoros. Esa singular dinámica de esconder o enterrar lo preciado se produce singularmente en períodos de crisis mayor o en medio de tiempos de guerra. Inclusive, Josefo comenta que varias familias judías, en medio de la guerra en Galilea, escondieron tesoros y enterraron artículos valiosos; también alude al posterior empeño romano por descubrir esas riquezas.

Esa práctica se presenta en el Evangelio de Mateo (Mt 25.18,25), donde se alude al siervo que escondió su talento en tierra. Y el descubrimiento del rollo de cobre en las cuevas de Qumrán pone de relieve que esconder y enterrar cosas de valor era una práctica común en la época de Jesús. Encontrar un tesoro escondido era signo de buena fortuna.

Las implicaciones

Las interpretaciones de esta breve pero significativa parábola son varias. El tesoro descubierto en el campo puede referirse a Cristo en medio de la sociedad o en las Escrituras, o inclusive, puede ser una referencia al milagro de la Encarnación. Otra posibilidad interpretativa es asociar el tesoro a la Biblia, al cielo o a la sabiduría. Y la referencia a vender todo lo que el hombre tenía, se ha relacionado con las ofrendas o con el proceso de maduración personal y perfección en el cual deben participar todos los creyentes.

Un análisis más detallado de la parábola inquiere con seriedad: ¿el tesoro escondido de la narración es el valor que genera y las virtudes que propicia el Reino de Dios o se refiere mejor al costo del discipulado? La finalidad del relato es descriptiva de la importancia del Reino o es realmente un mandato para implantar el Reino en la tierra que tiene un costo de importancia. Algunos estudiosos ubican el centro teológico y pedagógico de la narración en el gozo de encontrar el tesoro o el Reino. Pero independientemente del acercamiento hermenéutico que se afirme, el tema del Reino es el protagonista indiscutible en el relato.

De singular importancia en el imaginario del relato, es que el tesoro está oculto, es decir, el Reino está escondido, pero disponible. Que es una manera de indicar que el Reino está presente y está en espera de ser descubierto. Al descubrir el Reino, se reconoce de inmediato su valor, pues no se habla de ningún tipo de recompensa escatológica. Jesús presenta esta parábola para afirmar la intervención histórica y real del Reino de los cielos en su vida y enseñanzas, y para indicar que ese descubrimiento tiene recompensas inmediatas y concretas. ¡Descubrir el Reino genera gozo y felicidad!

Parábola de la perla

"También se parece el reino de los cielos
a un comerciante
que andaba buscando perlas finas.
Cuando encontró una de gran valor,
fue y vendió todo lo que tenía
y la compró".
Mateo 13.45-46

La parábola

En este relato, el Reino de los cielos es como una perla fina. Y ante el descubrimiento de esta extraordinaria joya, el comerciante vendió todo lo que tenía para adquirirla, en una actitud similar a la del hombre que encontró el tesoro enterrado. Y aunque hay similitudes entre las dos narraciones, debemos analizarlas cada una desde su justa perspectiva.

Esta parábola tampoco se incluye en los Evangelios de Marcos y Lucas, aunque también está presente en el de Tomás (Tom 76). Debemos notar en nuestro análisis que esta parábola, las del tesoro, la red, y el trigo y la cizaña; solo se incluyen en Mateo, que es una obra dirigida esencialmente a la comunidad judía. El presupuesto pedagógico y teológico es que los lectores de Mateo podían comprender muy bien las imágenes de la parábola y asimilar adecuadamente el mensaje del Reino.

La parábola describe a un comerciante, profesional en la compra de perlas, que descubre un ejemplar singular y decide vender lo que tenía para adquirirla. Lo descubierto era de más valor que todas sus posesiones. Esa comparación es importante, pues pone de manifiesto el valor del Reino ante todas las posesiones humanas.

La cultura

Las perlas eran objetos de gran valor en el mundo antiguo. Y aunque la Biblia hebrea ni la Septuaginta las mencionan de forma explícita, las perlas eran consideradas como uno de los objetos de más valor en la antigüedad, por consiguiente, eran símbolo de autoridad y poder económico. Y en esta parábola las perlas son esencialmente símbolos de riqueza.

La riqueza que simboliza la perla en el relato se relaciona directamente al Reino. Es decir, el Reino de los cielos es de gran significación en general e incluye particularmente los componentes económicos.

Las implicaciones

Respecto a las interpretaciones de esta parábola, se puede indicar que las iglesias tradicionalmente han relacionado a la perla de gran precio o de valor extraordinario con Cristo y su mensaje. La perla también puede asociarse con la cristiandad en general que anuncia las buenas nuevas de salvación. Las buenas perlas podrían aludir a los creyentes fieles que han seguido la tradición de las Sagradas Escrituras, que se interpretan a la luz del mensaje y las comprensiones de Cristo.

En la historia de la interpretación de esta parábola, otras personas ven a Cristo en la figura del mercader y asocian la perla con la vida y misión de la iglesia. También la perla se ha visto como símbolo del buen testimonio de los creyentes, que viven en amor y afirman la palabra de Dios. Y la idea de vender todo para comprar el campo, se puede relacionar con la decisión personal de abandonar la vida antigua y las actitudes terrenales, para abrazar una nueva forma de ser fundamentada en los valores que se desprenden de las enseñanzas de Jesús que representaban lo celestial.

De fundamental importancia en el análisis de la parábola es comprender que se trata prioritariamente de lo que significa el Reino de los cielos.

03
Parábolas del Reino y los animales, cosas o personas perdidas

Muchos recaudadores de impuestos y pecadores
se acercaban a Jesús para oírlo,
de modo que los fariseos y los maestros de la ley
se pusieron a murmurar:
"Este hombre recibe a los pecadores y come con ellos".
Él entonces les contó esta parábola...
Lucas 15.1-3

Tres parábolas y un tema

En el corazón mismo del Evangelio de Lucas, se incluyen tres parábolas teológicamente importantes con un tema en común: las crisis relacionadas con las pérdidas y el gozo asociado a la recuperación. El análisis de estas narraciones revela las diversas formas que Jesús utiliza para presentar, destacar y explicar el tema del Reino.

Es de notar, al estudiar esas parábolas, que el contexto teológico en general de estas enseñanzas es el de la gracia, el amor y la compasión que Dios manifiesta en medio de las diversas realidades humanas. En efecto, las enseñanzas y teología del Reino, y las manifestaciones reales de la misericordia y el amor, responden adecuadamente a los desafíos y las oportunidades que presentan las pérdidas y las crisis en la vida.

La lectura detenida de Lucas 15, en primer lugar, pone de relieve una singular intención retórica y temática del evangelista. Los argumentos expuestos se presentan de manera ordenada y la intriga juega un papel central. En el desarrollo del discurso, la trama va orientada hacia el "descubrimiento" de algo perdido. Y culminan los relatos con una expresión significativa de felicidad y gozo. La respuesta adecuada a las crisis de pérdidas en la vida se relaciona, de acuerdo con la teología de Jesús, con la llegada inminente del Reino de Dios. Esa manifestación de la soberanía divina es la puerta que tiene la capacidad de mover a las personas de las crisis de pérdidas a nuevos niveles de felicidad y liberación.

Una evaluación de la estructura de los discursos del capítulo 15 del Evangelio de Lucas revela el desarrollo progresivo de los temas:

1. En labios de los fariseos, Lucas presenta el propósito fundamental de estas parábolas (Lc 15.1-3). Los fariseos y los escribas rechazaban y murmuraban en contra de las formas en que Jesús atendía y aceptaba a las personas identificadas por esas tradiciones religiosas directamente como "pecadoras". El Maestro estaba seriamente preocupado por esos hombres y mujeres que la comunidad religiosa identificaba de forma indigna, adversa y discriminatoria; es decir, para esos grupos de líderes, esas personas "estaban perdidas", pues no cumplían con las expectativas religiosas, políticas o culturales del liderato rabínico. Se encontraban de esta forma dos perspectivas diferentes de la vida y de la religión: la de los líderes religiosos, cautivas en las formas litúrgicas externas y mecánicas; y la de Jesús, que destacaba el fondo, la espiritualidad, la transformación, la restauración, la renovación...

2. *La Parábola de la oveja perdida* desafía directamente las percepciones teológicas y sociales de los fariseos y los maestros de la Ley (Lc 15.4-7). Para

comenzar, el protagonista del relato es un pastor, que no era muy bien visto por las autoridades religiosas de la época. Las costumbres, estilos de vida y respuestas a las leyes de pureza ritual de los grupos beduinos, no estaban en continuidad con las expectativas religiosas de las autoridades del Templo y de los intérpretes oficiales de la Ley.

El pastor de la parábola, que no representaba la pureza religiosa, de acuerdo con los principios legales de los líderes de Jerusalén, es el héroe del relato: ¡no permite que una oveja se pierda! El ejemplo de Jesús no es del todo ortodoxo: el protagonista de esta historia es un pastor, que no es el mejor modelo de la religión oficial.

3. En la *Parábola de la moneda perdida* también se destaca el tema del "encontrar" lo perdido (Lc 15.8-10). Ese "descubrimiento", en este caso, se relaciona directamente con la alegría que se manifiesta en el cielo. Y una vez más, la protagonista de la narración es una mujer que, en el entorno de la comunidad judía patriarcal de la época, por lo menos, llamaba la atención y generaba, desde el comienzo de la narración, una actitud prejuiciada, pues inspiraba rechazo y sospecha entre los oyentes religiosos tradicionales.

4. Y el tema general del "descubrimiento" de algo perdido, se mantiene en la narración tradicionalmente conocida como la *Parábola del hijo pródigo* (Lc 15.11-32), que posiblemente sería mejor identificar como la *Parábola del padre perdonador*. En este contexto se relaciona la desorientación del joven con la separación, la huida, la desgracia y hasta la muerte. Su regreso al hogar es visto como volver a la vida al llegar arrepentido a su hogar, con fiestas y alegrías.

En esta parábola, el tema de lo perdido se articula en dos vertientes. La primera es con un joven que decide abandonar su hogar y "perderse" en medio de una sociedad complicada y no religiosa; la segunda manifestación de perdición es la del hijo mayor, que también estaba "perdido", aunque se había mantenido en el hogar paterno.

En efecto, en el centro teológico del Evangelio de Lucas se presenta el tema del poder divino que tiene la capacidad y el compromiso de "buscar" lo perdido; y esa búsqueda se relaciona con el Reino; además, el final de la narración destaca el tema de felicidad plena que se manifiesta con el descubrimiento y retorno del hijo "pródigo" (Lc 15). Detrás de estas imágenes de ovejas, monedas y pródigos, se pone en clara evidencia una teología de gracia, restauración y redención que se preocupa por los sectores marginados y más necesitados de la sociedad, y que atiende a los dolores más íntimos y profundos del alma humana.

Las tres parábolas con el tema común de algo "perdido" apuntan hacia una experiencia religiosa que transciende y entiende que las personas son más importantes que las ceremonias, las doctrinas y las interpretaciones de la Ley. Mientras haya algo perdido, el Maestro no escatima esfuerzos para buscarlo y encontrarlo, pues ese descubrimiento es una oportunidad de la manifestación del perdón divino y el amor de Dios. Además, el descubrimiento es una extraordinaria oportunidad para demostrar el gozo y la felicidad. En efecto, la irrupción y llegada del Reino es motivo de felicidad plena.

Es muy difícil asegurar que el Señor presentó las tres parábolas en el mismo contexto y a la misma hora, aunque estamos seguros de la continuidad temática y la afirmación teológica. Posiblemente Lucas unió las tres narraciones, en primer lugar, para poner de manifiesto y destacar el tema en común, pero también porque representan una de las tendencias teológicas y misioneras más importantes de Jesús. Estas parábolas (Lc 15), y la sección más amplia en la que se ubican en el evangelio (Lc 14.1—17.10), revelan la preocupación del Señor por los sectores marginados, heridos y rechazados de la sociedad palestina antigua. Para el Señor, las personas en dolor y sus necesidades eran la prioridad en la elaboración de las enseñanzas y la teología del Reino.

Parábola de la oveja perdida

Muchos recaudadores de impuestos y pecadores
se acercaban a Jesús para oírlo,
de modo que los fariseos y los maestros de la ley
se pusieron a murmurar:
«Este hombre recibe a los pecadores y come con ellos».
Él entonces les contó esta parábola:
«Supongamos que uno de ustedes tiene cien ovejas
y pierde una de ellas.
¿No deja las noventa y nueve en el campo,
y va en busca de la oveja perdida hasta encontrarla?
Y cuando la encuentra,
lleno de alegría la carga en los hombros y vuelve a la casa.
Al llegar, reúne a sus amigos y vecinos, y les dice:
"Alégrense conmigo;
ya encontré la oveja que se me había perdido".
Les digo que así es también en el cielo:
habrá más alegría por un solo pecador que se arrepienta,
que por noventa y nueve justos
que no necesitan arrepentirse».
Lucas 15.1-7

La parábola

Mientras Lucas ubica la *parábola de la oveja perdida* en el contexto temático general de las cosas "perdidas", en el Evangelio de Mateo el contexto literario y temático es diferente. De singular importancia es notar que esta parábola también se incluye en el Evangelio de Tomás, que es una obra cristiana de cierta importancia que, aunque no es parte del canon neotestamentario, incorpora una serie de palabras y mensajes de Jesús que se encuentran en los evangelios canónicos. Probablemente las formas parabólicas de Mateo y Lucas circularon de manera independiente en diversos sectores de las iglesias antiguas, antes de ser incorporadas en los Evangelios canónicos de Mateo y Lucas, y en el apócrifo de Tomás.

El contexto teológico de la parábola en Mateo es el Reino de los cielos (Mt 18.1-35). El Maestro, según el evangelista, desea afirmar quienes son las personas más importantes, de acuerdo con sus comprensiones y prioridades teológicas. La importancia del mensaje en Mateo es no menospreciar a "los pequeños", que es una forma figurada de referirse a la gente en necesidad como los enfermos y endemoniados, pero también los oprimidos, marginados y rechazados por la sociedad en general, y por sectores de liderato religioso en particular.

Un primer detalle al estudiar la parábola de la oveja perdida en Lucas se descubre al ver el contexto temático que la enmarca: Lucas 14.1—17.10. Esta sección del Evangelio contiene una serie importante de enseñanzas sobre las personas subestimadas, rechazadas, marginadas y excluidas. Desde que Jesús fue a comer un sábado a la casa de un fariseo distinguido (Lc 14.1), hasta el momento en que rechaza, de forma clara y categórica, a quienes sean "tropiezo" en la vida (Lc 17.1), el tema central de las narraciones lucanas es el apoyo a la gente en necesidad, a las personas heridas por la sociedad, a los hombres y mujeres que viven en opresión espiritual, religiosa, económica, social y política. Esa sección contiene "el evangelio de la gente rechazada" o "el evangelio de las personas cautivas".

El capítulo 15 de Lucas posiblemente contiene el núcleo de las enseñanzas y el corazón del evangelio de Jesús. Que el evangelista haya decidido unir tres parábolas con un tema similar, pone claramente de manifiesto la importancia y pertinencia del mensaje; destaca el tema que desea subrayar. Aunque no debemos restar el valor individual de las primeras dos narraciones (p. ej., *Parábola de la oveja perdida,* y la de *la moneda perdida*), el evangelista, al ubicarlas antes de la *Parábola del hijo pródigo* (o mejor, la *Parábola del padre perdonador)* quizá las utiliza como un tipo de preámbulo al tema del joven desorientado y aventurero que se "pierde" en la vida, al solicitar al padre su parte de la herencia, salir de su entorno familiar y utilizar sus recursos de forma impropia e irresponsable.

Al estudiar estas parábolas hay que notar la relación respetuosa que tenía Jesús con cobradores de impuestos y escribas. ¡Esas dinámicas interpersonales eran inadmisibles y abiertamente rechazadas por las autoridades religiosas de su comunidad! Pero Jesús, de acuerdo con las narraciones evangélicas, entendía que su misión principal en la vida era buscar a la gente dolida, menospreciada y rechazada de la sociedad. ¡Vino a buscar y salvar lo que se había perdido!

Esa actitud liberada de Jesús, junto a los rechazos públicos de fariseos, escribas y publicanos, generan una serie de murmuraciones contra el Señor. Este tema de "las murmuraciones" es importante para Lucas, pues se manifiesta de forma reiterada en su evangelio: tanto al comenzar el capítulo (Lc 15.2) como en las actitudes y celos del hermano mayor del hijo perdido o pródigo (Lc 15.25-28).

Las murmuraciones contra el Señor también se revelan en la *Parábola de la viña* (Mt 20.11-12), en la respuesta de Pedro ante el gesto de la mujer que ungió al Señor (Lc 7.36-50), en el desprecio público de los fariseos en la *Parábola del fariseo y el publicano* (Lc 18.11), y también en el contexto de la cena de Jesús con Zaqueo (Lc 19.7). En efecto, las prioridades teológicas y la orientación misionera de Jesús chocaban directamente con las expectativas tradicionales de las comunidades religiosas y políticas de la época. Y el rechazo oficial a la teología abierta y la actitud sanadora de Jesús, eran las murmuraciones de las personas que no podían o querían rechazar de forma pública esas políticas de apertura hacia los diversos sectores de la comunidad.

El tema de las murmuraciones contra Jesús llega a un punto culminante en la narración del banquete que Leví le ofreció. En ese contexto, se indicó públicamente que el Señor comía y bebía con pecadores y cobradores de impuestos (Lc 5.27-32). Esa afirmación pública era una forma de descalificar públicamente al Señor como un buen rabino y un maestro responsable en la comunidad judía. Con esas afirmaciones declaraban a Jesús fuera del círculo oficial de la ortodoxia judía de la época.

De acuerdo con Lucas, los líderes de la comunidad política y religiosa de los judíos no reaccionaron positivamente a esos gestos de Jesús, que se fundamentaban en el amor, el respeto y la misericordia. En efecto, el Señor deseaba llegar a todos los sectores del pueblo, especialmente a la gente más herida y marginada, pues constituían el sector más necesitado de su palabra orientadora, sanadora y consoladora. Y ese estilo pedagógico y profético del Señor era un agente de ansiedad en las estructuras del poder político y religioso, tanto en la Galilea como en Jerusalén. A las cúpulas de autoridad les preocupaba esa actitud liberada de Jesús hacia todo el pueblo.

El estudio comparativo de la *Parábola de la oveja perdida* en Mateo y Lucas pone en evidencia que, además del tema general, tienen poco en común. En Mateo 18.12-14, la parábola se redacta en griego con 75 palabras; mientras que Lucas utilizó 89 palabras para presentar su narración. Y cabe señalar, respecto a la narración, que los dos relatos tienen solo 14 palabras en común, mas utilizan cuatro expresiones similares en diversas formas gramaticales. Sin embargo, un punto significativo del estudio es que las palabras en común en los relatos son temática y teológicamente reveladoras: "cien ovejas", "más una de ellas" y "las noventa y nueve". Esas expresiones, ¡revelan la importancia que tiene solo una oveja en el mundo pastoril! ¡Destacan lo fundamental y necesario del esfuerzo y la dedicación de los líderes que deben alcanzar a todos los sectores de la comunidad! ¡Separan a Jesús de los rabinos y los maestros de su época!

La cultura

Para comprender adecuadamente el mensaje de la parábola, debemos estudiar la posición social de los pastores en la antigüedad. El oficio de pastor en la época de Jesús era subestimado, despreciado y hasta rechazado por las autoridades religiosas judías. Ese rechazo, posiblemente, está relacionado por la naturaleza misma del trabajo, que mantenía a los pastores con niveles pobres de higiene en el campo por bastante tiempo. Y en una comunidad religiosa, donde la limpieza física está asociada a la pureza cúltica, la gente que no seguía regularmente las normas básicas de limpieza no era bien vista.

Además, los pastores eran asociados con los ladrones, pues llevaban las ovejas a pastar en tierras de otros dueños sin inhibiciones. Inclusive, hay documentos antiguos que los relacionan con los cobradores de impuestos, quizá por este elemento de robo y la actitud que no respeta la propiedad ajena. Era una manera hostil de rechazar a esos dos sectores de la sociedad asociándolos a la falta de honestidad e integridad.

Referente al tema de los pastores, sin embargo, no podemos ignorar que en la Biblia hebrea se alude a Dios como pastor (Sal 23). Un Dios pastor, según el salmo, es capaz de entender los sufrimientos y las esperanzas de esos grupos sociales que son víctimas del prejuicio y el rechazo de la comunidad, especialmente de los líderes religiosos. Con esa imagen se deberían haber superado de forma radical todos los prejuicios y rechazos que vivían los pastores; sin embargo, el prejuicio continuó.

Tradicionalmente se pensaba que una oveja que salía del redil se perdía y se detenía en algún lugar desorientada. Esa desorientación la convertía en presa fácil de algún animal depredador. Además, se entendía que, por carecer de sentido de orientación y dirección, no tenía la capacidad de encontrar el camino de regreso al redil.

Esa fragilidad de la oveja era la dinámica y el contexto que requería que el pastor saliera a buscarla, pues las posibilidades de regreso eran ínfimas y las realidades de muerte, máximas. La imagen del pastor que carga sobre sus hombros a la oveja, alude elocuentemente al cuido responsable y decidido que un buen pastor daba a su rebaño.

Las implicaciones

La parábola tiene un componente narrativo complicado que debemos atender en detalle. ¿Cómo es posible que un pastor responsable deje solas a noventa y nueve ovejas por buscar solo a una? Las respuestas inmediatas podrían ser que, si el pastor representa a Dios, la misericordia y las acciones divinas son misteriosas e incomprensibles. Otra posibilidad, por el contrario, es indicar que el pastor carece de responsabilidad o que sencillamente no entiende la gravedad y complejidad de la situación.

La realidad cultural es que los pastores no dejaban las ovejas solas, pues pastoreaban en grupos o las podían dejar en algún lugar seguro. Además, es importante notar que, un grupo tan numeroso de animales requiere de varias personas para hacer un trabajo efectivo. De todas formas, el mensaje de la parábola es claro y directo: el pastor está comprometido con la oveja que se pierde; además, la narración presupone que las noventa y nueve restantes están bien protegidas en algún lugar seguro. Se trata de un pastor responsable y dedicado que está muy pendiente de todas y cada una de sus ovejas, independientemente del tamaño del rebaño.

Desde muy temprano en la historia de la interpretación de esta parábola se ha relacionado la actitud del pastor con la teología de la Encarnación. El pastor, desde esta perspectiva, es Jesús que llega a buscar y encontrar a la humanidad perdida, representada en la oveja. Y en esta interpretación alegórica, las noventa y nueve ovejas son los ángeles de Dios que están pendientes para apoyar al pastor a encontrar a la oveja perdida.

Desde la perspectiva bíblica *la Parábola de la oveja perdida* se puede relacionar con varios pasajes. En primer lugar, el Salmo 23 provee la singular imagen de Dios como pastor. Ese poema puede proveer un amplio marco de referencia bíblico y teológico para comprender el mensaje: un Dios pastor está pendiente de su rebaño, lo alimenta y hasta lo unge con aceite, que revela una preocupación seria por el bienestar integral y la salud física de la oveja. En efecto, la parábola alude a la seguridad de las ovejas.

La profecía de Ezequiel 34, sin embargo, es posiblemente el texto bíblico que puede haber influenciado más al Señor en la elaboración de esta parábola. La fraseología y las ideas del profeta son importantes para comprender las imágenes que elabora Jesús de Nazaret: las ovejas están descarriadas (Ez 34.4,16), perdidas y dispersas por las montañas (Ex 34.6); el pastor las buscará y cuidará, y también juzgará a sus opresores (Ez 34.11,16,17,20,22); además, Dios mismo identificará un pastor, en la tradición de David, para que las pastoree (Ez 34.23-24). Este mensaje profético ubica las imágenes de los pastores y las ovejas en un nuevo plano escatológico. Quizá esas ideas de Ezequiel pudieron haber servido de inspiración y fundamento para la elaboración y presentación de la parábola.

Con la comprensión teológica de la parábola, y con un entendimiento cultural y bíblico de la narración, podemos de forma paulatina descubrir el mensaje de Jesús. Esta parábola es una respuesta del Señor a las actitudes irracionales de las autoridades religiosas judías frente a las necesidades de los diversos sectores de la comunidad. Las ovejas perdidas representan a las personas que no se sentían bien servidas con los sistemas religiosos tradicionales. Y el mensaje de

Jesús era una alternativa espiritual, transformadora y pertinente a las necesidades reales de los judíos.

Los grupos marginados y necesitados, de acuerdo con las enseñanzas del Señor, requerían una atención responsable de parte de los sacerdotes y líderes religiosos, y lamentablemente, de acuerdo con los relatos evangélicos, no la estaban recibiendo. Además, no podemos evadir la posibilidad real de que Jesús, sus discípulos y las iglesias primitivas, entendieran que el Señor era el cumplimiento de los oráculos y anuncios de Ezequiel. Con esta comprensión teológica, Dios en Jesús sería el pastor y libertador que apacentará al pueblo de acuerdo con la voluntad de Dios.

Parábola de la moneda perdida

O supongamos que una mujer
tiene diez monedas de plata y pierde una.
¿No enciende una lámpara, barre la casa
y busca con cuidado hasta encontrarla?
Y cuando la encuentra, reúne a sus amigas y vecinas,
y les dice: "Alégrense conmigo;
ya encontré la moneda que se me había perdido."
Les digo que así mismo se alegra Dios con sus ángeles
por un pecador que se arrepiente.
Lucas 15.8-10

La parábola

Para comenzar el análisis de esta parábola, debemos destacar que la protagonista del relato es una mujer, pues en el Evangelio de Lucas se destaca el trato de respeto y dignidad que Jesús le dio a ese sector de la sociedad judía. Y con ese trato al sector femenino de la comunidad, el evangelista pone de relieve la importancia que Jesús le daba a los sectores marginados de la sociedad.

La afirmación: "supongamos que una mujer", está dirigida directamente a los fariseos y los escribas, que ciertamente todos debían de haber sido varones. Ese contraste entre las voces masculinas de autoridad y el protagonismo de la mujer en el relato del Maestro pone de manifiesto una vez más el compromiso serio de Jesús con los diversos sectores sociales desventajados en la antigua Palestina. De un lado está la autoridad religiosa tradicional; del otro, una mujer, que simboliza los sectores sociales sin mucha autoridad en la comunidad.

La narración es sencilla y directa. ¿Quién no deja lo que está haciendo para buscar una moneda si se le ha perdido? Se trata, según la parábola, ¡del diez por ciento de sus recursos económicos inmediatos! ¡Era una pérdida considerable! ¡Una crisis fiscal seria!

El relato revela la diligencia de la mujer que se dedica a buscar lo que se le ha perdido. ¡Era una mujer responsable y dinámica! ¡No se trata de una mujer inhibida ni pusilánime! Y cuando encuentra la moneda, se regocija e invita a sus amigas y vecinas a celebrar.

En ese contexto de celebración y felicidad, el Señor incorpora la afirmación teológica y el corazón de su enseñanza. Si la mujer disfruta el hallazgo de la moneda, así mismo Dios se alegra con sus ángeles "por un pecador que se arrepiente" (Lc 15.10). Se incorpora, de esa manera, la finalidad del mensaje, que reitera el componente fundamental de la teología del Reino: la importancia que Dios le da a los seres humanos "perdidos", en la enseñanza de Jesús, se identifican como "pecadores". En efecto, una vez más el Señor destaca el tema de la aceptación y el apoyo a la gente despreciada y subestimada por las autoridades religiosas. El estilo reiterativo de Jesús facilita la identificación de sus prioridades y la facilitación de sus enseñanzas.

Las *Parábolas de la oveja perdida* y la de *la moneda perdida* tienen elementos en común. Ciertamente, tienen similitudes, pero no transmiten mensajes idénticos. Cada una tiene sus énfasis, encantos, virtudes, desafíos y prioridades. Posiblemente, la revelación de los detalles relacionados con la búsqueda que lleva a efecto la mujer debe destacarse. Para encontrar la moneda, la mujer trabajó de forma intensa, continua, diligente y responsable: p. ej., enciende una lámpara, barre la casa, busca, se mueve, invierte tiempo y energías, vuelve a buscar... El pastor de la parábola previa solo deja las noventa y nueve, encuentra la oveja perdida y, posteriormente, la carga de regreso y se goza por el encuentro. ¡La mujer trabaja más en su deseo y empeño de encontrar lo perdido!

El elemento en común de las dos parábolas es el gozo y la alegría en los cielos por "un pecador que se arrepiente" (Lc 15.10). La afirmación teológica fundamental es el contentamiento celestial ante la contrición personal; la felicidad divina ante la humillación humana; la algarabía escatológica por esperanza histórica. Desea destacar el Señor, en estos relatos, que Dios está más interesado en las personas, particularmente las que están en necesidad y cautiverio, que en los protocolos religiosos relacionados con los "noventa y nueve justos que no necesitan arrepentimiento" (Lc 15.7). Las dinámicas y percepciones religiosas no son más importantes que las necesidades y realidades humanas.

La cultura

La parábola utiliza la singular palabra "dracma" para identificar la moneda perdida. Ese vocablo solo aparece aquí en todo el Nuevo Testamento (vv. 8,9). La versión griega del Antiguo Testamento (conocida como la Septuaginta o LXX), utiliza la expresión únicamente en siete ocasiones. En el siglo primero, una dracma equivalía a un denario, que representaba como un día de trabajo de un jornalero. A las mujeres posiblemente se les pagaba la mitad. En esta parábola, Jesús utiliza la imagen de una mujer típica en alguna comunidad rural de la Galilea, pero la ubica en un nivel de liderato inesperado para los oyentes del relato.

La casa de la mujer debe haber sido una estructura característica de la región y de la época. Las construcciones eran generalmente pequeñas, los pisos eran tradicionalmente de barro (aunque algunos podían ser de piedra de basalto que abundaba en la región) y las ventanas no eran muy grandes, lo que hacía del ambiente interior uno oscuro.

Jesús utilizó las realidades culturales y físicas de su entorno para presentar sus enseñanzas. La gente entendía el contexto básico de la narración; eso facilitaba el proceso de comprensión y asimilación de los valores.

Las implicaciones

La interpretación de esta parábola puede comenzar con las analogías de las intervenciones de Dios en medio de las realidades humanas. Esas manifestaciones divinas toman en consideración los grupos vulnerables de los pueblos, los sectores heridos de las comunidades y las personas oprimidas de las ciudades. En los casos específicos de *la oveja perdida* y *la moneda perdida*, el Señor le habla al liderato religioso, que estaba lleno de leyes, normas, ordenanzas y regulaciones tradicionales.

Esos escribas y fariseos conocían muy bien las tradiciones mosaicas, pero subestimaban, en sus procesos hermenéuticos de interpretación y aplicación de las enseñanzas bíblicas, las necesidades concretas de los pastores y las mujeres, que representan en las imágenes de Jesús a todo un pueblo en necesidad.

La incorporación de la mujer en las enseñanzas de Jesús pone de relieve la valentía profética, la creatividad pedagógica y el compromiso ético del Señor con las personas necesitadas y vulnerables. Y esta afirmación de la mujer se presenta en medio de una sociedad radicalmente patriarcal, donde los sectores femeninos no eran contados en los grupos ni eran distinguidos en las comunidades.

La actitud de búsqueda diligente de la moneda que tiene la mujer puede aludir a la iniciativa y diligencia divina al buscar y rescatar a su pueblo. La narración enfatiza el esfuerzo y la perseverancia de la mujer en su deseo de conseguir la moneda; además, los verbos de acción ponen de relieve la seriedad e intensidad de sus esfuerzos.

La lectura cuidadosa de la parábola también revela un contraste significativo en el relato: si una mujer busca y busca hasta encontrar la moneda, cuánto más hará Dios por encontrar y bendecir a alguna persona que necesita y descubre las virtudes del Reino. Y el resultado real de la búsqueda seria y del descubrimiento, es el gozo, la felicidad y el contentamiento, que ciertamente tienen dimensiones celestiales.

Las alegorizaciones de esta parábola han sido muchas y creativas. Para algunos estudiosos, la moneda puede representar a las personas hechas a imagen y semejanza de Dios; la mujer se ha asociado a la sabiduría divina, inclusive se ha relacionado con Cristo; los vecinos y las amigas de la mujer se han visto como los ángeles que celebran las victorias de Dios y su pueblo en la historia de la humanidad.

Las dos primeras parábolas de Lucas 15 están relacionadas con el Reino, pues revelan que Dios está comprometido con el ministerio de Jesús que desea redimir a su pueblo. Ambas narraciones relacionan a Jesús con los sectores más vulnerables de la sociedad, y demuestran que las reacciones de algunos sectores del liderato judío no están en continuidad con la voluntad de Dios ni responden adecuadamente al ministerio de Jesús. La prioridad en el Reino, según la teología de Jesús de Nazaret, es el ser humano y su necesidad, ya sea que esté representado por una oveja o una moneda perdida. Dios, de acuerdo con estas parábolas, es un buscador continuo, responsable y diligente, que no detiene sus esfuerzos hasta rescatar lo perdido. ¡Es el buscador por excelencia! Y como sabe buscar, encuentra lo perdido, tanto ovejas como monedas.

Parábola de los dos hijos perdidos

"Un hombre tenía dos hijos —continuó Jesús—.
El menor de ellos le dijo a su padre:
'Papá, dame lo que me toca de la herencia'.
Así que el padre repartió sus bienes entre los dos.
Poco después el hijo menor juntó todo lo que tenía
y se fue a un país lejano;
allí vivió desenfrenadamente y derrochó su herencia.
Cuando ya lo había gastado todo,
sobrevino una gran escasez en la región,
y él comenzó a pasar necesidad.
Así que fue y consiguió empleo
con un ciudadano de aquel país,
quien lo mandó a sus campos a cuidar cerdos.
Tanta hambre tenía que hubiera querido llenarse el estómago
con la comida que daban a los cerdos,
pero aun así nadie le daba nada.
Por fin recapacitó y se dijo:
'¡Cuántos jornaleros de mi padre tienen comida de sobra,
y yo aquí me muero de hambre!
Tengo que volver a mi padre y decirle:
Papá, he pecado contra el cielo y contra ti.
Ya no merezco que se me llame tu hijo;
trátame como si fuera uno de tus jornaleros'.
Así que emprendió el viaje y se fue a su padre.
Todavía estaba lejos cuando su padre lo vio
y se compadeció de él;
salió corriendo a su encuentro, lo abrazó y lo besó.
El joven le dijo: 'Papá, he pecado contra el cielo y contra ti.
Ya no merezco que se me llame tu hijo'.
Pero el padre ordenó a sus siervos:
'¡Pronto! Traigan la mejor ropa para vestirlo.
Pónganle también un anillo en el dedo y sandalias en los pies.
Traigan el ternero más gordo
y mátenlo para celebrar un banquete.
Porque este hijo mío estaba muerto,
pero ahora ha vuelto a la vida;
se había perdido, pero ya lo hemos encontrado'.

Así que empezaron a hacer fiesta.
Mientras tanto, el hijo mayor estaba en el campo.
Al volver, cuando se acercó a la casa,
oyó la música del baile.
Entonces llamó a uno de los siervos
y le preguntó qué pasaba.
'Ha llegado tu hermano —le respondió—
y tu papá ha matado el ternero más gordo
porque ha recobrado a su hijo sano y salvo'.
Indignado, el hermano mayor se negó a entrar.
Así que su padre salió a suplicarle que lo hiciera.
Pero él le contestó:
'¡Fíjate cuántos años te he servido
sin desobedecer jamás tus órdenes,
y ni un cabrito me has dado
para celebrar una fiesta con mis amigos!
¡Pero ahora llega ese hijo tuyo,
que ha despilfarrado tu fortuna con prostitutas,
y tú mandas matar en su honor el ternero más gordo!'
'Hijo mío —le dijo su padre—
tú siempre estás conmigo, y todo lo que tengo es tuyo.
Pero teníamos que hacer fiesta y alegrarnos,
porque este hermano tuyo estaba muerto,
pero ahora ha vuelto a la vida;
se había perdido, pero ya lo hemos encontrado' ".
Lucas 15.11-32

La parábola

La narración tradicionalmente conocida como la *Parábola del hijo pródigo*, junto a la del *buen samaritano*, son posiblemente las más conocidas, reconocidas y apreciadas de Jesús de Nazaret. Es una especie de evangelio dentro de los Evangelios, pues pone de manifiesto el corazón de la predicación cristiana: la virtud transformadora del amor, el poder extraordinario del perdón y el milagro grato de la misericordia. Y por los temas expuestos y las imágenes que presenta, ha sido fuente de inspiración para diversos artistas, pues esta parábola se ha presentado en cuadros, dramas, musicales, películas, esculturas, canciones, libros y poesías.

El título tradicional de la parábola, *el hijo pródigo*, no hace justicia a todo el relato de Jesús, pues no representa adecuadamente al segundo hijo que también juega un papel de cierta importancia en la narración. Quizá sea mejor reconocer la parábola con el título del *padre perdonador* (o *el padre que espera*), pues de esta forma se enfatiza la actitud ejemplar del padre, que ciertamente debe manifestar amor, misericordia y perdón hacia los dos hijos. El primer hijo necesitaba el perdón y la compasión del padre por su desorientación, arrogancia e irresponsabilidad; el segundo requería la misericordia, el amor y la comprensión paternal, por su actitud egoísta, desconsiderada e imprudente.

De singular importancia es notar que la parábola es una de dos escenas básicas. Se distinguen dos momentos focales que no debemos obviar: cada uno de los hijos presenta una muy personal crisis existencial que le brinda a la parábola una dimensión más amplia. El elemento común en el relato, ante las respuestas y actitudes impropias de los hijos, es la actitud sobria y consistente del padre, que manifiesta compasión, comprensión, misericordia y amor.

Esta parábola de Jesús es la más extensa que se incluye en los Evangelios. Otras parábolas largas, que incluyen dos escenas en el relato, son las siguientes: *el siervo malvado* (Mt 18.23-35), *la fiesta de las bodas* (Mt 22.1-14), *el rico y Lázaro* (Lc 16.19-31) y *las minas* (Lc 19.11-27). Y aún hay otras parábolas del Maestro que contrastan las actitudes y decisiones de dos personas o grupos, entre las que podemos identificar: *el prudente y el insensato* (Lc 6.46-49), *el trigo y la cizaña* (Mt 13.24-30) y *el fariseo y el publicano* (Lc 18.9-14), entre otras.

El secreto de la *Parábola del hijo pródigo* es la sabia, inteligente y prudente actitud del padre, que manifiesta amor, perdón, compasión y misericordia a los reclamos de sus dos hijos. Entre las actitudes de los hijos, en efecto, hay diferencias y similitudes. El hijo menor pide la herencia y se va del hogar; y fuera del entorno familiar se desorienta y malgasta su dinero. El segundo hijo se queda en el hogar y continúa con sus responsabilidades familiares y administrativas como primogénito, aunque internamente no estaba conforme. El menor, luego de haber malgastado sus recursos, recapacita y decide regresar; emprende un viaje a sus raíces y a su familia. El mayor, sin embargo, que había cumplido sus responsabilidades familiares de forma cabal, reacciona adversamente a la recepción que el padre le dio al hijo menor, que regresaba al hogar luego de haber actuado de forma ingrata e irresponsable, tanto desde la perspectiva individual y personal como de la familiar y cultural.

En ese contexto de disfuncionalidad y conflicto familiar interno, y en boca del padre, Jesús presenta el mensaje central de la parábola. Hay que hacer fiesta, pues el hijo que estaba muerto ha regresado a la vida; y añade, con palabras de grandes implicaciones teológicas: ¡ese hijo se había perdido, pero lo hemos encontrado! El relato enfatiza de esta forma el gozo relacionado con el retorno de algo que se había ido y ha regresado.

De esa forma la parábola del *padre perdonador* se une a las dos narraciones previas de Lucas 15, que hablaban de *la oveja perdida* y de *la moneda perdida*. La dinámica de lo perdido que se encuentra es un gran mensaje para las autoridades religiosas de la época y de la historia: el ser humano en necesidad es objeto de la gracia misericordiosa y perdonadora de Dios. Las personas desorientadas o en cautiverio son prioridad en el ministerio de Jesús de Nazaret.

Una revisión detallada de la parábola descubre singularidades temáticas que pueden ayudarnos a descubrir el sentido y entender las implicaciones del mensaje de Jesús. Los dos hijos trabajan en el campo, bajo la autoridad del mismo padre, en la misma comunidad. Cuando los hijos evalúan sus actitudes en la vida hacia el padre y la familia, uno reconoce humildemente su pecado y el otro indica con arrogancia que nunca ha faltado. Posteriormente, el hijo menor celebra su retorno en la fiesta, pero el mayor rechaza la invitación. Y en el medio de ese conflicto intrafamiliar, el padre está en el medio dialogando con ambos hijos para incentivar la reconciliación, traer la paz y participar de la celebración.

La cultura

Entre los factores culturales que pueden incidir en la comprensión e interpretación de la parábola está el mundo rural y agrario que presupone el relato. La sociedad galilea del primer siglo valoraba la agricultura; rechazar ese mundo agrario o despreciar esas labores agrícolas era una manera de herir la susceptibilidad de la familia y ofender las expectativas de la comunidad. Salir de forma abrupta de las labores agrarias era una falta de respeto tanto a la familia inmediata como a la extendida. El hijo que decide salir radicalmente del entorno familiar y laboral afecta adversamente el corazón mismo de su comunidad inmediata y general. Esa rebelión no era solo contra el padre, sino contra el pueblo.

Las dinámicas entre el padre y los hijos que presupone la parábola son singulares y merecen estudiarse. La falta de respeto a los padres era considerada en la antigüedad una ofensa seria. Inclusive, en la antigua Galilea, la negligencia en el trato a los padres constituía un delito que, inclusive, merecía prisión. De acuerdo con las enseñanzas de la Torá, la rebelión de los hijos contra los padres merecía la pena capital, el apedreamiento (Dt 21.18-21).

Respecto a las herencias, que podía ser fuente de tensión intrafamiliar (Lc 12.13), la responsabilidad mayor recaía en el hijo primogénito. El primer hijo recibía el doble de la herencia pues debía encargarse de los padres, también debía servir como líder en los procesos decisionales y administrativos en la familia. Y como el derroche y la irresponsabilidad eran cualidades rechazadas por las comunidades galileas, el trato a los "hijos pródigos" no era el mejor; predominaba la crítica, el rechazo y la censura general. Ese tipo de hijo malagradecido era despreciado por sus familias y sus comunidades.

La comunidad galilea valoraba la prudencia administrativa pues el hambre en la antigüedad era fuerte y llegaba con cierta regularidad. Esas dinámicas de escasez y pobreza eran producto de las guerras, las realidades políticas y sociales, o sencillamente por complicaciones en la meteorología o la agricultura. Y pedir la herencia al padre antes de tiempo, era una forma de desearle la muerte, que era visto como una ofensa mayor, como una deshonra familiar, como un serio atentado contra la Ley de Moisés y sus implicaciones familiares.

La crianza de cerdos no era bien vista en las comunidades greco-romanas; en las sociedades judías era abiertamente rechazada. De acuerdo con la Torá, los cerdos eran animales impuros, que no se debían comer ni tocar (Lv 11.7). Y las algarrobas eran conocidas en el mundo mediterráneo antiguo como alimento para los animales, aunque podía ser ingerido por las personas en momentos de desesperanza y crisis.

Otros aspectos de importancia cultural en la parábola son los siguientes: correr era considerado como impropio y hasta vergonzoso para los adultos, pues en el movimiento se mostraban las piernas o las partes íntimas; andar descalzo era una muestra de degradación, luto o humillación; poner las sandalias a otra persona era signo de reconocimiento de autoridad; y comer carne era parte de las fiestas únicamente en momentos de celebraciones especiales. En efecto, la cultura le brinda a Jesús un magnífico entorno para presentar la parábola y afirmar su enseñanza. Descubrir lo perdido era signo de gozo especial y triunfo que, en el caso de nuestra parábola, tiene repercusiones eternas.

Esos presupuestos culturales son indispensables para comprender el mensaje de Jesús. Se trata de una enseñanza que utiliza las dinámicas culturales de la época y la comunidad, que los oyentes debían entender muy bien. Jesús, en continuidad con las dos parábolas previas (de *la oveja perdida* y *la moneda perdida*) aumenta el nivel de la intriga y también desafía aún más las posturas teológicas de los fariseos y los publicanos. La irresponsabilidad del hijo menor y la imprudencia del hijo mayor, reciben la respuesta grata de misericordia, generosidad, felicidad y fiesta del padre. Una vez más "algo perdido" se encuentra y es motivo de felicidad.

Las implicaciones

Podemos llegar a la interpretación y contextualización de esta parábola por varios ángulos. En primer lugar, podemos ubicar el relato en un contexto de naturaleza sicológica. Se manifiesta en la narración una serie de dinámicas interpersonales y emocionales que son esencialmente enfermizas: falta de respeto a la autoridad paternal, desorientación personal, separación familiar, angustia existencial, frustración individual, para llegar finalmente a la reconciliación y al gozo. Es un drama humano de incomunicación, falta de respeto, distanciamientos y frustración. Al final, solo el arrepentimiento y el regreso al hogar produce felicidad y fiesta.

La sociología también puede ayudarnos a la comprensión de varios detalles de la enseñanza de Jesús. La parábola presenta las dinámicas internas de una familia disfuncional; revela las divisiones internas y los conflictos interpersonales que se manifiestan en ese tipo de ambiente impropio. La hostilidad que generan estas relaciones enfermizas propicia incomunicación y resentimiento en una familia. La recepción y la fiesta del padre al hijo perdido representa el poder de la reconciliación, la virtud del reencuentro, que no solo es interpersonal en la intimidad de la familia, sino que trasciende a la comunidad.

A través de la historia, las interpretaciones de esta parábola han sido creativas. Los dos hijos se han asociado al pueblo de Israel y a los gentiles, a las personas justas y a los pecadores penitentes, a los cristianos que perseveran y los que se apartan de la fe, a los cristianos capaces de reconocer sus pecados y mostrar arrepentimiento y los que guardan sus resentimientos en el interior de sus vidas, y al poder de la humillación y la destrucción que acarrea la arrogancia. El padre siempre se ha relacionado con Dios, y la fiesta final se ha asociado a la Santa Cena o la Eucaristía.

Podemos encontrar uno de los propósitos y de las enseñanzas de la parábola en las respuestas del padre y del hijo mayor a la misma situación y realidad. Ante el retorno del hijo perdido, el padre reacciona con amor, felicidad y misericordia; y el hijo mayor, que no había salido de su casa ni había malgastado sus bienes, actuó con irracionalidad, hostilidad y resentimiento. Un mismo evento genera actitudes opuestas, pues el origen de las acciones humanas está en el corazón de los individuos y en el alma de las personas. Lo que genera gozo a alguna persona puede ser motivo de frustración y rencor para otra. Para Jesús lo importante en el mensaje era que alguien desorientado y extraviado en la vida había regresado al hogar, que ciertamente era signo del Reino; alguien sin sentido de orientación ético y moral, había descubierto el sendero de la responsabilidad y la humildad.

Las dinámicas entre los hermanos son singulares. Los dos demostraron irrespeto al padre; los dos manifestaron insatisfacción con sus realidades familiares; los dos tenían sus corazones fuera del hogar; los dos eran pródigos. Sin embargo, uno tuvo el coraje de hacerlo público, mientras el otro vivió frustrado en el hogar. El hijo menor salió del entorno familiar y comunitario en busca de aventura; y el hijo mayor, se quedó en su casa, pero su corazón también se había ido. El menor recapacita; el mayor se frustra.

La reacción del padre a las dos actitudes fue la misma: misericordia, comprensión, apoyo, amor y perdón. Uno de los hijos procedió al arrepentimiento y recibió el perdón y la misericordia; el otro mantuvo su frustración, pues no quiso participar de la fiesta del retorno y de la reconciliación. El gozo y la felicidad del padre no son extras optativos en la vida, sino requisitos indispensables para la gente que ha descubierto y reconocido la misericordia y el perdón de Dios.

El propósito primario de la parábola es poner de manifiesto el poder de la compasión y la virtud de la misericordia. Además, la actitud amorosa del padre, al notar que el hijo perdido regresaba al hogar, revela ternura y manifiesta perdón. En efecto, la parábola puede simbolizar el poder de la gracia divina que perdona, restaura, bendice y ayuda. El padre rompió con todos los protocolos culturales al descubrir que su hijo perdido regresaba al hogar: corrió a recibirle gozoso y darle una bienvenida extraordinaria.

Detrás del relato de Jesús, hay un Dios vivo que es capaz de demostrar ternura a quienes actúan de forma errada e imprudente y se arrepienten. La contrición del hijo fue la fuerza que movió al padre a manifestar el perdón, que le permitió al pródigo ser aceptado nuevamente, no como un criado en el hogar sino como el hijo que había regresado a su familia. El Dios de la parábola, que es representado en el padre, es capaz de perdonar y restaurar a quienes reconocen sus debilidades y realidades, y pueden "volver en sí", para emprender un viaje de regreso al hogar, para iniciar un peregrinar restaurador.

Otra posibilidad temática en la parábola es la celebración, la invitación a la fiesta, la manifestación del gozo, la demostración de felicidad. Si el Dios bíblico celebra el retorno de alguna persona desorientada en la vida a sus orígenes saludables y gratos, cuánto más los creyentes deben alegrarse con la llegada de los pecadores al hogar de paz, esperanza, sanidad y liberación que representa la vuelta al ámbito divino. El arrepentimiento humano propicia el perdón de Dios; esas actitudes son el contexto ideal para la fiesta, el gozo, la celebración y el jubileo que, desde la perspectiva de la teología del Reino, tienen repercusiones eternas.

Esta parábola, además, puede ser una defensa solapada de las relaciones de Jesús con los sectores que los fariseos y publicanos llamaban "pecadores", que ciertamente, para el Señor, eran personas con necesidades especiales, tanto físicas, morales, espirituales, sociales y políticas. El Reino que proclama Jesús está diseñado para incluir a las personas rechazadas y heridas por la vida. El poder del perdón de Dios y la virtud de la misericordia divina son más eficaces que los estigmas, rechazos, fracasos, caídas y prejuicios. Y la fiesta y la celebración destacan el compromiso del Señor al afirmar este mensaje del perdón en el contexto donde estaban los representantes del legalismo religioso, político y cultural.

04
Parábolas del Reino y el pueblo de Israel

Parábola de la higuera estéril

Entonces les contó esta parábola:
"Un hombre tenía una higuera plantada en su viñedo,
pero cuando fue a buscar fruto en ella, no encontró nada.
Así que le dijo al viñador:
'Mira, ya hace tres años que vengo a buscar fruto en esta higuera,
y no he encontrado nada.
¡Córtala! ¿Para qué ha de ocupar terreno?›
'Señor —le contestó el viñador—,
déjela todavía por un año más,
para que yo pueda cavar a su alrededor y echarle abono.
Así tal vez en adelante dé fruto; si no, córtela' ".
Lucas 13.6-9

La parábola

Esta nueva parábola de Jesús afirma la importancia de los frutos, no solo en la higuera sino en la vida. El contexto general de la enseñanza es el mensaje en torno a la identificación y comprensión de los tiempos en la vida; además, añade el Señor, la necesidad del arrepentimiento para evitar el juicio divino. Dos de los enfoques más importantes del entorno temático de la parábola es el discernimiento de los tiempos (Lc 12.35-56), que requiere sabiduría del pueblo, y también la capacidad para enfrentar el juicio (Lc 12.57-59). Para el evangelista Lucas, ese énfasis temático es signo de la seguridad verdadera que se desprende de un compromiso serio con el Reino, y esa decisión firme y decidida, produce buenos frutos, resultados positivos y respuestas efectivas.

De singular importancia es que Lucas haya decidido ubicar el relato de la matanza de Pilato inmediatamente antes de la *Parábola de la higuera estéril*. Ese peculiar arreglo temático y literario es una especie de introducción, un tipo de advertencia, una manera de llamar al arrepentimiento, una forma de ubicar la narración en un contexto de juicio. Inclusive, el relato del milagro de la mujer encorvada, espiritualmente cautiva por dieciocho años, también sirve de preámbulo. Jesús pudo liberar y sanar a la mujer en necesidad especial, y de la misma manera milagrosa puede redimir y transformar a Israel. La virtud divina en Jesús puede llegar a individuos y a comunidades. El Reino tiene implicaciones personales y nacionales.

El contexto temático inmediato de la parábola en Lucas es el énfasis que hace el evangelista en torno a lo que produce seguridad en las personas, pues esa experiencia genera paz y esperanza en las personas y los pueblos. En medio de esas enseñanzas, el Evangelio afirma que no son las posesiones ni los recursos humanos los que le traen a la gente el sentido de seguridad que genera paz, sino la aceptación de los valores del Reino, según se presentan en los discursos de Jesús. En los principios éticos, morales y espirituales que se desprenden de las enseñanzas en torno al Reino del Señor, se fundamentan la salud integral necesaria para vivir con sentido de paz y seguridad en la vida. Y en medio de esas afirmaciones teológicas y prácticas, la parábola afirma que hay que tener el discernimiento adecuado para comprender los tiempos y evitar el juicio divino.

La parábola presenta al dueño de un árbol de higuera que, por alguna razón no identificada en la narración, por tres años no ha dado frutos. Ante la falta de resultados positivos, el dueño evalúa sus alternativas y ordena directamente al agricultor que corte el árbol. El agricultor, sin embargo, ante la directriz severa, directa y radical del patrono, responde con la solicitud de un año adicional para explorar la posibilidad de que la higuera produjera frutos; posiblemente deseaba revisar los procesos agrícolas, remover el terreno y abonar nuevamente el árbol, para ver si finalmente llegaban los frutos esperados.

De singular importancia en la narración es que no incluye ninguna conclusión de forma explícita. Hay un espacio abierto para la imaginación y la creatividad. Se brinda a los oyentes una muy buena oportunidad para que exploren ideas, para que elaboren alternativas de acción y desarrollen posibles conclusiones. Las posibilidades hermenéuticas son muchas, pues ese silencio al final del relato produce el espacio pertinente para la elaboración de varias alternativas de contextualización.

El análisis cuidadoso de la parábola, sin embargo, descubre que el dueño no responde a la petición final del agricultor, aunque algunas personas lo podrían suponer. Y si se aplica la enseñanza al pueblo de Israel, el mensaje teológico básico del relato explora las actitudes impropias de las comunidades judías palestinas; inquiere seriamente si el pueblo responderá positivamente al llamado del Reino y si la comunidad dará los frutos esperados del dueño (es decir, Dios); y, finalmente, si los oyentes del mensaje divino actuarán con obediencia a los reclamos espirituales, éticos y morales que les presenta Jesús de Nazaret.

La relación de esta narración con la *Parábola del trigo y la cizaña* es clara: las dos ponen de relieve alguna dificultad con las plantas; en ambas se requiere algún tipo de acción inmediata y decidida; las dos narraciones presentan una alternativa para demorar las decisiones últimas; y finalmente, los dos relatos hacen referencia al juicio divino por el pecado humano. Esa similitud en los temas puede ser un indicador de que son enseñanzas que están muy cerca de las palabras originales de Jesús.

Se puede descubrir también en el relato una relación con la *Parábola de los dos deudores*, pues en los dos casos la decisión final y firme se altera después de un reclamo de clemencia (Mt 18.25-27). Se nota en estos relatos un componente de misericordia que no debe subestimarse.

La cultura

Las imágenes de la higuera en la Biblia hebrea no son tan comunes como las referencias a la vid o los viñedos; sin embargo, se incluyen con cierta frecuencia en los libros proféticos (véase Jer 24.1-10; Os 9.10; Mi 7.1). Tanto las vides como las higueras se asociaban con las ideas: paz, sosiego, tranquilidad y prosperidad. Y la falta de esos árboles en las comunidades y sus campos, pueden ser indicadores de juicio, guerra, maldición o castigo divino (Dt 8.8; 2Re 18.31; Nm 20.5).

La idea paradisíaca de sentarse debajo de la vid o higuera se transformó en un signo de los tiempos mesiánicos. Y el uso de la imagen de la higuera como símbolo de paz que se desarrolla a niveles escatológicos es bastante frecuente en los textos del Antiguo Testamento (1Re 4.25; Is 34.4; Mi 4.4; Zac 3.10) y también en el libro de Apocalipsis (Ap 22.2). Por el contrario, las referencias bíblicas a comunidades sin árboles o sin frutos se asocian tradicionalmente con naciones infieles, individuos desleales, y personas carentes de valores y dignidad (Is 5.1-7; Jer 8.13; Mi 7.12; Os 9.16; Mt 7.16 y Lc 6.43-45; Jud 12).

Las alusiones bíblicas a las higueras y las vides pueden producirse en los mismos contextos. Las siembras de esos dos tipos de árboles se podían hacer unidas, como se desprende de la literatura bíblica (Sal 105.33; Cnt 2.13;

Jer 8.13; Jl 1.7,12; Mi 4.4). Inclusive, se pensaba que las higueras servían de apoyo al crecimiento de la vid. En el testimonio escritural, la unión de las referencias a ambos árboles es común, pues apuntan hacia la seguridad, el bienestar y la paz.

La referencia a la matanza de Pilatos en el texto bíblico que antecede a la parábola es muy difícil de corroborar históricamente. Es un episodio del cual no tenemos información precisa, ni se encuentran referencias literarias a ese evento en específico. Sin embargo, a la luz de las persecuciones y atrocidades perpetuadas por el famoso procurador romano, Poncio Pilatos, ese evento no es de dudar. Su actitud prepotente y sus decisiones inmisericordes hacia las comunidades judías son públicas y notorias. En ese singular grupo de decisiones injustas se puede identificar la forma que respondió a los reclamos de los líderes judíos en el juicio de Jesús. Aunque no encontró causa criminal alguna contra el Señor, ordenó su crucifixión sin dilación ni resentimientos. Y ese acto jurídico inescrupuloso pone de relieve su personalidad violenta y estilo administrativo inmisericorde.

Las implicaciones

Las interpretaciones de esta parábola han relacionado su mensaje con los judíos que no aceptan la proclamación del Reino de Dios anunciado por Jesús. Se asocia a las comunidades que no dan los frutos espirituales esperados; y también con la ética y la moralidad que manifiestan en la vida las personas y las iglesias. La higuera se ha visto, inclusive, como símbolo de las sinagogas, que no producen los resultados que reclama el Señor. La higuera se ha comparado a la humanidad; los tres años esperando frutos se asocian a los períodos antes de la llegada de la Ley de Moisés, durante el período de la Ley, y bajo el amparo de la gracia con la llegada de Jesús y su obra redentora.

Una posibilidad hermenéutica adicional es la afirmación de que esta parábola es esencialmente una amonestación firme y un llamado claro al arrepentimiento del pueblo de Israel, y también de los primeros cristianos e iglesias primitivas. El Reino de Dios requiere disposición del pueblo, y esa actitud de arrepentimiento y humildad se pone de manifiesto en la simbología de los frutos. La carencia de frutos produce la poda y la eliminación del árbol, que alude claramente al juicio divino.

Las posibilidades hermenéuticas son muchas, sin embargo, a la luz de las revisiones internas de la parábola, y también tomando en cuenta la historia de las interpretaciones y aplicaciones, vemos que el corazón del mensaje es una advertencia al pueblo y un llamado al arrepentimiento Y ese reclamo es a Israel, la iglesia, los líderes de las sinagogas y congregaciones, y la humanidad. Dar frutos positivos en la vida equivale a vivir, demostrar y compartir los valores del Reino. Una vez esos valores se hacen realidad, se evitan las manifestaciones del juicio divino.

El análisis de la parábola debe identificar a quiénes va dirigido el mensaje en su entorno original, para posteriormente hacer las contextualizaciones pertinentes. ¿Jesús habló a las multitudes de judíos en general o a sus líderes en particular? ¿El reclamo del Reino es a la nación, a los líderes en general o a individuos en específico?

La evaluación sobria de la narración revela que el reclamo de Jesús es a ambos, al pueblo y a sus líderes, con implicaciones también para sus discípulos. El componente del fruto en la vida es un elemento prioritario en el relato, y ese tema supera los linderos históricos, sociales, religiosos y políticos. Quienes descubren y se incorporan al Reino de Dios deben vivir con dignidad, nobleza e integridad como resultado de esa experiencia de renovación, transformación y liberación.

En el corazón mismo de la parábola se pone de relieve la importancia del mensaje: la falta de frutos y la carencia de productividad es causa inmediata para la manifestación del juicio divino. Inclusive, el ministerio de Jesús se puede entender como un período de gracia y de posposición de ese juico, pues el Mesías llegaba para anunciar las buenas nuevas de salvación que deberían conducir al arrepentimiento; posteriormente, vendría el juicio de Dios. La vida del Señor es signo de misericordia y de amor de Dios, pues equivale a una oportunidad adicional para proceder a la contrición y la conversión.

La fecha del juicio no se identifica en la parábola, pero se afirma como algo seguro luego de una vida infructuosa. ¡La falta de frutos propicia el corte del árbol! La narración destaca el tema del retraso del juicio divino por la carencia real de resultados y frutos.

El relato no desea presentar la falta de misericordia divina —al dueño pedir que se cortara el árbol— como el elemento destacado. La carencia de productividad está en evaluación continua de Dios. Como un todo, la parábola, en el contexto del mensaje de Jesús, incluye juicio, misericordia, arrepentimiento y frutos. Y en el entorno específico de esta narración y enseñanza, Jesús afirma que la falta de productividad en la vida es el ambiente ideal para la manifestación plena del juicio de Dios. La vida en el Reino reclama buenos frutos, que en el mensaje de Jesús se pueden asociar con la espiritualidad saludable y con actitudes responsables en la ética y la moralidad.

Parábola de los dos hijos

"¿Qué les parece? —continuó Jesús.
Había un hombre que tenía dos hijos.
Se dirigió al primero y le pidió:
'Hijo, ve a trabajar hoy en el viñedo'.
'No quiero', contestó, pero después se arrepintió y fue.
Luego el padre se dirigió al otro hijo y le pidió lo mismo.
Éste contestó: ‹Sí, señor›; pero no fue.
¿Cuál de los dos hizo lo que su padre quería?
El primero —contestaron ellos.
Jesús les dijo: —Les aseguro que los recaudadores de impuestos
y las prostitutas van delante de ustedes hacia el reino de Dios.
Porque Juan fue enviado a ustedes
a señalarles el camino de la justicia, y no le creyeron,
pero los recaudadores de impuestos y las prostitutas sí le creyeron.
E incluso después de ver esto,
ustedes no se arrepintieron para creerle".
Mateo 21.28-32

La parábola

Esta *Parábola de los dos hijos* es una narración de naturaleza jurídica, similar al canto que se incluye en el libro del profeta Isaías (Is 5). Se presenta el juicio divino, y en el proceso del anuncio, los receptores del mensaje participan de la narración y se produce un tipo de auto condenación. Posiblemente un buen ejemplo de este tipo de mensaje profético de juicio divino es la parábola de Natán a David, en el contexto del adulterio del monarca (2Sa 12.1-10): luego del mensaje del profeta, el rey se juzgó a sí mismo y se declaró culpable.

La parábola comienza con una pregunta, que es una característica singular en este tipo de narraciones de Jesús: el elemento interrogativo. Posiblemente unas veintidós parábolas evangélicas comienzan con incógnitas, que ya desde el comienzo pone de manifiesto este singular estilo retórico del Maestro de la Galilea. Esa particular metodología pedagógica incentivaba el diálogo, propiciaba el análisis y motivaba la reflexión. Y aunque era un recurso persuasivo usado en algunos círculos rabínicos, Jesús lo llevó a un nivel óptimo para incentivar la comprensión de la enseñanza y fomentar los valores del Reino. Con las preguntas, el Señor abría las puertas a los diálogos serios y las reflexiones críticas sobre la vida y sus desafíos.

Mateo ha colocado tres parábolas juntas para subrayar la obstinación de los líderes judíos: *los dos hijos, los labradores malvados* y *la fiesta de bodas*. Este singular trio de enseñanzas presenta un reclamo muy fuerte del Señor a las autoridades religiosas, que ciertamente va en crecimiento, pero que no proceden al arrepentimiento. La actitud cerrada y hostil de algunos líderes religiosos chocaba abiertamente con el estilo dialogal, abierto y respetuoso de Jesús. La finalidad pedagógica del Señor era la transmisión de valores, pero de forma sistemática el liderato religioso rechazaba ese tipo de llamado respetuoso al diálogo.

El gran desafío teológico de Jesús no se relaciona principalmente con las respuestas del pueblo a sus enseñanzas y valores, sino con las actitudes prejuiciadas y cerradas de los profesionales en la religión judía. Ese grupo de líderes, que estaba consciente de las profecías mesiánicas y las espectativas escatológicas, no aceptaba las enseñanzas del Reino que presentaba Jesús, pues desafiaban la autoridad que se fundamentaba en las interpretaciones rabínicas tradicionales de la Ley de Moisés.

Esas nuevas posibilidades hermenéuticas retaban abiertamente la posición social y la autoridad moral de esos sectores religiosos en medio de la sociedad judía del primer siglo. El corazón del dilema pedagógico y teológico no era la necesidad real e inmediata del pueblo judío como un todo, que generalmente apreciaba las presentaciones de Jesús, sino las respuestas prejuiciadas del liderato religioso que estaba inmerso y cautivo en las comprensiones tradicionales y reduccionistas de la experiencia religiosa. Y para Jesús, las nuevas realidades espirituales, sociales, económicas, religiosas y políticas del pueblo demandaban respuestas teológicas noveles, pertinentes, sabias y transformadoras.

Ante la petición de un padre a sus dos hijos, uno responde en la afirmativa, pero no obedece las instrucciones; el otro, responde en la negativa, pero luego recapacita y obedece al padre. La pregunta de Jesús se relaciona con la obediencia y la fidelidad: ¿cuál de los hijos es el obediente?

En este contexto debemos entender que la pregunta está ligada a la interpretación y el cumplimiento de los Diez mandamientos, en donde se afirma claramente el deber de los hijos de honrar a los padres (Éx 20). ¡A Jesús le interesaba muy seriamente dialogar sobre la fidelidad real a la Ley de Moisés! La respuesta fue lógica, el que primeramente se negó, pero que luego obedeció.

Para Jesús, ese acto de obediencia revela la naturaleza misma del reclamo divino a los judíos y a la humanidad. Quienes obedecen a las enseñanzas del Reino, aunque sean prostitutas y recaudadores de impuestos —que son los símbolos óptimos de los pecados extraordinarios y las peores actitudes en la vida, para las autoridades judías— llegan al Reino primero que ese tipo de líder religioso que, aunque se le enseñe el camino de la justicia de forma reiterada, no obedece a la voluntad de Dios. Estaba interesado el Señor en explorar las dimensiones más íntimas e importantes de la experiencia religiosa.

De acuerdo con esta enseñanza de Jesús, aunque estas personas religiosas vean el Reino de Dios y su justicia hacerse realidad en la vida, no responden positivamente al reclamo divino, no obedecen, no aceptan las demandas divinas. Los procesos religiosos mecánicos, entendía el Señor, eran la prioridad para el liderato judío. Para Jesús, sin embargo, lo más importante en la vida era el ser humano y su necesidad. La fidelidad a Dios es más importante que las interpretaciones tradicionales de la Ley. Para el Señor, la verdadera experiencia religiosa saca del ser humano y las comunidades los mejores gestos, las decisiones más nobles y las acciones que se fundamentan en la justicia, la paz, el amor y la misericordia.

La cultura

Esta parábola presupone las tradiciones judías antiguas. La autoridad de los padres en las familias y las comunidades era pública e incuestionable. Además, revela la percepción que tenía la comunidad de los cobradores de impuestos y las prostitutas. Eran sectores públicamente rechazados, socialmente subestimados e interpersonalmente despreciados. Jesús le hablaba a un sector de la comunidad que tenía estas percepciones sociales bien firmes, y esas comprensiones del mundo y la vida, informaban sus teologías y actividades sociales, y afectaban sus procesos decisionales, prácticas religiosas e interpretaciones de la Ley.

En ese marco de referencia estricto, tradicional y legalista, Jesús habla del juicio divino. Y el ejemplo que presenta en medio del mundo religioso era escandaloso: afirmaba que, en el Reino, van primero los cobradores de impuestos y las prostitutas que los oficiales judíos expertos en la Ley y estudiosos de las costumbres y normas judías. ¡Era la inversión de sus comprensiones de la religión y la sociedad! ¡Era la contraposición de las enseñanzas religiosas que habían recibido toda la vida! ¡Era una especie de revolución de valores espirituales y sociales!

Esa comparación dramática del Señor ante las autoridades judías debió haber constituido un escándalo teológico y un problema moral mayor para quienes tenían divididos claramente los diversos sectores sociales del pueblo. Quienes seguían y aceptaban las interpretaciones rabínicas de la Ley en esa época neotestamentaria, eran distinguidos, apreciados y respetados; quienes no obedecían esas estrictas imposiciones y regulaciones religiosas, eran considerados "pecadores", como es el caso de las prostitutas y los cobradores de impuestos en esta parábola. ¡Las fronteras hermenéuticas tenían implicaciones sociales e interpersonales!

Las faltas de aprecio y el irrespeto a las interpretaciones tradicionales de la Ley, constituían un desafío extraordinario, que impedían que los especialistas religiosos aceptaran y apreciaran sus comprensiones de la Ley y la vida. Jesús de Nazaret, con sus enseñanzas en parábolas, se convertía en profeta del pueblo, que desafiaba las estructuras religiosas y legales de las autoridades del Templo y de la ciudad de Jerusalén. Una voz novel llegaba al mundo judío del primer siglo, y era la de un joven rabino de la Galilea.

Las implicaciones

Las interpretaciones de esta parábola han sido muchas y han destacado diversos componentes y temas del relato. Algunos estudiosos antiguos relacionaban a los dos hijos del relato. El primero se asocia con las comunidades gentiles, que rechazaron primeramente la Ley, pero que luego en la historia procedieron a aceptar a Cristo. Y en el segundo hijo se puede ver al pueblo judío, que comenzó con fidelidad a Dios, pero que posteriormente rechazó el ministerio transformador del Mesías.

Otra posibilidad de interpretación destaca la dualidad del decir y el hacer; afirma la necesidad de ser obedientes al mandato divino y a los reclamos del Reino. En la gente de integridad, que se relaciona con las personas que afirman y viven los valores del Reino, hay correspondencia entre la teoría y la práctica; entre la teología y las vivencias en la comunidad; entre el dicho y el hecho. La integridad se relaciona con la obediencia, que es la capacidad de escuchar y responder positivamente a la voluntad de Dios. De esa forma la integridad se identifica con los valores indispensables de las personas que se incorporan al Reino.

La historia de la iglesia ha sido testigo de otras posibilidades hermenéuticas. El hijo que acepta el llamado del padre, pero después se retracta, se ha asociado a las personas que inicialmente son simpatizantes del mensaje de Jesús, pero que posteriormente se apartan de la fe y muestran su infidelidad: ¡son los apóstatas! Ambos hijos avergüenzan y agradan al padre, que es una manera de presentar las complejidades reales de la vida familiar y las dinámicas internas de las comunidades.

Jesús presenta en su parábola la realidad de una familia disfuncional: se cuestiona la autoridad del padre, se rechazan las responsabilidades, se cambian las decisiones de obediencias y desobediencias, y se responde a la vida de forma inmadura, irracional, irrespetuosa, imprevista e impropia.

El mensaje fundamental de la parábola se comprende con claridad: Dios está interesado en un pueblo que tenga una vida de obediencia a los valores del Reino y que, además, sea productiva. Las apariencias, o las decisiones impensadas, irracionales e inadecuadas, no deben ser las actitudes ni los estilos que distingan al pueblo de Dios. La continuidad ética, entre el pensar y el actuar, es un componente indispensable e impostergable en la vida cristiana, pues pone de manifiesto el importante valor de la integridad, que en el Reino es fundamental, indispensable y determinante.

La obediencia a la palabra de Dios no es un componente opcional en la vida cristiana, sino un valor prioritario, una responsabilidad primaria. Más que palabras superficiales, lo importante en el Reino es hacer la voluntad de Dios y vivir según los valores espirituales que el mensaje de Jesús reclama. La relación entre el creer a la palabra de Dios y el actuar en desobediencia al mandato divino es inconcebible e inaceptable para Jesús.

El Señor enseñaba a los líderes religiosos que vivir a la altura de los reclamos del Reino es mucho más importante que las interpretaciones oficiales de la Ley. Para el Señor la fidelidad, la obediencia y la integridad constituyen prioridades éticas, morales y espirituales en el Reino de Dios. La lealtad al Dios que liberó al pueblo judío de la opresión del faraón era una característica indispensable en la teología y la pedagogía de Jesús.

Posiblemente una de las enseñanzas más importantes de esta breve parábola se relaciona con la obediencia. Las formulaciones teóricas de lo que debería ser una buena experiencia religiosa, deben ceder ante las acciones y ejecutorias en la vida. Para Jesús de Nazaret debe haber una continuidad estrecha entre la teología y la práctica, entre el querer y el hacer, entre lo que se nos dice que deberíamos hacer en nombre de la religión y lo que realmente vamos a hacer como representantes del Reino. Integridad es la capacidad de pensar y actuar en consonancia, es relacionar íntimamente lo que se dice con lo que se hace, es vivir a la altura de los postulados del Reino, en el cual el amor, la paz, el perdón, la justicia, el gozo y la misericordia, son valores fundamentales e indispensables.

Parábola de los labradores malvados

"Escuchen otra parábola:
Había un propietario que plantó un viñedo.
Lo cercó, cavó un lagar y construyó una torre de vigilancia.
Luego arrendó el viñedo a unos labradores y se fue de viaje.
Cuando se acercó el tiempo de la cosecha,
mandó sus siervos a los labradores
para recibir de estos lo que le correspondía.
Los labradores agarraron a esos siervos;
golpearon a uno, mataron a otro y apedrearon a un tercero.
Después les mandó otros siervos,
en mayor número que la primera vez,
y también los maltrataron.
Por último, les mandó a su propio hijo,
pensando: '¡A mi hijo sí lo respetarán!'
Pero cuando los labradores vieron al hijo,
se dijeron unos a otros: 'Este es el heredero.
Matémoslo, para quedarnos con su herencia'.
Así que le echaron mano,
lo arrojaron fuera del viñedo y lo mataron.
Ahora bien, cuando vuelva el dueño,
¿qué hará con esos labradores?
—Hará que esos malvados tengan un fin miserable —respondieron—
y arrendará el viñedo a otros labradores
que le den lo que le corresponde
cuando llegue el tiempo de la cosecha.
Les dijo Jesús: ¿No han leído nunca en las Escrituras:
'La piedra que desecharon los constructores
ha llegado a ser piedra angular;
esto lo ha hecho el Señor, y es maravilloso a nuestros ojos'?
Por eso les digo que el reino de Dios
se les quitará a ustedes
y se le entregará a un pueblo que produzca los frutos del reino.
El que caiga sobre esta piedra quedará despedazado,
y si ella cae sobre alguien, lo hará polvo.
Cuando los jefes de los sacerdotes
y los fariseos oyeron las parábolas de Jesús,
se dieron cuenta de que hablaba de ellos.

Buscaban la manera de arrestarlo,
pero temían a la gente
porque esta lo consideraba un profeta".
Mateo 21.33-46

La parábola

La *Parábola de los labradores malvados* es compleja, pues transmite mucha información e ideas de forma directa, intensa y condensada. Es una de las narraciones más discutidas de Jesús, pues ha generado debates teológicos intensos, complejos y extensos. Algunos estudiosos piensan que la narración es muy amplia; indican que es temáticamente muy compleja para representar lo que realmente dijo el Señor a los jefes de los sacerdotes y a los fariseos. A esas discusiones teológicas iniciales, debemos añadir la naturaleza de los diálogos y las reflexiones del relato, pues la parábola alude al hijo del dueño del viñedo, que se ha entendido como una especie de afirmación cristológica.

Una vez más tenemos una narración que incorpora en su presentación varios niveles jurídicos. En los paralelos del relato, que se encuentran en Marcos (Mr 12.1-12) y Lucas (Lc 20.9-19) los componentes legales están implícitos, al igual que en la presentación que se incluye en el Evangelio de Tomás (Tom 66). En todas las versiones, sin embargo, se incluye la referencia al Salmo (Sal 118.22) que sirve de base para la aplicación del mensaje. Lo que se desecha o rechaza de forma precipitada e impropia en la vida, puede convertirse en una pieza clave en la formación adecuada y exitosa de la existencia humana.

Para comenzar nuestro análisis es importante indicar que esta narración es un buen ejemplo de cómo cada evangelista tomó la tradición parabólica de Jesús que recibió y la adaptó a los propósitos específicos de cada Evangelio. En la transmisión de este mensaje, las iglesias y los evangelistas se sintieron libres para organizar, revisar, redactar y presentar el material en relación con sus propósitos teológicos y educativos. La versión en el Evangelio de Tomás es más corta y menos teológica.

La inclusión y presentación final de las parábolas, y también de las otras fuentes que se utilizaron en los Evangelios, está íntimamente ligada al propósito teológico de Mateo, Marcos y Lucas. Cada evangelista destacaba los detalles que eran propios para sus propósitos al contar la buena noticia del Reino. Y el estudio de las parábolas que se repiten en los Evangelios nos brinda pistas en torno a la historia y los procesos de redacción de estas importantes enseñanzas de Jesús, antes que se incorporaran de forma escrita en las narraciones evangélicas más amplias.

El contexto general de la parábola y el ambiente de la presentación son similares en las tres versiones canónicas. Ubican el relato luego del problema de la autoridad de los líderes religiosos judíos y previo a las preguntas sobre los impuestos al César. El ambiente de diálogo y crisis con las autoridades religiosas judías le brinda a la parábola el marco de referencia hermenéutico. Y en el análisis de estos discursos del Señor debemos entender que, esta singular dinámica de diálogo y disputa con las autoridades religiosas y políticas judías, es el marco conceptual de muchas parábolas y enseñanzas de Jesús. Ese ambiente de tensión filosófica, litúrgica y política constituía el marco de referencia continuo de las enseñanzas y las parábolas del joven rabino galileo.

En el Evangelio de Mateo, esta parábola está unida a dos más, una antes y otra después del relato. Presentan una trilogía de mensajes importantes respecto al pueblo de Israel. La *Parábola de los dos hijos* (Mt 21.28-32) no se incluye en Marcos ni en Lucas. La *Parábola de la gran cena* de Lucas (Lc 14.15-24), que tiene ciertas similitudes con la *Parábola de la fiesta de bodas* (Mt 22.1-14), se presenta en contextos diferentes. Y el envío del dueño de sus siervos y el hijo, en cada relato, tiene sus peculiaridades literarias y teológicas.

El entorno general de la parábola en Mateo es el encuentro con los líderes religiosos, que ya se habían percatado de la peligrosidad de Jesús y lo desafiente de sus mensajes. A ese sector de importancia capital en la sociedad judía, le preocupaba las comprensiones amplias de Jesús en torno al Reino, pues tenían no solo implicaciones espirituales, sino que desafiaban a las autoridades religiosas y políticas. Y como Jesús era un profeta del camino, no temía confrontar a sus interlocutores, independientemente de sus trasfondos religiosos o políticos, con las implicaciones éticas, morales y espirituales de su mensaje del Reino.

Aunque algunos detalles en las narraciones canónicas pueden variar, las tres versiones tienen una conclusión similar: los líderes judíos, particularmente los sacerdotes, se percatan que Jesús estaba hablando de ellos al presentar esta parábola. En efecto, el ambiente era de tensión y conflicto. Esos líderes no apreciaban las palabras proféticas de Jesús y pretendían eliminarlo, pero temían a las multitudes que lo apreciaban porque entendían que era profeta y comprendían las dimensiones liberadoras de sus enseñanzas.

Ante las mismas palabras y mensajes de Jesús, había dos respuestas contrapuestas: la primera era de aprecio y afirmación pública; la segunda era de rechazo y preocupación solapada. Una misma enseñanza, intensa y desafiante, tenía la capacidad de ser aceptada y apreciada, o ser rechazada y despreciada.

La redacción de la parábola en Mateo es más clara y directa, hay menos elementos simbólicos y más pulcritud temática. Se presenta como un relato histórico y, de las versiones canónicas, es posiblemente la redacción más antigua.

El dueño envía dos grupos de siervos, y también a su hijo, para buscar lo que le correspondía de la renta del viñedo, pero la reacción de los trabajadores no fue la mejor: ¡estaban llenos de hostilidad, resentimientos y muerte! En efecto, el relato puede describir una situación real que puede ser histórica en la Galilea de los tiempos de Jesús. El ambiente general de la narración evoca las realidades y dificultades agrarias en las comunidades antiguas, aunque las reacciones de los siervos muestran una hostilidad irracional que en la narración no se puede identificar su origen.

La presentación de la parábola en el Evangelio de Tomás muestra algunas diferencias con las narraciones canónicas. El relato es más corto y menos teológico, pero muestra alguna relación y dependencia de las formas en que se presentan estas enseñanzas en las parábolas canónicas.

La referencia "al hijo" es amplia y general, no lo describe como "el amado". Y el relato adquiere forma de parábola de orden jurídico y profético, en la cual los oyentes originales del relato deben juzgar el significado del mensaje, similar nuevamente a la dinámica entre el profeta Natán y el rey David (2Sa 12.1-7). La lectura cristológica de la parábola es de esperar por las interpretaciones cristianas de Jesús como el único y amado Hijo de Dios.

La cultura

Las culturas del Oriente Medio, y particularmente en la Palestina antigua, los arriendos de terrenos agrícolas de llevaban a efecto con naturalidad y cierta regularidad. Inclusive, la literatura antigua alude a conflictos y desacuerdos entre los dueños y los arrendatarios, que generaban no solo tensiones temporales y desacuerdos transitorios, sino disputas reales, conflictos violentos y hasta muertes.

Se ha descubierto literatura antigua que alude a los propietarios distantes, la preparación de los acuerdos, las responsabilidades de los arrendatarios, el trabajo en los viñedos y hasta las responsabilidades de los sectores con relación a la producción del vino. Los documentos y los sistemas jurídicos de la época también hacen referencia a las tensiones que se producían, y también a las formas para resolver las tensiones y superar los conflictos.

En efecto, el contexto general de la parábola y el ambiente cultural eran entendibles para el grupo que escuchaba el mensaje. No es de extrañar que los líderes de los judíos se sintieran directamente aludidos por las palabras de Jesús, pues esa era la intención pedagógica. La parábola, como utilizaba las imágenes comunes y entendibles de la época y la cultura, le habló directamente a los líderes, que entendieron que ellos eran el objeto principal del mensaje parabólico y profético de Jesús.

Las implicaciones

Tradicionalmente esta parábola se ha relacionado con el plan de salvación y la historia del pueblo de Israel. Dios envió la Ley de Moisés y a los profetas a anunciar su voluntad a los israelitas, pero el pueblo no aceptó el mensaje y rechazó a los profetas. ¡Los israelitas mostraban una actitud de rechazo continuo y rebeldía reiterada! Posteriormente envió al Mesías, Jesús de Nazaret, que también fue rechazado y asesinado por el liderato religioso judío que estaba en contubernio con las autoridades romanas. Esta comprensión teológica ha estado presente en los mensajes de las iglesias desde muy temprano en la historia eclesiástica.

La intensidad de la parábola ha dado espacio para alegorizar algunos detalles de la narración. El cerco del viñedo se ha relacionado con el trabajo de los ángeles que protegen, circundan y ayudan al pueblo de Dios. La torre que ordenó edificar el dueño se ha interpretado como una referencia al Templo de Jerusalén, que era un espacio de importancia estratégica para la comunidad. Que el dueño haya dado el viñedo en arriendo, se ha interpretado como una alusión al libre albedrío de los seres humanos, que Dios les ha dado la capacidad de analizar y tomar decisiones. Inclusive, la narración se ha comparado con la historia del pueblo de Israel, pues el Señor, de forma profética, confronta a las autoridades religiosas del Templo con el mensaje del Reino, que tiene implicaciones extraordinarias para las comunidades judías y las posteriores e incipientes iglesias cristianas.

Las versiones en Marcos y Lucas de esta parábola le añaden una especial descripción al hijo del dueño del viñedo, pues se describe como "el amado". Y ese sencillo elemento descriptivo tiene unas muy serias y extraordinarias implicaciones cristológicas. El significado del nombre "David" es "el amado", que puede ser un buen indicio que se le añadió al relato parabólico una inferencia importante al singular personaje, en la historia de Israel, que superó los linderos naturales del tiempo hasta ser reconocido como un símbolo mesiánico. David era una figura que representaba la implantación del Reino de Dios en medio de la historia humana. Y en ese sentido, no podemos ignorar que uno de los títulos mesiánicos de importancia en los Evangelios era "Hijo de David".

Respecto a estas narraciones, debemos entender que, en los Evangelios de Mateo, Marcos y Lucas, se incorporan cerca de los relatos del bautismo (y también en la teofanía de la transfiguración) y se presenta una voz de los cielos que identifica a Jesús como "mi hijo amado". En efecto, la parábola tiene connotaciones cristológicas de importancia, por lo menos en Marcos y Lucas, pues las autoridades religiosas lo rechazaron de forma firme, hostil, decidida y despiadada. Y esas actitudes antagónicas crecientes en el liderato religioso judío, fue el ambiente ideal para que se organizara el complot para eliminar a Jesús.

Esta parábola pone en clara evidencia el estilo pedagógico y profético de Jesús. En un momento de crisis entre sus palabras desafiantes y las expectativas culturales tradicionales de los líderes religiosos judíos, Jesús decide desafiar a las autoridades con un mensaje de juicio y confrontación. Les habló con tal autoridad y claridad, que esos líderes, que ya estaban preocupados por el mensaje desafiante del Rabino de la Galilea, entendieron a cabalidad que esas palabras de juicio estaban dirigidas a ellos. Y como respuesta a esos desafíos a la autoridad que les brindaba servir en el Templo, procuraron arrestarlo, pero de forma sutil, pues el pueblo amaba al Maestro y lo reconocía profeta en la tradición bíblica.

¡Qué difícil se le hacía a las autoridades religiosas del Templo aceptar el mensaje del Reino que Jesús anunciaba! En medio de sus actividades cotidianas se encontraron con un joven profeta de la Galilea que presentaba al pueblo una alternativa a las teologías, las interpretaciones de la Ley y las prácticas ceremoniales religiosas que ellos representaban. El mensaje de Jesús ante el pueblo simbolizaba la esperanza, y las liturgias del Templo y los dogmas del judaísmo representaban el continuismo religioso y político que carecía de virtud transformadora para la comunidad.

Jesús era un rabino itinerante e independiente, con una teología fresca, novel y liberadora, que no respondía a los reclamos de los sectores oficiales del judaísmo. Y frente a un profeta sabio, firme, visionario y decidido, como Jesús de Nazaret, las autoridades religiosas de Jerusalén se sienten intimidadas y deciden eliminarlo; en vez de escuchar la voz de Dios en sus mensajes, las autoridades judías prefirieron sacarlo de circulación. Como no aceptaban el mensaje decidieron eliminar al mensajero.

La referencia al hijo en la parábola es de notar. En la narración de Marcos, el hijo es asesinado y luego expulsado de la viña. En Mateo y Lucas, sin embargo, el hijo es echado fuera de la viña y posteriormente asesinado. En todas las narraciones se manifiesta la hostilidad y el ambiente de muerte contra el hijo. Y ese detalle puede ser un indicio de que las respuestas y actitudes de los líderes judíos al ministerio de Jesús estaban generando un ambiente de violencia que degeneraría posteriormente en el asesinato de Jesús. Esos detalles en la narración pueden ser una indicación que ya el Señor se había percatado que se estaba organizando un plan para sacarlo del camino y para evitar que sus enseñanzas se siguieran diseminando por toda la región.

Cuando Jesús presenta esta parábola, posiblemente ya se notaban las intenciones homicidas del liderato judío en su contra. Esta narración quizá es una indicación de que la crucifixión no fue una respuesta espontánea e improvisada del sistema judío y romano, cuando el Señor llegó desde la Galilea a Jerusalén para celebrar la fiesta de la Pascua.

La lectura entrelíneas de este relato puede revelar una actitud no solo de desacuerdo religioso y rechazo teológico a sus palabras, sino que revela la organización oficial de un complot para sacarlo del camino, pues amenazaba el estado de derecho oficial que imperaba entre las autoridades judías y romanas. Jesús de Nazaret, como maestro y profeta, representaba un problema serio a las autoridades, que no querían perder su hegemonía, tanto con el pueblo como con las autoridades de Roma en Palestina.

Las enseñanzas, doctrinas y predicaciones del joven rabino de la Galilea no estaban en consonancia con las percepciones religiosas, comprensiones políticas y expectativas teológicas de las autoridades del Templo de Jerusalén. Y esas diferencias espirituales, que también son éticas y morales, generaron las preocupaciones básicas y propiciaron los procesos necesarios para que las autoridades judías, en contubernio con el imperio romano y su mayor representante en Palestina, Poncio Pilatos, decidieran matarlo.

En efecto, la crucifixión de Jesús no fue un acto improvisado a última hora en Jerusalén. Fue un proceso bien pensado y organizado para eliminar a una persona peligrosa, de acuerdo con la lectura detenida de esta parábola. El imperio no eliminó a Jesús por sanar enfermos y liberar demonio, no lo ejecutó por hacer milagros y bendecir multitudes: ¡El Señor representaba un problema serio al liderato religioso y político de su tiempo! Y ese problema se relacionaba directamente con su predicación y enseñanzas del Reino de Dios.

Parábola de la fiesta de bodas y la gran cena

Jesús volvió a hablarles en parábolas, y les dijo:
"El reino de los cielos es como un rey
que preparó un banquete de bodas para su hijo.
Mandó a sus siervos que llamaran a los invitados,
pero estos se negaron a asistir al banquete.
Luego mandó a otros siervos y les ordenó:
'Digan a los invitados que ya he preparado mi comida:
Ya han matado mis bueyes y mis reses cebadas,
y todo está listo. Vengan al banquete de bodas'.
Pero ellos no hicieron caso y se fueron:
uno a su campo, otro a su negocio.
Los demás agarraron a los siervos,
los maltrataron y los mataron.
El rey se enfureció. Mandó su ejército
a destruir a los asesinos y a incendiar su ciudad.
Luego dijo a sus siervos:
El banquete de bodas está preparado,
pero los que invité no merecían venir.
Vayan al cruce de los caminos
e inviten al banquete a todos los que encuentren.
Así que los siervos salieron a los caminos
y reunieron a todos los que pudieron encontrar,
buenos y malos, y se llenó de invitados el salón de bodas.
Cuando el rey entró a ver a los invitados,
notó que allí había un hombre
que no estaba vestido con el traje de boda.
Amigo, ¿cómo entraste aquí sin el traje de boda?, le dijo.
El hombre se quedó callado.
Entonces el rey dijo a los sirvientes:
'Átenlo de pies y manos, y échenlo afuera, a la oscuridad,
donde habrá llanto y rechinar de dientes'.
Porque muchos son los invitados, pero pocos los escogidos".
Mateo 22.1-14

La parábola

La *Parábola de la fiesta de bodas y la gran cena* es muy complicada. Y esa complejidad se relaciona, entre otros aspectos, con los temas expuestos y la estructura del mensaje. En primer lugar, es una parábola un tanto extensa y compleja, o quizá son dos narraciones separadas —algunos estudiosos indican ¡que pueden ser tres!— que se han unido. Además, las actitudes y decisiones del rey no ponen de manifiesto muchas virtudes éticas. Debemos analizar, también, a qué componente específico de la parábola se asocia el tema del Reino en este relato. En efecto, esta es una de las parábolas más difíciles de comprender y explicar que presentó Jesús, de acuerdo con las referencias y los detalles que tenemos en los Evangelios canónicos.

La versión de esta parábola, según el Evangelio de Mateo, es una enseñanza con dos temas prioritarios que, aunque diferentes, están unidos. El primer asunto expuesto es que el Reino es como la invitación de un rey al gran banquete de bodas de su hijo. Sus siervos invitan a la comunidad en general, que en dos ocasiones rechazan abiertamente, y hasta con hostilidad, la invitación del monarca. Ese rechazo al monarca es extraño desde el punto de vista cultural, pues lo normal es que asistieran al banquete de bodas, máxime cuando se trataba del hijo del rey.

Posteriormente, el rey declara que los primeros invitados no eran dignos de llegar al banquete y manda a destruir sus comunidades. Al culminar ese primer episodio, el monarca entonces invita a la gente común, buenos y malos, a llegar a la fiesta de bodas. Cuando comienzan las celebraciones, el rey nota a una persona que no está adecuadamente vestida para el evento y ordena a sus siervos a sacarlo atado para llevarlo a la oscuridad, donde se manifestará el juicio.

Y en ese contexto narrativo general, la parábola presenta dos afirmaciones de gran importancia teológica, profética y pedagógica. En primer lugar, transmite la idea de un lugar donde el juicio divino hace llorar y rechinar los dientes, que son imágenes de dolor; además, se introduce un nuevo concepto: al Reino, aunque se llama a muchas personas, son pocas las escogidas.

Al revisar la ubicación de la parábola en los Evangelios canónicos, se nota la cercanía del relato a las narraciones de la pasión. Y aunque presentan detalles con algunas diferencias, las versiones comparten explícitamente el orden de la vida de Jesús en esa etapa final de su ministerio: la entrada triunfal a Jerusalén, la limpieza del Templo e, inclusive, la afirmación de la autoridad divina en las palabras y acciones de Jesús. Debemos añadir, además, que el ambiente de la parábola y las narraciones cercanas se relaciona con la intención adversa de las autoridades religiosas de Jerusalén: arrestar a Jesús para disminuir considerablemente o, inclusive, eliminar totalmente su influencia en la ciudad. En efecto, esta parábola de Jesús se puede relacionar con los mensajes finales del juicio del Señor a las autoridades políticas y religiosas del Templo y de Jerusalén. Es un mensaje al pueblo de Israel, a través de sus líderes.

La cultura

Las invitaciones dobles a eventos de importancia, como las bodas, era una práctica común en la antigüedad. Las convocaciones iniciales presentan el evento y requieren un tipo de aceptación inicial y preliminar. Y la segunda invitación es para darle a los invitados un tipo de recordatorio y afirma que ya todo está listo para la celebración. La expectativa del auspiciador es que todos los invitados respondan positivamente y se hagan presente en la actividad. La no asistencia a este tipo de evento familiar y comunitario se interpretaba como un rechazo abierto y desprecio a la autoridad de quien invitaba y auspiciaba el programa.

Las comidas en la antigüedad, en Galilea, Palestina, la cuenca del Mediterráneo y el Oriente Medio, constituían uno de los entornos sociales y oportunidades de encuentros de más importancia para las familias y las comunidades. Eran espacios vitales para entablar diálogos de calidad; contextos de propios para intercambiar ideas, dirimir diferencias familiares y resolver dificultades comunitarias; además, constituían buenas oportunidades para dialogar entorno a los temas del honor y la vergüenza, con sus implicaciones inmediatas. Los banquetes no eran solo eventos sociales y familiares para comer, sino oportunidades para la convivencia intergeneracional y el diálogo familiar, y hasta entornos propios para los negocios y las decisiones políticas.

Los banquetes y las cenas especiales proporcionaban buenas oportunidades para organizar las sociedades. Y de importancia capital en la cultura del Nuevo Testamento eran las preocupaciones relacionadas con la vergüenza y el honor, pues eran comunidades en las cuales las estratificaciones sociales se destacaban sin inhibición. Los banquetes eran oportunidades educativas donde se manifestaban las peculiaridades culturales, políticas, religiosas, económicas y espirituales de los diversos grupos sociales.

Las implicaciones

Un componente de importancia capital al estudiar y aplicar las parábolas de Jesús es que a través de la historia estos mensajes se han entendido, generalmente, como descripciones o alegorías de la historia de la salvación o del desarrollo de la vida cristiana. La asociación de los temas del Reino con Dios es muy común, y también con imágenes reales, representadas en figuras de autoridad en las familias, las comunidades, las naciones y las culturas.

El Reino de Dios o de los cielos se relaciona con una forma novel de ver y entender la historia, una manera fresca de comprender las realidades de la vida, y una expresión alterna y positiva de la demostración de los valores que Jesús de Nazaret enfatizaba y promovía. Y entre esos valores se encuentran la paz, el perdón, la misericordia, el amor, la dignidad humana, el respeto, la justicia, el gozo y la reconciliación, y otros principios éticos, morales y espirituales que deben guiar la conducta, las decisiones y las prioridades humanas. El mensaje del Reino promovía una nueva era para individuos, familias, comunidades, culturas y pueblos.

En la historia de la interpretación de esta parábola se pueden identificar los siguientes detalles e imágenes: el rey aludía a Dios; la boda se veía como la restauración de la iglesia; los siervos representan a los profetas que han sido rechazados por el pueblo de Israel; el banquete es un tipo de alimento espiritual y los misterios que Dios le brinda a sus hijos e hijas; la expresión que "todo está concluido", puede entenderse a la luz de los tiempos finales, que ya han comenzado; la destrucción de la ciudad puede apuntar a las guerras de los judíos; la invitación general a la cena es una afirmación de la predicación del Reino a los gentiles; y la respuesta adversa al hombre, que no estaba adecuadamente vestido para la celebración, es una posible referencia a las cualidades éticas, morales y espirituales que se requieren para incorporarse al Reino de Dios. Las posibilidades hermenéuticas de la narración, en efecto, son muchas.

La versión de Mateo de esta parábola puede entenderse como una especie de llamado público al pueblo y, especialmente, a los líderes religiosos judíos. Es una forma profética de presentar al pueblo de Israel la importancia y necesidad de la conversión y el arrepentimiento, según los mensajes del Antiguo Testamento, para evitar el juicio final y el conflicto escatológico. El cumplimiento de las promesas de Dios, como la llegada histórica del Reino en la vida y el mensaje de Jesús de Nazaret, es una especie de banquete que genera un gozo extraordinario.

La teología de esta parábola está en continuidad con otros discursos y acciones de Jesús en torno al Reino. Se manifiesta una dualidad en contraposición que no debe ignorarse. Las personas que se esperaban asistieran a la cena, no fueron; ¡mientras que los que se supone no fueran invitados, asistieron! Jesús no se inhibe para estar, dialogar y hasta comer con personas que, desde la perspectiva religiosa judía tradicional, no eran puras ni adecuadas para participar del Reino. En efecto, la parábola, según Mateo, está dirigida al liderato judío tradicional que estaba relacionado con el Templo y con la administración de la ciudad de Jerusalén.

El Reino de Dios es un tipo de banquete, una cena especial, una fiesta, una celebración distinguida. A ese evento especial, las personas que deberían ir primariamente no lo hicieron, pues estaban muy ocupadas, mientras que los que se supone no asistieran, llegaron a disfrutar la cena y la celebración. Es un tipo de Reino al revés: se trata de una manera diferente de entender la voluntad de Dios, una forma novel de descubrir la palabra divina en lo inesperado, en lo que ha sido rechazado por los líderes, tanto religiosos como políticos. En ese nuevo Reino, ¡los pecadores tienen espacio y son muy bien recibidos!

La proclamación del Reino es el desafío divino de aceptar la invitación de Dios para participar y vivir con personas diferentes, que por diversas razones en la vida, han sido rechazadas por la religión tradicional. El Reino no se articula en términos humanos, con principios y valores tradicionales. Se trata del llamado divino a una nueva realidad, donde el poder político, la autoridad religiosa y el dinero no son los principios rectores. Ese singular Reino se fundamenta en la paz, el perdón, la justicia, la misericordia y el amor, pues son las fuerzas vitales de Dios que tienen la capacidad de transformar y redimir la humanidad.

Ante la invitación divina la gente no debe rechazar el reclamo del Reino. La expresión "ya todo está listo o preparado" afirma la importancia e inminencia del tema: ¡el banquete escatológico ya está listo! Y en ese contexto de imaginación y creatividad, la aceptación de la invitación al banquete es de importancia capital y tiene sentido de urgencia. En esta fiesta están incluidos hasta los sectores más discriminados, pues la invitación se hace en el camino, donde pasaban todas las personas independientemente del nivel social, estatus económico, grupo étnico, afiliación religiosa o prioridades en la vida. En esta enseñanza, la revelación divina llega a donde la gente común vive y se encuentra diariamente con las realidades de la existencia humana.

Nada es más importante que la invitación y participación en el banquete final y escatológico, donde Dios mismo es el anfitrión por excelencia. Dios quiere reunir a su pueblo, y para lograr ese objetivo no se aceptan excusas, dilaciones o posposiciones. No hay justificación alguna para quedarse fuera de la cena y la fiesta eterna, pues ya Dios presentó la invitación oficial.

Las parábolas que hemos estudiado en esta sección revelan la incapacidad de responder adecuadamente a los reclamos e implicaciones del Reino de Dios. Estos mensajes presentan el clamor profético de Jesús al pueblo de Israel y sus líderes, que deben cambiar de dirección para ser lo que Dios los llamó a ser.

El Reino requiere un muy serio cambio de actitud y de prioridades en las personas, las iglesias y los pueblos. Jesús le presenta al pueblo de Israel y a la humanidad en general el mensaje del Reino, con sus implicaciones de juicio y redención, en la importante tradición de los profetas bíblicos.

05
Parábolas del Reino y sus ciudadanos

Parábola de los dos cimientos

"Por tanto, todo el que me oye estas palabras
y las pone en práctica
es como un hombre prudente
que construyó su casa sobre la roca.
Cayeron las lluvias, crecieron los ríos,
y soplaron los vientos y azotaron aquella casa;
con todo, la casa no se derrumbó
porque estaba cimentada sobre la roca.
Pero todo el que me oye estas palabras
y no las pone en práctica
es como un hombre insensato
que construyó su casa sobre la arena.
Cayeron las lluvias, crecieron los ríos,
y soplaron los vientos y azotaron aquella casa,
y esta se derrumbó, y grande fue su ruina".
Mateo 7.24-27

La parábola

Las parábolas en torno a los ciudadanos del Reino destacan el tema general del discipulado. Uno de los propósitos fundamentales de Jesús como maestro era organizar y entrenar un grupo de seguidores para que pudieran continuar con efectividad sus enseñanzas. Su interés educativo fundamental era multiplicar las posibilidades de implantación del Reino, independientemente de su presencia física. Y con esa finalidad docente, parte del proyecto de vida de Jesús era la preparación de un grupo de discípulos que prosiguieran la proclamación y afirmación de sus enseñanzas. Esos discípulos, a su vez, debían entrenar otros seguidores para perpetuar de esa forma los valores y los reclamos del Reino de Dios.

Los discípulos y seguidores de Jesús eran buenos modelos que los ciudadanos del Reino debían presentar en sus comunidades. Inclusive, la llamada "Gran Comisión" que el Señor da a los creyentes fue: *"Por tanto, vayan y hagan discípulos de todas las naciones, bautizándolos en el nombre del Padre y del Hijo y del Espíritu Santo, enseñándoles a obedecer todo lo que les he mandado a ustedes. Y les aseguro que estaré con ustedes siempre, hasta el fin del mundo"* (Mt 28.18-20). De esta manera el tema del discipulado cobra importancia capital en el proyecto misionero de Jesús y adquiere un elemento de prioridad teológica y pedagógica en la tarea evangelística de los creyentes y las iglesias.

La *Parábola de los dos cimientos*, que no es muy larga, presenta un contraste directo y claro entre dos tipos de personas y sus acciones, junto a las consecuencias de sus actos. Es un tipo de comparación de asuntos opuestos, que ciertamente transmite un mensaje en torno a la aplicación adecuada de los principios de la sabiduría y la prudencia. Es una narración antitética en la cual los dos componentes del relato se necesitan para transmitir adecuadamente el mensaje y los conceptos.

En el caso específico de esta parábola, el tema fundamental se relaciona con las actitudes y las decisiones necesarias para la construcción efectiva de una casa. El corazón de la parábola incluye un componente educativo indispensable para las personas que desean ser exitosas en la vida: deben tomar seriamente en consideración las implicaciones de sus actos. La narración desea enfatizar que las personas, antes de tomar decisiones importantes en la vida, deben ponderar cuidadosamente las implicaciones de sus actos, pues al final deben responder con responsabilidad ante los resultados de sus decisiones y acciones.

De particular importancia es la ubicación de esta parábola en los Evangelios de Mateo y Lucas. Ambos evangelistas presentan la narración al final del *Sermón del monte* (Mt 5.1—7.29) o *Sermón del llano* (Lc 6.17-49), que es una manera estructural de afirmar la enseñanza como parte del eje central de la pedagogía de Jesús. Esos detalles educativos del Señor destacaban los valores de la oración, el perdón y la misericordia, entre otros, como características de las personas que deseaban vivir de acuerdo con los postulados del Reino. Esos sermones de Jesús, en el monte y en el llano, contienen la plataforma teológica fundamental de su ministerio.

Esta parábola es una forma directa de destacar la seguridad que se desprende de actuar en obediencia a los valores del Reino de Dios, según han sido expuestos en las parábolas y los mensajes del Señor. La obediencia a Dios genera seguridad y capacidad para enfrentar las adversidades de la vida; la desobediencia a la revelación divina propicia la destrucción y la desolación. Para Jesús de Nazaret, el valor de la obediencia, que implicaba la comprensión transformadora y aprecio de la Ley de Moisés y del mensaje de los profetas, era un componente indispensable para las personas que deseaban ver cumplidas sus metas de forma exitosa.

Las diferencias en los relatos de Mateo y Lucas se pueden deber a los estilos de redacción de cada evangelista, pues cada uno incorpora detalles que sirven para los propósitos de su Evangelio. Las narraciones comparten, sin embargo, una muy importante finalidad educativa: las personas son responsables de las consecuencias de sus decisiones.

La enseñanza de esta parábola está muy bien fundamentada en la tradición de la sabiduría del Antiguo Testamento (p. ej., Pr 13.6); también está en continuidad con el espíritu de las actitudes en la vida que producen en las personas bendición y maldición (p. ej., Dt 28; Lv 26). Además, es un mensaje que motiva a la obediencia e incentiva el reconocimiento de la palabra de Dios y su autoridad (Dt 3.1-20; Jos 24.14-24). Es una parábola que tiene un muy claro sentido de dirección teológico, pues asocia la obediencia a la bendición y la desobediencia a la maldición. El gran presupuesto del relato es la fidelidad a la Ley.

El contenido de esta enseñanza del Señor se desprende directamente del Antiguo Testamento, que era la única Biblia que estaba a disposición de Jesús. Los temas de bendición y maldición provienen de la Torá (véase Lv 26; Dt 28); y las actitudes de las personas sabias y justas, en contraposición con las injustas y necias, llegan de la literatura sapiencial (Pr 13.6). Esas dinámicas y contrastes incentivan la obediencia y la fidelidad a Dios (Dt 3.1-20; Jos 24.14-24). ¡Es una parábola firmemente anclada en las tradiciones educativas y de sabiduría del Antiguo Testamento!

Los contrastes que se manifiestan en la narración, de acuerdo con las investigaciones contemporáneas, se notan también en otras instancias del *Sermón del monte*. Y entre esas dicotomías se encuentran las siguientes:

1. Las formas correctas e incorrectas de ofrendar, orar y ayunar (Mt 6.1-18).
2. Se alude a los buenos y los malos tesoros (Mt 6.19-21).
3. Se hace una comparación importante entre Dios y las riquezas (Mt 6.24).
4. Se identifica el ojo bueno y el malo (Mt 6).

5. Se presenta el tema del afán y la búsqueda del Reino de los cielos (Mt 6.25-34).

6. Se expone la imagen de la puerta estrecha y la ancha (Mt 7.13-14).

7. Se describe al árbol bueno y el malo (Mt 7.15-20; Lc 6.43-44).

8. Y, finalmente, llega el tema de los cimientos (Mt 7.24-27; Lc 6.47-49).

En efecto, este estilo pedagógico, que incluye un sentido de oposición y contraste de valores éticos, principios morales y temas espirituales, es un recurso literario de importancia en la pedagogía de Jesús, y los evangelistas entendieron la importancia de ese estilo retórico y didáctico. Esa reiteración temática apoya su metodología educativa y destaca los temas de importancia. En su estilo pedagógico, Jesús identificaba la prioridad e importancia de sus temas con reiteraciones y dualismos.

El lenguaje de tormentas e inundaciones, en la literatura bíblica, y también en la cultura del Oriente Medio antiguo, es signo de destrucción y de juicio divino (1Sa 5.20; Job 22.16; Sal 69.2; 88.7; 124.1-5; Is 8.7-8). Y generalmente esas imágenes se relacionan con los tiempos finales, períodos escatológicos y tiempos apocalípticos (Ap 8.5; 11.19; 16.18).

La cultura

En la antigüedad, las referencias a la construcción de edificios se utilizaban generalmente como ilustraciones en los procesos educativos. También las alusiones a los tipos de casas era una manera de describir las realidades de la vida, literal y metafóricamente (2Sa 7.13; Sal 89.14; Jer 22.13-14). En este sentido, las enseñanzas de Jesús tomaban seriamente en consideración la cultura religiosa de los oyentes y las realidades sociales de la comunidad.

La arqueología ha descubierto las diversas formas de construcción en la región de la Galilea en los tiempos de Jesús. En lugares donde había canteras y se hacía fácil conseguir piedras para la construcción, las casas se edificaban con ese material y los fundamentos eran cortados en la roca. El primer piso de la casa se preparaba en piedra y en los niveles superiores se utilizaba barro y ladrillos. En las comunidades donde la piedra era más difícil de adquirir, o donde las realidades económicas impedían construir con piedra, se edificaban las estructuras con barro y arcilla.

Los fenómenos naturales de lluvias fuertes, inundaciones, terremotos e inclusive tsunamis, eran experiencias conocidas en las culturas antiguas en la cuenca del Mediterráneo, y también en las comunidades galileas. La época de lluvia en la Palestina antigua era de mediados de octubre hasta marzo, aunque enero era el mes de más intensidad. El mundo del Nuevo Testamento estaba consciente de esas realidades y las comunidades se preparaban para enfrentar con prudencia las inclemencias del tiempo y sus secuelas.

Esta imagen de la construcción de casas debió haber sido entendida por los oyentes del mensaje de Jesús de manera cómoda. Las descripciones de las decisiones de construcción revelan sabiduría y prudencia en el que construye en la piedra; negligencia e imprudencia del que construye en la arena.

Referente a este tema de la construcción en la época del Nuevo Testamento es importante indicar que los carpinteros no solo trabajaban la madera, sino que incursionaban en trabajos en piedras y metales. Es decir, que los carpinteros eran también constructores, además de ser trabajadores de la madera. Jesús de Nazaret está relacionado con esas labores amplias de carpintería, pues era el oficio de la familia.

Las implicaciones

La primera narración que se incluye en los Evangelios de Mateo y Lucas es la *Parábola de los dos cimientos*. El énfasis principal del relato se relaciona con el deseo y la capacidad de hacer y obedecer la voluntad de Dios, según los valores que se desprenden del mensaje de Jesús que presenta el tema del Reino de los cielos. El propósito básico de la parábola es poner en evidencia clara el contraste que existe entre obedecer y desobedecer la revelación divina. Y una buena forma de exponer esa enseñanza es afirmar que los ciudadanos del Reino son prudentes en sus proyectos de construcción y trabajan en la roca, pues ese tipo de edificación brinda la capacidad de enfrentar y superar las adversidades de la vida.

En el corazón de la parábola está la insensatez del hombre que construye su casa en la arena. Ese tipo de construcción no tenía el fundamento necesario para resistir las inclemencias del tiempo, que son símbolo de las adversidades y los contratiempos de la vida. Nadie en su pleno juicio construiría una casa sin las bases necesarias, de esa forma antagónica destaca la irracionalidad de desobedecer la palabra de Dios. ¡Desobedecer a Dios es como edificar una casa sin el fundamento adecuado!

En la parábola, Jesús presenta las consecuencias nefastas de rechazar conscientemente los principios éticos, morales y espirituales que se relacionan con el mensaje del Reino. Y esta enseñanza clave del Señor, los evangelistas la ubican muy temprano en su ministerio para destacar su importancia teológica, educativa y práctica.

Un componente destacado en esta parábola es la autoridad que manifiesta Jesús al presentar el mensaje. El Maestro no estaba interesado en articular una nueva doctrina religiosa al pueblo. Su objetivo era compartir, primeramente, con sus discípulos, y luego con la comunidad judía en general, su comprensión e interpretación de la Ley de Moisés. El Señor estaba muy seriamente comprometido con la Ley, pero su interpretación y aplicación estaban más orientadas a responder a las necesidades de la gente que en mantener los postulados tradicionales y las recomendaciones legalistas de las autoridades religiosas de la época.

Con su mensaje, de acuerdo con la presentación de Mateo, el Señor demuestra lo que significa obedecer la revelación divina, especialmente a la luz de las enseñanzas del Mesías, que no era en ese momento muy bien visto por los líderes religiosos de la época. Quien escucha y obedece las enseñanzas de Jesús es una persona sensata, como quien construye su casa en la roca; y quien rechaza el mensaje del Reino presentado por Jesús es tan insensato como el que edifica sobre la arena. ¡El Reino requiere sensatez y prudencia!

Aunque hay estudiosos que asocian la imagen de la roca con Dios (Sal 18.2), o con Cristo (1Co 10.4), la verdad es que el corazón de la parábola está en el contraste entre la gente sabia y la insensata. El mensaje destaca la sabiduría contra la insensatez; los frutos de la sabiduría resisten las adversidades; el producto de la insensatez es la ruina y la destrucción. El Dios que es roca, es decir, inamovible, requiere seguidores que comprendan la relación íntima que existe entre los fundamentos estables y las decisiones bien pensabas.

Algunas expresiones en la parábola se han interpretado de forma metafórica a través de la historia. Las tormentas se han asociado al juicio de Dios que llega con fuerza para castigar a los infieles; y la casa construida sobre la roca se ha asociado al Templo de Jerusalén, que tiene buen fundamento en la revelación divina. El fundamento sólido y estable se relaciona con la palabra de Dios, con la revelación del Reino por el Mesías. Y una base endeble y frágil se asocia a las interpretaciones humanas y parcializadas de la Ley, que en vez de ser agentes de liberación y restauración al pueblo, añaden cargas que son casi imposibles de llevar.

Varios estudiosos han relacionado el tema de la casa construida en la roca como una referencia al Templo de Jerusalén. Desde esta perspectiva, el mensaje de Jesús era una advertencia a los líderes del judaísmo en Jerusalén. Lo único que puede detener la destrucción de la casa (p. ej., el Templo que representa al pueblo) es que Israel acepte las enseñanzas de Jesús como Mesías y como profeta del Reino. Aunque esta es una interpretación poco probable, la crítica al Templo y a la religión organizada también puede desprenderse de la evaluación sosegada de la parábola.

Quizá una mejor comprensión del corazón del mensaje de esta parábola es aceptar la afirmación teológica directa de Jesús: las personas que escuchan el mensaje del Reino y lo aceptan, son sabias y prudentes, como quienes edifican en la piedra; quienes rechazan esa revelación divina, son imprudentes e insensatos, como quienes construyen en la arena.

Parábola del buen samaritano

En esto se presentó un experto en la ley
y, para poner a prueba a Jesús, le hizo esta pregunta:
Maestro, ¿qué tengo que hacer para heredar la vida eterna?
Jesús replicó: ¿Qué está escrito en la ley?
¿Cómo la interpretas tú?
Como respuesta el hombre citó:
Ama al Señor tu Dios con todo tu corazón,
con toda tu alma, con todas tus fuerzas y con toda tu mente,
y: Ama a tu prójimo como a ti mismo.
Bien contestado —le dijo Jesús—. Haz eso y vivirás.
Pero él quería justificarse, así que le preguntó a Jesús:
¿Y quién es mi prójimo?
Jesús respondió: Bajaba un hombre de Jerusalén a Jericó,
y cayó en manos de unos ladrones.
Le quitaron la ropa, lo golpearon y se fueron,
dejándolo medio muerto.
Resulta que viajaba por el mismo camino un sacerdote
quien, al verlo, se desvió y siguió de largo.
Así también llegó a aquel lugar un levita,
y al verlo, se desvió y siguió de largo.
Pero un samaritano que iba de viaje
llegó a donde estaba el hombre
y, viéndolo, se compadeció de él.
Se acercó, le curó las heridas con vino y aceite,
y se las vendó. Luego lo montó sobre su propia cabalgadura,
lo llevó a un alojamiento y lo cuidó.
Al día siguiente, sacó dos monedas de plata
y se las dio al dueño del alojamiento.
'Cuídemelo —le dijo— y lo que gaste usted de más,
se lo pagaré cuando yo vuelva'.
¿Cuál de estos tres piensas que demostró
ser el prójimo del que cayó en manos de los ladrones?
El que se compadeció de él —contestó el experto en la ley.
Anda entonces y haz tú lo mismo —concluyó Jesús.
Lucas 10.25-37

La parábola

La *Parábola del buen samaritano* es una de las enseñanzas más famosas de Jesús. El contexto amplio de la narración es un maestro de la Ley que desea poner en evidencia sus virtudes religiosas y espirituales. Y llega al Señor con una pregunta directa y precisa: ¿qué debo hacer para alcanzar la vida eterna?

La respuesta de Jesús, ante el reclamo del líder religioso, y en vez de presentar una disertación teológica extensa sobre la vida en el Reino, es compartir la parábola para destacar el comportamiento solidario, misericordioso y fraternal que deben tener las personas que desean disfrutar la eternidad. Al final del relato, el Señor exhorta al líder religioso a imitar ese buen ejemplo. La enseñanza mueve el proceso educativo de los niveles filosóficos y especulativos a las dimensiones concretas y reales.

El relato de Jesús es muy sencillo. Un hombre de camino a Jericó desde Jerusalén fue asaltado, herido, dejado por muerto y abandonado en el suelo. Cerca del herido pasaron dos representantes del mundo de la religión, un sacerdote y un levita, que ignoraron la escena y prosiguieron sus senderos. Pero también pasó un samaritano, que pertenecía a una comunidad étnica y religiosa que tradicionalmente no tenía buenas relaciones con los judíos, que se detuvo a ayudar. Le dio a la persona herida y desconocida los primeros auxilios, y lo llevó a un hospedaje donde pagó por adelantado para que lo atendieran bien. Y con esa narración, Jesús le pregunta al experto en la Ley: ¿quién es el prójimo en la historia?

Esta singular parábola de Jesús no tiene paralelos en los otros Evangelios canónicos. Sin embargo, el contexto inmediatamente anterior a la narración tiene paralelos en Mateo (Mt 22.34-40) y Marcos (Mr 12.28-34). En esos contextos, el Señor está en medio de una serie intensa de debates en el Templo, justo antes de su arresto, juicio y crucifixión. El ambiente era de tensión, pues las autoridades religiosas estaban buscando motivos para arrestar, enjuiciar y eliminar a Jesús. La dinámica general de la narración era la tensión y el complot en contra de Jesús, que era visto como una amenaza seria al poder que la comunidad religiosa representaba ante el pueblo.

La conversación del Señor con el maestro de la Ley es similar al diálogo que sostuvo con el joven rico (Mt 19.16-22; Mr 10.17-22; Lc 18.18-23). El entorno inmediato de la conversación que generó la enseñanza de la parábola fueron los encuentros y las discusiones de Jesús con los líderes del Templo la semana final de su ministerio. Es decir, que debemos entender que había una dinámica de tensión y hasta hostilidad en este encuentro. Mientras Jesús utilizaba sus últimos días para enfatizar lo más importante de sus enseñanzas, unos sectores tradicionales de la comunidad religiosa y los grupos relacionados al poder político del imperio romano, se organizaban para eliminarlo.

El diálogo que precede a la parábola también es revelador. La persona que llega al Señor, y que lo reconoce como "maestro", es un experto en las interpretaciones judías de la Ley mosaica. La conversación era entre un experto y un maestro, dos representantes importantes de la experiencia religiosa. El líder judío se especializaba en las interpretaciones tradicionales y legalistas de las tradiciones judías; y Jesús promovía una comprensión amplia, liberadora y diferente de esas comprensiones rabínicas tradicionales que estaban fundamentadas en las leyes de Moisés. Jesús de Nazaret representaba la voz profética de Dios que llegaba a desafiar las estructuras de poder en Jerusalén.

La pregunta del líder judío es de vital importancia al evaluar la parábola. En Mateo, el interlocutor de Jesús inquiere: ¿cuál es el gran mandamiento en la Ley? Y en Marcos pregunta, ¿cuál es el primer mandamiento de todos? La pregunta en el Evangelio de Lucas es más teológica: ¿qué debo hacer para tener la vida eterna? En efecto, el diálogo era claramente teológico y hermenéutico, e intentaba descubrir y afirmar ante la comunidad en general quién tenía la comprensión verdadera de la revelación de Dios. La preocupación del religioso era teológica con implicaciones prácticas y contextuales. Y la respuesta de Jesús mueve el diálogo a niveles realistas y existenciales.

La lectura del preámbulo de la parábola en los Evangelios canónicos revela gran apetito educativo y teológico por parte del líder religioso, y manifiesta un acercamiento contextual y novel desde la perspectiva del joven rabino de la Galilea. Y esos detalles, pequeños pero importantes, pueden ser una indicación de que entre los líderes judíos de Jerusalén había personas honestamente interesadas en conocer más de Jesús y de sus doctrinas y enseñanzas. En honor a la verdad no toda la comunidad religiosa estaba en contra del ministerio de Jesús, solo algunos de sus líderes más conservadores y aguerridos.

Lucas ubica el diálogo del líder religioso y Jesús en el contexto amplio de una serie de declaraciones y narraciones que apuntan hacia la afirmación e inminencia del Reino de Dios en medio de las realidades humanas. Y entre los detalles narrativos que ponen de relieve las virtudes del Reino están los siguientes: el Señor comisiona a un grupo de setenta discípulos a anunciar las buenas nuevas del Reino y el regreso gozoso del grupo con un informe de lo sucedido (Lc 10.1-16); y el importante anuncio de la caída de Satanás (Lc 10.17-20), que ciertamente tiene grandes e importantes implicaciones teológicas.

La pregunta sobre la vida eterna del religioso tiene como marco de referencia las enseñanzas de Jesús sobre el Reino y las implicaciones de esas enseñanzas en las personas. En el contexto inmediato de ese diálogo intenso con el maestro de la Ley, Jesús presenta su muy famosa parábola. El estilo incluye una serie de preguntas, que intentan orientar y dar sentido de dirección teológica al relato.

En la narración, el diálogo revela lo siguiente:

1. Preguntas:
   - Maestro de la Ley: ¿Qué debo hacer para heredar la vida eterna?
   - Jesús: ¿Qué está escrito en la Ley?
2. Respuestas:
   - Maestro de la Ley: Amarás a Dios y al prójimo
   - Jesús: Haz eso y vivirás
3. Preguntas:
   - Maestro de la Ley: ¿Quién es mi prójimo?
   - Jesús: ¿Quién fue el prójimo en la parábola?
4. Respuestas:
   - Maestro de la Ley: El que actuó con misericordia
   - Jesús: Haz tú lo mismo

El diálogo en la parábola enfatiza la acción de los protagonistas y destaca la respuesta positiva del samaritano al desafío de ver a un hombre mortalmente herido en el camino. El contenido del relato destaca la importancia de actuar con misericordia, el secreto del mensaje está relacionado con la capacidad de superar sus tradiciones religiosas inmediatas y los prejuicios, para preocuparse por el ser humano y su necesidad, independientemente de su trasfondo social, político y espiritual. Para Jesús de Nazaret, la experiencia religiosa sana y liberada supera los prejuicios éticos y rechaza las interpretaciones reduccionistas de la Ley, para justificar la subvaloración y el discrimen de la gente en necesidad.

La lectura cuidadosa de la parábola revela que el sacerdote y el levita solo vieron en el hombre herido el potencial del peligro. El samaritano, sin embargo, notó la posibilidad extraordinaria de manifestar al hombre caído la misericordia divina. Los representantes de la religión demostraron el poder de los temores en la vida; pero el samaritano puso de relieve una de las características principales de los ciudadanos del Reino: la demostración concreta del amor y la misericordia. El temor es un tipo de fuerza que detiene el camino al éxito de las personas y las instituciones. Y el temor es superado con una manifestación plena del amor de Dios, pues "el perfecto amor echa fuera el temor".

Es de notar el énfasis que la parábola le brinda al verbo "hacer", que se convierte en el centro temático del relato. La gran pregunta existencial del Señor a la comunidad religiosa tiene dos ramificaciones inmediatas. ¿Qué se debe hacer en la vida para demostrar el compromiso con los valores que se desprenden de las enseñanzas del Reino articuladas por Jesús de Nazaret? Y, ¿cómo se demuestra el compromiso con el Reino en medio de las realidades humanas?

La cultura

Los presupuestos culturales de la parábola son varios e importantes. El camino de Jerusalén a Jericó es de unos 17 kilómetros, y desciende desde lo alto en Jerusalén (750 metros sobre el nivel del mar) hasta el mar Muerto, que está debajo del nivel del mar Mediterráneo otros 400 metros. El sector era famoso por los peligros que representaba: el terreno era árido, desértico, montañoso y estaba lleno de cuevas, que se convertían en escondites de posibles asaltantes. Era una ruta notoriamente peligrosa, por las realidades físicas, los desafíos geográficos y por las amenazas de asaltadores y asesinos.

Para las comunidades judías, la ciudad de Jericó era muy importante. En primer lugar, se relaciona con las gestas heroicas de la conquista de la Tierra Prometida y también con las batallas de Josué (Jos 6). Además, en el camino de la Galilea a Jerusalén, era común detenerse en Jericó y pasar la noche, antes de subir en la mañana para llegar a Jerusalén. También es importante señalar que Jericó era un lugar muy popular de vivienda para los sacerdotes de Jerusalén. Es posible que el presupuesto cultural de la narración era que tanto el sacerdote como el levita estuvieran regresando a sus hogares después de sus actividades cúlticas en el Templo de Jerusalén.

La relación de judíos y samaritanos era tradicionalmente hostil y, en el mejor de los casos, distante, suspicaz, recelosa y desconfiada. Los judíos pensaban que los samaritanos tenían una teología equivocada, aunque compartían algunas creencias con los saduceos. Además, como luego de la caída del reino del norte, los asirios repoblaron la región con personas extranjeras, las comunidades judías ortodoxas pensaban que los samaritanos tenían un origen dudoso, heterodoxo y complicado.

Aunque eran monoteístas y seguían la Ley de Moisés, los samaritanos solo aceptaban como válida la Torá, o el Pentateuco, para sus prácticas religiosas y sus formulaciones teológicas. Y como si fuera poco, desde la perspectiva de las autoridades del Templo de Jerusalén, los samaritanos afirmaban que el verdadero templo estaba ubicado en el monte Gerizim, en Samaria. ¡No eran pocas ni sencillas las diferencias teológicas entre los samaritanos y los judíos!

Las implicaciones

Las interpretaciones de esta parábola en la historia han sido muchas. La alegoría ha jugado un papel protagónico en esas explicaciones. Generalmente, la famosa narración se asocia al plan de salvación de Dios para la humanidad. Los cuatro subtemas que se afirman en el relato son los siguientes: la caída y desorientación de la humanidad a causa del pecado; la persecución del diablo y sus agentes a la raza humana; la insuficiencia de la Ley para transformar el interior de las personas; y la misericordia de Cristo al traer la reconciliación de las personas con Dios.

En esa tradición hermenéutica, Cristo es el buen samaritano que manifiesta su misericordia y amor a las personas caídas y heridas por las diversas vicisitudes y complicaciones de la vida. Ese compromiso divino hacia la gente en necesidad, no se muestra en las actitudes y decisiones de los líderes religiosos. La narración es una crítica severa a las tradiciones religiosas que no manifiestan amor y misericordia a la gente caída y en desgracia.

Una manera lingüística de analizar la parábola se fundamenta en el análisis de dos palabras hebreas: *rea'* y *roéh*, que tienen parecidos en la pronunciación y la grafía. La primera representa al "prójimo" y la segunda, al "pastor". Fundamentada en esa percepción, la gran pregunta de Jesús sería: ¿quién es el verdadero pastor en el relato? Es decir, que la preocupación del Señor se relacionaba directamente con quién es la figura de autoridad religiosa en la narración, que era una manera pública de cuestionar la autoridad de los fariseos y los intérpretes de la Ley. De acuerdo con esta comprensión de la parábola, Jesús confrontó directamente a los líderes religiosos.

De esa forma la discusión tendría una dimensión teología novel, más amplia, intensa y desafiante, pues la crítica no solo era al incumplimiento de los deberes sociales y comunitarios del liderato religioso, sino a una falta fundamental e injustificable en cumplir con sus responsabilidades espirituales hacia la comunidad. En ese contexto, la víctima real era el pueblo de Israel que carecía de pastores verdaderos y eficientes. Y como respuesta a esa situación anómala, donde el pueblo estaba "como ovejas que no tienen pastor", se presenta Jesús como el buen pastor (Jn 10.11), en la tradición profética de Ezequiel (Ez 34).

En ocasiones, la parábola se ha utilizado para demostrar que la misericordia y el amor de Dios no tienen límites ni culturas: ¡llegan hasta los enemigos! En este singular sentido, el relato cobra importancia capital y dimensión nueva, al relacionarlo con los valores que deben ser característicos de los ciudadanos del Reino de Dios, independientemente de las culturas, las posiciones sociales y los grupos religiosos. Las demostraciones concretas del Reino no están cautivas en moldes religiosos, sociales o políticos, sino que deben ponerse en práctica en medio de las dinámicas complejas de la vida, ¡aunque sea hacia los enemigos!

En el Reino de Dios, según Jesús, el perdón juega un papel protagónico y la manifestación de la solidaridad es un valor inconmensurable e insustituible. Tanto en el Shemá, que era el valor fundamental de la interpretación de la Ley para el judaísmo de la época del Nuevo Testamento, como para Jesús, el amor jugaba un rol protagónico, no solo en la experiencia religiosa continua en el Templo y la sinagoga, sino en las dinámicas reales y existenciales de la vida. ¡No hay límites para el amor! ¡La misericordia debe manifestarse de forma libre y espontánea! Es importante notar, como presupone la parábola, que ya en la Torá el amor debía manifestarse al extranjero (Lv 19.34).

La *Parábola del buen samaritano* confronta a los creyentes y a la humanidad en torno a la importancia del prójimo en la historia y en la sociedad contemporánea. La predicación de Jesús referente al Reino presenta un tipo de experiencia religiosa donde las dinámicas interpersonales son muy importantes. El respeto a la dignidad humana, la afirmación de la justicia y la manifestación del amor, independientemente de religiones, niveles sociales, afiliaciones políticas, tendencias ideológicas, identidad cultural y tradiciones éticas y morales, son los valores impostergables y característicos de los ciudadanos de ese Reino que anunció Jesús.

Posiblemente la lección amplia de la parábola está en la afirmación de que el amor y la misericordia no tienen límites ni fronteras. El prójimo está cerca y en necesidad, independientemente de tradiciones culturales, religiosas o étnicas. Y, la manifestación del amor, la misericordia y la solidaridad al prójimo es un requisito insustituible en los valores del Reino.

Parábola de los obreros de la viña

"Así mismo el reino de los cielos
se parece a un propietario que salió de madrugada
a contratar obreros para su viñedo.
Acordó darles la paga de un día de trabajo
y los envió a su viñedo.
Cerca de las nueve de la mañana,
salió y vio a otros que estaban desocupados en la plaza.
Les dijo: 'Vayan también ustedes a trabajar en mi viñedo,
y les pagaré lo que sea justo'.
Así que fueron. Salió de nuevo a eso del mediodía
y a la media tarde, e hizo lo mismo.
Alrededor de las cinco de la tarde,
salió y encontró a otros más que estaban sin trabajo.
Les preguntó: '¿Por qué han estado aquí desocupados todo el día?'
'Porque nadie nos ha contratado', contestaron.
Él les dijo: 'Vayan también ustedes a trabajar en mi viñedo'.
Al atardecer, el dueño del viñedo le ordenó a su capataz:
'Llama a los obreros y págales su jornal,
comenzando por los últimos contratados
hasta llegar a los primeros'.
Se presentaron los obreros que habían sido contratados
cerca de las cinco de la tarde, y cada uno recibió la paga de un día.
Por eso cuando llegaron los que fueron contratados primero,
esperaban que recibirían más.
Pero cada uno de ellos recibió también la paga de un día.
Al recibirla, comenzaron a murmurar contra el propietario.
Estos que fueron los últimos en ser contratados
trabajaron una sola hora —dijeron—
y usted los ha tratado como a nosotros
que hemos soportado el peso del trabajo y el calor del día.
Pero él le contestó a uno de ellos:
Amigo, no estoy cometiendo ninguna injusticia contigo.
¿Acaso no aceptaste trabajar por esa paga?
Tómala y vete. Quiero darle al último obrero contratado
lo mismo que te di a ti.
¿Es que no tengo derecho a hacer
lo que quiera con mi dinero?

¿O te da envidia de que yo sea generoso?
"Así que los últimos serán primeros,
y los primeros, últimos" ".
Mateo 20.1-16

La parábola

La *Parábola de los obreros de la viña* incluye otra de las enseñanzas explícitas de Jesús, que están directamente relacionadas con el tema del Reino de los cielos. Específicamente, como el tema es de las acciones humanas y las implicaciones éticas de esas decisiones, el relato se puede entender como parte de las parábolas de los ciudadanos del Reino. Mateo ubica este mensaje en la tradición de las enseñanzas del discipulado, que pone claramente de manifiesto una dimensión pedagógica inmediata que no debemos ignorar, subestimar o postergar. ¡El Reino necesita ciudadanos responsables y decididos!

Para algunos intérpretes, esta parábola trata de la gracia de Dios, que supera el análisis humano. Es una manifestación del amor divino de forma extraordinaria, que se hace, en ocasiones, muy difícil de entender. Hay estudiosos que piensan que esta parábola representa el corazón del evangelio en forma condensada. Inclusive, por el tema que expone, varios eruditos entienden que se trata de la parábola más importante de Jesús; afirman que es como el clímax de las enseñanzas de Jesús en el Evangelio de Mateo; y la identifican como el centro teológico de la pedagogía del joven rabino galileo.

El propietario de un viñedo necesitó obreros para trabajar su finca y decidió salir a contratarlos. En efecto, reclutó a diferentes trabajadores, que contrató en diversos horarios: temprano en la mañana, a las nueve de la mañana, a las doce del mediodía y a las cinco de la tarde. Y como a todos les ofreció una paga justa, convino con ellos de antemano un salario adecuado. El acuerdo de trabajo con la paga pertinente fue claro con cada trabajador y el dueño honró esos convenios.

El Reino de los cielos es como el dueño del viñedo, pues pagó a todos los trabajadores igual, un día de trabajo, independientemente del tiempo de labor realizada. Eso era lo que habían pactado, y eso fue lo que se les pagó. El dueño honró su palabra, actuó de acuerdo con lo previamente convenido con cada trabajador.

Sin embargo, los obreros, al ver que el salario era el mismo, independientemente del tiempo trabajado, se quejaron de que se había actuado con injusticia. ¡Todos los trabajadores recibieron el mismo salario! Ante tal reacción, el dueño indicó que se les pagaba lo acordado, y que nadie podía detener su generosidad.

Y culmina la enseñanza con el proverbio, que los últimos serán primeros y los primeros, últimos.

La narración destaca la responsabilidad del dueño del viñedo; presenta la queja de los trabajadores; afirma el tema de la justicia, pues se pagó a cada cual lo acordado; y destaca, finalmente, el tema de la generosidad. Además, la fórmula introductoria, "el Reino de los cielos es..." se utiliza con frecuencia en Mateo (Mt 13.31,33,44,47), que pone claramente de relieve la importancia del tema del Reino, por el interés reiterativo del evangelista. De esta forma el Señor incorpora el tema de la generosidad a las características importantes que debían tener los ciudadanos del Reino.

Evaluar la estructura de la parábola nos puede ayudar a tener una comprensión más amplia de los temas y subtemas que se presentan.

1. El Reino.
   a. vv. 1b-7: Contrataciones.
   b. vv. 8-10: Pago.
   c. vv. 11-12: Denuncia de la injusticia.
   d. vv. 13-15: Afirmación de la misericordia.
2. El proverbio de conclusión.

Desde la perspectiva temática, la parábola avanza hacia la importancia del valor de la misericordia en el Reino; además, pone de manifiesto que los criterios tradicionales humanos para evaluar dinámicas sociales y económicas no pueden comprender adecuadamente los valores del Reino, que en este caso se relaciona con la generosidad.

Para los líderes judíos, ese trastoque de valores históricos de la religión mosaica a la luz de los valores del Reino que postulaba Jesús, era incomprensible e inaceptable. En una sociedad donde se valoraba el trabajo de acuerdo con el tiempo y los esfuerzos, la manifestación del valor de la generosidad era incomprensible. Y ese singular valor del Reino se contrapone a la rigidez de las autoridades religiosas, que eran incapaces de reaccionar con amor, misericordia y generosidad ante las labores efectivas de sus trabajadores.

La revisión del contexto amplio en el cual Mateo incluye esta parábola revela que Jesús está revisando de forma crítica los valores tradicionales y a las acciones continuas que distinguen a las comunidades religiosos de la época. Y entre esas actitudes y acciones que el Señor rechaza están las siguientes: reprende a los discípulos por intentar distanciar a los niños de su ministerio, pues afirma que de ellos es el Reino (Mt 19.13-15); le indica al joven rico que guardar fielmente las tradiciones religiosas sin mostrar amor y misericordia, es impropio e inefectivo para disfrutar del Reino (Mt 19.16-22); instruye a los discípulos sobre el verdadero valor del dinero (Mt 19.23-26); indica a los discípulos que recibirán cien veces lo invertido, por haber dejado la familia y posesiones para seguirlo (Mt 19.27-30); revela que Jerusalén será lugar de dolor (MT 20-17-19); y afirma que la grandeza en la vida se relaciona con el servir no con el ordenar o mandar (Mt 20.20-28).

En efecto, el Señor presenta una clara inversión en la comprensión de los valores en la vida. Más que una religión, el Reino requiere una nueva actitud, una novel forma de ser y una manera alterna de ver la vida y la realidad. Los ciudadanos del Reino viven orientados al servicio, el amor y el perdón. Y en ese Reino, la misericordia es un valor indispensable.

La cultura

Los componentes culturales que la parábola presupone son ciertamente muy realistas. Quizá la narración hace uso de la hipérbole para destacar algún punto o detalle (p. ej., el mismo salario por trabajar más y menos horas al día). Sin embargo, la sociología de las relaciones obrero-patronales de la época se revela claramente en el discurso de Jesús. Los dueños de viñedos eran personas de cierto nivel económico que les permitía contratar obreros para que trabajaran en sus fincas. Es muy realista la dinámica de contratación de obreros en la Palestina antigua, específicamente en la Galilea, de acuerdo con el relato de Jesús.

La vida de un jornalero en la antigüedad era complicada, pues no tenía seguridad de empleo ni garantías económicas. El desempleo era una característica económica y social que de forma continua afectaba adversamente y con fuerza a las culturas antiguas. En esos contextos, los esclavos, como dependían directamente de sus señores —y los dueños necesitaban continuamente esas labores— tenían más seguridad de trabajo, alimentación y albergue que los jornaleros que eran contratados solo por temporadas.

Para estos trabajadores de temporada, el día se dividía como en doce horas, desde el amanecer hasta el atardecer (Sal 104.22-23). Y el pago no era mucho, pues consistía generalmente en un solo denario, que representaba el salario de un día de labor. Esa paga era limitada, pues se estima que por adulto se necesitaba como medio denario por día para sobrevivir; una familia de 5 personas necesitaba, por lo menos, dos denarios y medio por día, los 365 días del año. Y esa no era la realidad social y económica que vivían la gran mayoría de los jornaleros en la época de Jesús.

En efecto, la vida de los trabajadores era complicada desde el punto de vista fiscal y laboral. Esa preocupación existencial se revela en la parábola: la compensación adecuada por el trabajo duro en el campo debía ser remunerado de forma justa y equitativa. La pobreza en ese sector social de la comunidad judía antigua era de tal magnitud que, de acuerdo con la Torá, se debía pagar diariamente al jornalero su salario, pues lo necesitaba para la subsistencia familiar inmediata (Lv 19.13; Dt 24.14-15).

Las implicaciones

La naturaleza del tema expuesto en la parábola, la dinámica entre el dueño de la viña y los jornaleros, la proverbial afirmación final del relato y su relación directa con el Reino, han generado múltiples posibilidades de interpretación. Las lecturas alegóricas de la narración, que ciertamente manifiestan creatividad e ingenio, han generado también algunas posibilidades hermenéuticas muy interesantes.

Las contrataciones de jornaleros se han asociado a los diversos períodos de la historia bíblica: por ejemplo, desde Adán a Noe, de Noé a Abraham, de Abraham a Moisés, de Moisés a Cristo, y de Cristo al presente. De esa forma se afirma la presencia activa de Dios en medio de la historia del pueblo de Israel. Y en ese espíritu de desarrollo de las ideas, esas mismas contrataciones también se han relacionado con el desarrollo humano, que va desde la niñez, la adolescencia, la madurez, la vejez y la etapa final de muerte. Al final de ese peregrinar, Dios ve a las personas de manera similar y los atiende con el mismo sentido de justicia.

Para varios comentaristas de la parábola, el relato presenta esencialmente el tema de la salvación por la gracia de Dios. Todo el discurso, desde esta perspectiva teológica, apunta hacia el final de la narración, donde se paga a los jornaleros por igual de acuerdo con la misericordia y la generosidad del dueño, que es símbolo de Dios. Ese contraste temático, afirma la salvación por gracia divina en oposición a la salvación por las obras.

Otra posibilidad hermenéutica de esta enseñanza es que puede ser una referencia de la defensa que hace Jesús a las críticas que recibe de las autoridades judías. Las posturas progresistas y liberadas del Señor, en torno al trato que daba a los llamados "pecadores" de la sociedad, generaba en los círculos de autoridad del judaísmo respuestas adversas, desde la perspectiva teológica, resentimientos; y hostilidades desde las dinámicas interpersonales.

Para ese sector religioso tradicional, el Señor había abandonado la ortodoxia religiosa, y esas aperturas teológicas y pedagógicas representaban amenazas serias y directas a la autoridad que tenían ante el pueblo y en el Templo. En efecto, Jesús era un profeta del Reino que no estaba cautivo en las interpretaciones tradicionales ortodoxas que provenían de las instituciones de autoridad del judaísmo. El Señor descubrió, en su ministerio, alternativas teológicas y ministeriales que respondían mejor a las necesidades reales del pueblo en general, y de las comunidades más heridas y angustiadas en particular.

Otros ángulos que pueden explorarse de esta enseñanza de Jesús es el rechazo a una serie de antivalores que van diametralmente en contra de los principios éticos que se desprenden del mensaje del Reino. Y esas actitudes se pueden relacionar, entre otras, con la envidia, avaricia, prepotencia y jactancia. A la vez, es un mensaje que afirma la solidaridad, el amor, la misericordia y la generosidad. La mejor manera de enfrentar la envidia y avaricia es con demostraciones de bondad y generosidad. Solo la afirmación de los valores del Reino tiene la capacidad de superar los antivalores de hostilidad que hieren las fibras más hondas de individuos y comunidades.

En esta parábola el tema de la justicia se pone de relieve de forma solapada. No es la justicia un sistema impersonal y abstracto que permite la perpetuidad de la pobreza y el cautiverio en la sociedad. La justicia verdadera, de acuerdo con los valores del Reino, es la manifestación plena de la bondad divina y la demostración grata de la generosidad humana. En medio de esas dinámicas, los resentimientos, las envidias y los egoísmos no tienen espacio, y son superados por la intervención divina, que genera un sentido amplio de paz, que directamente se fundamenta en la justicia, la bondad, la generosidad y la gracia de Dios.

Parábola del edificador de la torre y el rey que va a la guerra

"Supongamos que alguno de ustedes quiere construir una torre.
¿Acaso no se sienta primero a calcular el costo,
para ver si tiene suficiente dinero para terminarla?
Si echa los cimientos y no puede terminarla,
todos los que la vean comenzarán a burlarse de él,
y dirán: Este hombre ya no pudo terminar lo que comenzó a construir.
O supongamos que un rey está a punto de ir a la guerra contra otro rey.
¿Acaso no se sienta primero a calcular si con diez mil hombres
puede enfrentarse al que viene contra él con veinte mil?
Si no puede, enviará una delegación mientras el otro está todavía lejos,
para pedir condiciones de paz".
Lucas 14.28-32

La parábola

Las *Parábolas de la torre y la guerra* contienen mensajes con alguna similitud, pero no son iguales. Ambas reclaman respuestas negativas de los oyentes, para demostrar prudencia, juicio y sabiduría. La primera narración explora el tema de la administración adecuada de un proyecto de construcción. La segunda, pone de relieve la sabiduría de un rey, al evaluar militarmente cuáles son sus posibilidades reales de triunfar en una guerra. Y las incluimos juntas en este análisis, por la relación estructural y temática que demuestran en la redacción del Evangelio de Lucas.

Los dos relatos apuntan hacia una misma enseñanza: las personas en la vida deben ponderar bien sus posibilidades, análisis y decisiones, pues van a ser responsables de las consecuencias de sus acciones. En efecto, el Reino requiere ciudadanos que estén conscientes de sus prioridades y pensamientos, y también de las repercusiones y consecuencias de sus actos. El conocimiento de las posibles consecuencias de los actos humanos es un elemento prioritario al tomar decisiones importantes en la vida.

Las dos parábolas exploran un tema hipotético. En la narración *de la torre*, el Señor incorpora a los oyentes del relato en la enseñanza; en la *del rey*, el acercamiento es más impersonal y distante. Sin embargo, ambos personajes de las parábolas deben comprender bien las consecuencias de sus actos y decisiones. Si la construcción falla y se desploma, el constructor es responsable del fracaso. Y si los preparativos de guerra del rey no son los adecuados, los resultados de una crisis bélica no solo son la derrota nacional, sino un posible cautiverio, destierro y subyugación, además de muchos muertos.

Lo implícito en estas enseñanzas de Jesús se relaciona con el análisis ponderado de una situación desafiante, la evaluación del potencial humano, la posibilidad del triunfo y la realidad de la derrota; además, del prestigio personal, profesional y nacional. Son parábolas con niveles sicológicos y personales importantes, pues la respuesta en ambos casos es que la persona prudente no construye sin evaluar con cuidado los costos de un proyecto, ni se involucra en una guerra púnica, en la cual no tiene capacidad de triunfo y el resultado puede ser la autodestrucción. La sabiduría mide con sobriedad el alcance de sus decisiones.

El contexto amplio de estas parábolas es la enseñanza de Jesús sobre el costo del discipulado. La incorporación al Reino requiere determinación humana y sentido de dirección, pues también se necesita estar consciente de las implicaciones de asumir los valores que se ponen de manifiesto en el ministerio de Jesús. La improvisación, las decisiones caprichosas y los actos fundamentados en alguna experiencia extraordinaria —positiva o negativa— no pueden ser el fundamento de las decisiones inteligentes, que pueden llevar a las personas al éxito en la vida.

La sección final de la enseñanza puede ser una clave hermenéutica para explorar sus posibles comprensiones: en medio de una crisis mayor, hay que buscar la forma de alcanzar la paz. Ese tema de la paz es importante para la teología de Jesús. Inclusive, uno de sus títulos mesiánicos era *Príncipe de paz*. En efecto, para el Reino, la paz es un valor determinante y una característica impostergable; además, es un valor que se fundamenta en la justicia, que pone de manifiesto otro de los temas clave del Señor en el anuncio del Reino.

La cultura

En la primera sección de esta enseñanza se ponen de manifiesto los importantes temas del honor y la vergüenza. En las culturas del Oriente Medio, especialmente en el mundo del Mediterráneo y palestino, el honor y la vergüenza eran valores de importancia capital, a tal grado que la pérdida del honor y la vergüenza equivalía a una especie de muerte social y rechazo comunitario. La burla a alguna persona derrotada puede molestar, herir y ofender, pero la pérdida del honor era una vergüenza mayor, pues se trataba de una ofensa indescriptible, ya que la dignidad misma de la persona se afectaba adversamente. Se trataba de una pérdida mayor que era muy difícil de recobrar y superar. ¡Era un dolor de repercusiones indescriptibles!

Las torres en esos contextos tienen doble importancia, pues delatan tanto propósitos agrícolas como militares. En el mundo de los viñedos, las torres servían de protección y espacios de observación (Is 5.2); además, se utilizaban para guardar las herramientas y las cosechas. Y, en los entornos militares, las torres eran fundamentales, como puestos de vigilancia y de ataque. En los dos casos la imagen juega un papel de seguridad y protección. Era una imagen que transmitía buenos sentidos de control y fortaleza.

Las implicaciones

Las iglesias han interpretado estas dos parábolas con implicaciones e interpretaciones diferentes. Para algunos intérpretes, la construcción de la torre puede ser una referencia figurada al desarrollo de la espiritualidad y al crecimiento en la fe. Y referente a la parábola del rey, el monarca débil se ha relacionado con los cristianos que desean ser fieles a Dios, pero que reconocen sus fragilidades en la vida. El monarca con el mayor ejército, se ha asociado tanto con Dios y con Cristo, como con Satán y la maldad. Inclusive, hay quienes han visto en el rey poderoso una imagen del regreso de Cristo para juzgar definitivamente a la humanidad, que es un evento escatológico con el cual no podemos batallar ni vencer.

Otros estudiosos de este dúo de parábolas han identificado a Dios como el protagonista y personaje implícito principal en los relatos. Es el Señor mismo quien construye la torre y también quien va a la guerra. De acuerdo con esta interpretación, no debe dudarse que Dios completará la torre y vencerá en la guerra, aunque no sean muchos los recursos ni el presupuesto, ni se tenga el mayor ejército. Hay una afirmación al poder y la soberanía divina que es fuente de esperanza y seguridad para quienes escuchan la parábola y para quienes incorporan los valores espirituales y éticos del Reino que se ponen de relieve en las enseñanzas del joven rabino galileo.

El punto clave y fundamental de la parábola es que los oyentes comprendan bien el costo de seguir a Jesús, el costo del discipulado, el costo de formar parte del Reino de Dios, y el costo de vivir a la altura de las enseñanzas y mensajes de Jesús de Nazaret. Se destacan, en las dos parábolas, la relación íntima entre la sabiduría y la fe, entre la prudencia y la confianza en Dios, entre el análisis sobrio y la esperanza en el Señor. El éxito en la vida, ciertamente, está relacionado con la gracia divina y el poder del Dios soberano, pero también con las decisiones sabias y bien pensadas de los creyentes. La enseñanza del discipulado para los ciudadanos del Reino en los mensajes de Jesús tienen doble repercusión: una acción divina y la otra, humana.

El tema del discipulado en estas parábolas se corrobora al examinar la estructura literaria en esta sección del Evangelio de Lucas.

1. Introducción (Lc 14.25).
2. Requisitos del discipulado (vv. 26-27).
3. Parábolas de la torre y del rey (vv. 28-32).
4. Requisito adicional del discipulado (v. 33).
5. Referencias adicionales al discipulado (vv. 34-35).

Es de notar, que en el centro mismo de esta serie de narraciones y enseñanzas están nuestras dos parábolas, pues Lucas desea enfatizar el tema del discipulado, que en el ministerio de Jesús no era de poca importancia. Esa prioridad temática se subraya aún más con la afirmación de Jesús, en torno a quien no acepta los valores del Reino "no puede ser mi discípulo" (Lc 14.26,27,33). Y esa afirmación ética, moral y espiritual se convirtió es una especie de sello teológico a la pedagogía desafiante del joven rabino galileo.

En efecto, el Señor advierte a sus oyentes que no deben aceptar el reto del discipulado sin estar conscientes de sus implicaciones sociales, religiosas, éticas, morales y espirituales. De esa forma la pedagogía del Señor irrumpe en el mundo profético, al desafiar a los oyentes a descubrir las implicaciones reales e inmediatas de las enseñanzas del Reino.

Una de las implicaciones de estas enseñanzas de Jesús se relaciona con el creer, apreciar y seguir el mensaje del Reino. Para los evangelistas cristianos, no bastaba creer, pues el compromiso con los valores del Reino requiere moverse de una actitud pasiva de escuchar y participar del fenómeno religioso tradicional, para descubrir, aceptar y disfrutar la dinámica transformadora de vivir el discipulado.

De acuerdo con los discursos de Jesús, el Reino requiere personas que no solo acepten de forma pasiva sus enseñanzas, sino que demanda una actitud de servicio, donde se ponen en práctica las implicaciones transformadoras de ser discípulo del Maestro. El Reino demanda lealtad, compromiso, aprecio y seguimiento al mensaje del Señor, que respecto a estos temas adquiría dimensiones proféticas extraordinarias.

Parábola de los dos deudores en Mateo

"Por eso el reino de los cielos
se parece a un rey que quiso ajustar cuentas con sus siervos.
Al comenzar a hacerlo,
se le presentó uno que le debía miles y miles de monedas de oro.
Como él no tenía con qué pagar,
el señor mandó que lo vendieran a él, a su esposa y a sus hijos,
y todo lo que tenía, para así saldar la deuda.
El siervo se postró delante de él.
'Tenga paciencia conmigo —le rogó— y se lo pagaré todo'.
El señor se compadeció de su siervo,
le perdonó la deuda y lo dejó en libertad.
Al salir, aquel siervo se encontró con uno de sus compañeros
que le debía cien monedas de plata.
Lo agarró por el cuello y comenzó a estrangularlo.
'¡Págame lo que me debes!', le exigió.
Su compañero se postró delante de él.
'Ten paciencia conmigo —le rogó— y te lo pagaré'.
Pero él se negó. Más bien fue y lo hizo meter en la cárcel
hasta que pagara la deuda.
Cuando los demás siervos vieron lo ocurrido,
se entristecieron mucho
y fueron a contarle a su señor todo lo que había sucedido.
Entonces el señor mandó llamar al siervo.
'¡Siervo malvado! —le increpó—.
Te perdoné toda aquella deuda porque me lo suplicaste.
¿No debías tú también haberte compadecido de tu compañero,
así como yo me compadecí de ti?'
Y enojado, su señor lo entregó a los carceleros
para que lo torturaran hasta que pagara todo lo que debía.
Así también mi Padre celestial los tratará a ustedes,
a menos que cada uno perdone de corazón a su hermano".
Mateo 18.23-35

La parábola

La *Parábola de los dos deudores* revela la verdadera naturaleza de las enseñanzas de Jesús de Nazaret y pone en evidencia clara el corazón de su mensaje. La gracia, la responsabilidad y el perdón son los temas que se afirman, representan y destacan las prioridades teológicas del Maestro galileo. De esta forma se asocian esos conceptos teológicos a la vida del "Reino de los cielos", que es la forma que Mateo describe el Reino de Dios.

Es importante notar que esta parábola se incluye únicamente en el Evangelio de Mateo, cuya audiencia es prioritariamente judía. La narración presenta tres escenas muy bien definidas, a las que le sigue una explicación del mensaje: la decisión del rey (vv. 23-27); la actitud hostil del primer siervo (vv. 28-31); la nueva respuesta del rey (vv. 32-34); y finalmente la aplicación (v. 35). A la pregunta de Pedro, en torno a cuántas veces debemos perdonar (vv. 21-22), el Señor responde con una parábola que destaca la importancia del perdón entre las personas, para propiciar el perdón divino. No es un tema secundario el perdón en la teología y misión de Jesús de Nazaret.

El propósito básico de la parábola es ilustrar la necesidad del perdón en medio de las dinámicas humanas. Las personas deben perdonar, pues Dios perdona, y ese ejemplo es de fundamental importancia en la vida, teología y enseñanzas de Jesús. ¡Quien no perdona está expuesto al juicio divino! ¡El perdón es una característica indispensable del Reino! ¡Es una marca que delata a quienes han incorporado en sus estilos de vida y valores el componente del perdón, que se fundamenta en la misericordia y el amor!

La parábola es importante no solo por el contenido teológico de su mensaje, sino por su ubicación en las narraciones de Mateo. Como está al final de una serie de discursos del Señor, se presenta como una especie de clave hermenéutica para comprender, interpretar, explicar y actualizar todo el capítulo. Y el capítulo comienza con la afirmación del Reino de los cielos. La pregunta existencial era: ¿quién es el más importante en el Reino?

Jesús habla en esta ocasión directamente a sus discípulos, no a la comunidad judía en general ni al sector religioso. Es una manera directa de explicarle a sus seguidores que en el Reino hay una relación estrecha entre el pecado humano y el perdón divino. En una sociedad donde imperaba la ley del "ojo por ojo y diente por diente", el tema del perdón no solo era extraño, sino que desafiaba abiertamente los parámetros de la cultura semita. Una ofensa requería de una respuesta adecuada, para superar la crisis que hiere el honor y la vergüenza de algún individuo o comunidad.

La deuda del primer siervo es muy alta. Posiblemente se trata de una hipérbole para destacar la naturaleza de las ofensas y los pecados humanos, en contraposición a las virtudes y la misericordia del perdón divino. Y ese uso retórico de la hipérbole es característico en algunas enseñanzas de Jesús, pues desea enfatizar algún tema y puntualizar valores significativos y específicos. Sin embargo, el punto educativo del mensaje es claro: la deuda del primer siervo es tan grande que no hay forma que la pueda pagar. La expresión hiperbólica tiene la finalidad de magnificar la angustia y el dolor de la ofensa humana para destacar el poder y la extensión del perdón divino.

La naturaleza del trabajo del siervo, que propició una deuda tan alta, no se revela en la narración. Quizá se trate de un "oficial" del gobierno que se encargaba de recoger los impuestos en una región específica. Posiblemente la parábola presenta a un recolector de impuestos que no cumplió con su deber de responder al gobierno con lo que correspondía de lo recaudado.

La palabra que se utiliza para describir a este siervo es *doulos*, que generalmente se asocia con esclavos. Sin embargo, algunos esclavos que se distinguían por su honestidad y efectividad en la antigüedad, les imponían la importante responsabilidad de cobrar impuestos. Es importante notar en la narración, que el primer siervo de la parábola fue vendido con su familia como esclavos (v. 25) al no poder pagar su deuda.

La cultura

Una evaluación sosegada de las parábolas de Jesús descubre que la mayoría de los siervos que utiliza en sus narraciones cumplen responsabilidades administrativas. Y de singular importancia en este relato es que, tradicionalmente en el mundo judío, no se podía vender a las esposas y los hijos para satisfacer alguna deuda, pues no existía la institución de la esclavitud por motivo fiscales ni se aceptaban las torturas como manifestaciones adecuadas de la ley.

Aunque esa podría ser la comprensión teórica y oficial del tema de la esclavitud en el judaísmo, en la vida real parece que se daban esas dinámicas de cautiverios, que se ponen de manifiesto en varios pasajes de las Escrituras (p. ej., 1Re 4.1; Neh 5.5; Is 50.1; Am 2.6). La ilustración de Jesús puede ser un indicio de que, en la Palestina del primer siglo, que ciertamente vivía bajo la dictadura de Herodes y subyugada por el imperio romano, la institución de la esclavitud existía de forma explícita en medio de la sociedad judía, específicamente en la región de la Galilea.

La deuda del primer siervo era mucha. El talento era una medida importante en la antigüedad, que se relacionaba con el oro, la plata o el cobre, y su peso era de unos sesenta a noventa libras. Diez mil talentos eran como seis mil denarios, ¡que requerían como unos ciento sesenta y cuatro mil años de trabajo para pagar!

En efecto, se trata de una hipérbole para contraponer el perdón del rey al primer siervo, con relación al perdón que ese siervo adicional no le dio a su deudor.

Para tener una idea de la magnitud de la deuda debemos compararla con lo que algunas fuentes indican era el sueldo de Herodes: novecientos talentos, que era mucho menor que la deuda que el rey perdonó a su siervo. La hipérbole cumple muy bien su cometido en la parábola, el perdón del rey al primer siervo fue excepcional.

Las implicaciones

La enseñanza fundamental de la parábola es que el rey representa a Dios. Y ese rey del relato muestra dos virtudes de importancia para demostrar su buen juicio y su sabiduría: su capacidad y deseos de perdonar, y su firmeza y efectividad al enjuiciar al deudor. Respecto a estas imágenes debemos tomar en consideración que las parábolas son recursos literarios que desean destacar valores y enseñanzas. Los detalles en estas narraciones no constituyen lo determinante en la enseñanza; solo preparan el camino para la articulación del mensaje y sus implicaciones. Las conclusiones de estos relatos son extremadamente reveladoras, pues nos brindan la clave de la enseñanza.

La deuda es una imagen destacada en la parábola. Generalmente, las referencias a las "deudas" en las enseñanzas de Jesús aluden a los pecados humanos (Mt 6.12). La dinámica del rey y el primer esclavo pone de relieve la capacidad divina para perdonar pecados. Y el perdón es absoluto, definitivo, liberador y grato. El siervo implora misericordia y el rey, que representa a Dios, manifiesta el poder transformador y asombroso del perdón, pues ese valor constituye un elemento teológico de importancia en la parábola de Jesús.

Una manera adicional de leer la parábola es asociar ese perdón divino con las expectativas del tradicional jubileo judío, que se esperaba en los últimos tiempos. Es posible que Jesús estuviera anunciando en la parábola los tiempos finales (véase Lc 4.18-21), pues el contexto de ocupación romana era insoportable y rechazado. Esa palabra de Jesús, entonces, se debe relacionar con un mensaje de esperanza y liberación. La parábola de esta forma sería una lectura trasformadora de las dinámicas políticas, religiosas y sociales de la Palestina del primer siglo. Esa lectura afirma que la intervención del rey traerá un nuevo orden de esperanza y liberación al pueblo. El fruto inmediato de esa manifestación de misericordia y amor, en efecto, es el perdón. El rey representa un modelo novel de las dinámicas que se asocian a las virtudes del Reino de Dios.

En el corazón de la parábola (vv. 31-34) se ponen de relieve algunos detalles no tan explícitos que debemos identificar y explorar. Se presentan directamente dos valores éticos fundamentales para el evangelista Mateo: la misericordia de Dios y el juicio divino. Ante la inmisericordia del primer siervo (frente a quien le debía una cantidad menor a la que él previamente debía) se presenta la enseñanza: el primer siervo debió haber aprendido el valor de la misericordia, que no mostró ante su deudor. Y esa incapacidad de demostrar misericordia es causa de juicio divino.

La misericordia es un requisito indispensable para los discípulos de Jesús. No se trata de un extra optativo teológico ni de una actitud pasajera de conveniencia interpersonal, sino de un valor ético impostergable para los ciudadanos del Reino. El valor de la misericordia era, en efecto, una característica fundamental de los discípulos y seguidores de Jesús, pues esos actos de bondad se fundamentan en demostraciones concretas del amor.

La afirmación de la misericordia divina en Mateo está íntimamente relacionada con el juicio. ¡La inmisericordia humana precede el juicio divino! Los ciudadanos del Reino deben vivir de acuerdo con esos valores éticos, morales y espirituales que delatan el compromiso con el rey, que ciertamente en la parábola representa a Dios. El lenguaje del juicio divino es hiperbólico (v. 34), pero revela que habrá un ajuste de cuentas en el que Dios vindicará a la gente necesitada y oprimida. Las expresiones hacia el siervo que no perdona son inclementes, pues la parábola desea enfatizar la relación entre la falta de perdón humano y la manifestación del juicio divino.

La relación del juicio divino ante la inmisericordia humana también se muestra claramente en otros discursos de Jesús, particularmente en el *Sermón del monte* (Mt 5.7) y en la oración del *Padrenuestro* (Mt 6.12). Es importante señalar que la referencia al perdón es el único tema que recibe un comentario adicional en la oración modelo del Señor (Mt 6.14-15). Esta parábola de Jesús pone en clara evidencia una muy singular dinámica teológica: la misericordia y el perdón preparan el camino para la manifestación de la gracia divina y el amor de Dios.

La lectura pausada de la *Parábola de los dos deudores* puede descubrir las siguientes enseñanzas:

1. La gran deuda que tienen las personas con Dios y con el prójimo. El pecado de la humanidad es una carga extraordinaria que necesita la manifestación plena del perdón de Dios y el disfrute grato de la misericordia divina.
2. La compasión, el perdón y la misericordia de Dios están a la disposición de las personas. El rey de la parábola, que alude al Dios del Reino, tiene la capacidad y el deseo de perdonar.
3. El jubileo es una imagen de libertad y triunfo relacionado con el perdón de Dios. La intervención divina en las vivencias humanas genera la transformación de nuestras realidades históricas.

4. Para la parábola es necesario e importante vivir y reflejar la misericordia divina. No es posible recibir el amor y la compasión de Dios y decidir no manifestar lo que se ha recibido en medio de las realidades humanas.

5. Y un tema importante en la narración es que se advierte claramente las consecuencias nefastas relacionadas con la inmisericordia y la falta de perdón.

La parábola es un muy buen ejemplo de la tensión que se manifiesta en la presentación de la teología cristiana. Y una de esas tensiones es la predicación del perdón y las enseñanzas en torno a la manifestación del juicio. De acuerdo con las enseñanzas de Jesús, ambos temas van de la mano, uno acarrea el otro: la falta de perdón y la inmisericordia humana son el preámbulo claro del juicio divino.

Parábola de los dos deudores en Lucas

—Dos hombres le debían dinero a cierto prestamista.
Uno le debía quinientas monedas de plata, y el otro cincuenta.
Como no tenían con qué pagarle, les perdonó la deuda a los dos.
Ahora bien, ¿cuál de los dos lo amará más?
Supongo que aquel a quien más le perdonó —contestó Simón.
Has juzgado bien —le dijo Jesús.
Lucas 7.41-43

La parábola

El tema de los dos deudores se presenta también en el Evangelio de Lucas. Las dinámicas temáticas y teológicas que rodean la parábola en Lucas son diferentes a las que rodean la narración de Jesús en Mateo. Sin embargo, el perdón en ambos relatos es un elemento fundamental. Y el perdón se revela a través de la misericordia y la liberación de las deudas. Quizá son dos variantes de la misma enseñanza original del Señor.

En la parábola que se encuentra en Mateo (Mt 28.23-35), como también la del mayordomo infiel en Lucas (Lc 16.1-8), para el acreedor el dinero no es un elemento de gran importancia. De esa forma los evangelistas destacan que el Señor no estaba cautivo en las dinámicas económicas que eran una muy fuerte fuente de tensión para la comunidad judía del primer siglo. Y este relato en Lucas es solo una de las tres parábolas que se incluyen fuera de los relatos de viajes del Señor (Lc 9—19). Las otras se relacionan con la prudencia y la insensatez (Lc 6.46-49), y con el sembrador (Lc 8.1-15).

El contexto de esta parábola es singular, pues presenta a Jesús visitando a un fariseo distinguido. En medio de los diálogos y la visita, una mujer de una reputación muy cuestionada por las autoridades religiosas de la comunidad, unge los pies del Señor; además, y en un extraordinario gesto de humildad y humillación, se los besa. Ante el fariseo, la autoridad profética de Jesús quedó muy seriamente cuestionada, pues no sabía quién lo estaba tocando, ungiendo y besando. Fundamentado en las interpretaciones farisaicas de la Ley, ¡Jesús no debió haber permitido aquel acto!

La cultura

Desde la perspectiva cultural, el fariseo no estaba obligado a lavarle los pies al invitado, que en este caso era Jesús. Debía proveer, sin embargo, el agua para que el huesped procediera a lavarse antes de entrar a la casa. Darle la bienvenida con un beso era el gesto apropiado para recibir a un invitado distinguido al hogar. Besar los pies de alguien, sin embargo, era una manera especial de honrar a alguna persona especial, además, expresaba sumisión, humildad y gratitud. Y aunque ungir era una práctica común en la antigüedad (véase Dt 28.40; Rt 3.3; Sal 23.5), hacerlo con un perfume costoso era inusual, aunque la Biblia menciona algunos casos (Sal 133.2; Cnt 1.3).

La mujer demostró a Jesús un nivel especial de reconocimiento y aprecio, a través de esos actos de humildad y sencillez. En medio de una dinámica varonil de tradiciones religiosas, una mujer se distancia de las dinámicas culturales y se distingue por reconocer y afirmar que quien estaba en el hogar aquel día era una figura ejemplar, que debía ser propiamente recibida y honrada.

En el contexto de la visita de Jesús a un fariseo, una mujer no solo interrumpe los protocolos tradicionales, sino que manifiesta su gratitud y respeto al Señor al ungir con un perfume caro sus pies y también besarlos repetidamente. Además, tener los cabellos descubiertos era un acto vergonzoso ¡y hasta de seducción!

Ese es el contexto del corto mensaje parabólico de Jesús. No debemos ignorar el hecho que ya Simón, el fariseo, había reconocido la autoridad y distinción de Jesús al referirse a él como Maestro (v. 40). Quizá esta parábola circuló en la antigüedad de forma independiente, antes de incorporarse en la narración más extensa de la visita a la casa de Simón. Posiblemente, se unieron los relatos para destacar la importancia del perdón para quienes más lo necesitan, especialmente a los sectores marginados y relegados a un segundo plano en la sociedad.

Que un fariseo invitara a Jesús a comer a su casa no debe sorprendernos, pues no es el único caso en las narraciones de los evangelios (Lc 11.37; 14.1); además, parece que un sector de ese grupo religioso tradicional no quería el mal para Jesús, pues inclusive le advierten que Herodes lo quiere matar (Lc 13.31).

De la parábola se desprende que la mujer trajo el perfume, que puede ser un indicio de su nivel económico. Desde antes de llegar a la casa de Simón, deseaba encontrarse con Jesús, ungirlo con el aceite caro y demostrarle respeto y gratitud. Esa mujer estaba decidida a honrar al Señor y aprovechó la visita a la casa del fariseo para poner de manifiesto sus deseos y objetivos reales: reconocer la autoridad moral y espiritual de Jesús de Nazaret.

Respecto a la mujer, no hay evidencia exegética de que fuera María Magdalena. Solo sabemos que no tenía buena fama y al comenzar el proceso de unción, comenzó a llorar. Tradicionalmente, se ha asociado a la Magdalena liberada de siete demonios a la prostituta que llevaron a los pies de Jesús (Jn

8.1-11). Esa identificación no se fundamenta en el análisis sobrio del texto bíblico, sino que nace en las actitudes de sectores tradicionales al relacionar narraciones bíblicas que están separadas.

Y en torno a las costumbres de los fariseos es importante notar que tenían una muy seria preocupación por la pureza, especialmente durante las comidas. Esa preocupación farisaica, junto a los prejuicios contra la mujer, hicieron que Simón cuestionara las credenciales proféticas de Jesús. Y en ese entorno es que surge la parábola de los dos deudores en Lucas.

Las implicaciones

La parábola en sencilla y breve. Un acreedor tenía dos deudores, y uno debía diez veces más que el otro. La pregunta y enseñanza de Jesús es sencilla y directa: al perdonar las dos deudas, ¿quién debe ser el más agradecido? El fariseo respondió, que a quien se le había perdonado más. Y Jesús responde que el fariseo había juzgado bien. En efecto, el perdón es una característica prioritaria de los valores del Reino.

La enseñanza básica es doble: Dios perdona libremente; y a quien más el Señor perdona más agradece. Por lo menos esa sería una buena enseñanza de la parábola en este contexto. Sin embargo, es de notar que la gratitud y las manifestaciones de amor no son sentimientos automáticos, hay que nutrirlos y afirmarlos. Los procesos para descubrir, disfrutar e incentivar los valores del Reino que delatan profundidad espiritual y madurez emocional, requieren preparación, pues no son productos del azar.

La cancelación de deudas en un contexto de opresión política y social puede ser vista como un acto de rebelión contra el sistema. Pero el Señor afirma y reitera que la liberación de deudas es símbolo del perdón de pecados. Es posible que la imagen del prestamista aluda a Dios; la cancelación de la deuda represente el perdón de los pecados; la mujer es símbolo de quien más debe; y el fariseo es quien menos deuda tiene. Las posibilidades hermenéuticas son muchas, pero incluyen la importancia del perdón.

En el Reino, el perdón tiene un valor fundamental e indispensable, pues se basa en la misericordia y se nutre de amor. Las enseñanzas respecto al Reino se presentan en medio de una sociedad donde impera la injusticia, el rencor y la maldad. El perdón es una manifestación de la gracia divina difícil de asimilar en medio de las sociedades que se caracterizan por el egoísmo, la opresión, el materialismo y la avaricia. Para Jesús de Nazaret, las manifestaciones indispensables del Reino son la misericordia y el amor, que constituyen el marco humano adecuado para que se revele el perdón divino.

El costo del discipulado en esta parábola pone de relieve el poder del perdón de las ofensas, que es uno de los valores cristianos más difíciles de llevar a efecto en la vida. Perdonar necesita un nivel alto de salud mental y espiritual, pues requiere que se comprenda bien la naturaleza y magnitud de la deuda, para demostrar el perdón de manera consciente y generosa. Perdonar no es índice de debilidad o pobreza de carácter, sino la revelación del aprecio a las enseñanzas de Jesús sobre el Reino y la demostración de crecimiento emocional y madurez espiritual.

Ese tipo de perdón real y concreto puede recordar alguna deuda pasada, pero no fundamenta sus decisiones futuras basado en dolores o angustias de antaño. Perdón significa impedir que ese conflicto antiguo se interponga en el peregrinar al futuro, en el proyecto de vida al porvenir. Reconocer el señorío de Jesús es comprender que los valores del Reino son requisitos indispensables para vivir a la altura de los reclamos del evangelio.

Una de las implicaciones más importantes de la enseñanza de Jesús sobre el perdón es que no es adecuado aceptar el discipulado de forma prematura o superficial. Hay que estar consciente de los reclamos del Reino para incorporarse plenamente en el proyecto de vida de Jesús. Los ciudadanos del Reino, entre otras características básicas, perdonan.

06
Parábolas del Reino y las riquezas

Tres parábolas y un tema

Las tres parábolas que vamos a analizar en este capítulo se relacionan de alguna forma con el dinero. Desde una perspectiva amplia el tema general es el discipulado, pero al estudiarlas con detenimiento se descubre una seria preocupación en torno a los recursos del Reino, las finanzas, la administración fiscal y el dinero. Y aunque en la *Parábola del rico y Lázaro* hay una muy fuerte referencia escatológica, el problema subyacente es el siguiente: cómo una persona acaudalada utiliza sus recursos económicos, que hasta tienen implicaciones futuras. En efecto, los valores del Reino afectan seriamente las responsabilidades fiscales de los seguidores de Jesús.

Las tres narraciones que vamos a estudiar en este capítulo, *Parábola del rico insensato*, *Parábola del mayordomo infiel* y *Parábola del rico y Lázaro*, se incluyen en el Evangelio de Lucas, que ciertamente tiene mucha preocupación por los recursos económicos. Ese detalle temático y fiscal se puede descubrir tanto en su Evangelio como en el libro de los Hechos de los apóstoles.

En consonancia con su propósito teológico, el evangelista Lucas muestra mucho interés en la vida y las necesidades de las comunidades pobres, a la vez que presenta denuncias importantes en torno al comportamiento de algunas personas ricas. Su objetivo es indicar de forma categórica y directa que la aceptación de los valores del Reino requiere un nuevo acercamiento a las riquezas y los recursos materiales. Y en ese entorno económico, que también es espiritual, la misericordia y la generosidad se ponen de manifiesto como características importantes del Reino.

La parábola del rico insensato

Entonces les contó esta parábola:
—El terreno de un hombre rico le produjo una buena cosecha.
Así que se puso a pensar:
'¿Qué voy a hacer? No tengo dónde almacenar mi cosecha'.
Por fin dijo: 'Ya sé lo que voy a hacer:
derribaré mis graneros y construiré otros más grandes,
donde pueda almacenar todo mi grano y mis bienes.
Y diré: Alma mía,
ya tienes bastantes cosas buenas guardadas para muchos años.
Descansa, come, bebe y goza de la vida'.
Pero Dios le dijo:
'¡Necio! Esta misma noche te van a reclamar la vida.
¿Y quién se quedará con lo que has acumulado?'
"Así le sucede al que acumula riquezas para sí mismo,
en vez de ser rico delante de Dios".
Lucas 12.16–21

La parábola

La primera parábola *La parábola del rico insensato* que vamos a estudiar en esta sección es sencilla. Un hombre acaudalado, dueño de un buen terreno, es positivamente sorprendido con una cosecha abundante. Aunque está feliz por el resultado agrícola, de acuerdo con la narración evangélica, no estaba preparado para su nueva realidad agraria que tenía grandes implicaciones fiscales: no tiene graneros suficientes y adecuados para almacenar esa gran cantidad de frutos.

Para responder a los buenos resultados de la cosecha, actúa con arrogancia y presunción. El acaudalado agricultor afirma que, como ya tiene los recursos necesarios para muchos años, además de construir graneros más grandes, debía dedicarse a comer, beber y disfrutar la vida. Entendió que los beneficios de la tierra eran una especie de licencia para actuar de forma desordenada, lisonjera e impropia. Vio su nueva realidad económica como una oportunidad para vivir sin controles éticos, responsabilidades morales ni orientación espiritual.

De acuerdo con la narración, cuando está en medio de su autocomplacencia y falsa seguridad, Dios mismo lo sorprende con el anuncio de su muerte. Aunque poseía riquezas y era una persona próspera, no podía controlar las dinámicas reales de la vida ni tampoco detener la llegada imprevista de la muerte.

La afirmación final del relato incluye la enseñanza básica de la parábola: mejor es ser rico delante de Dios, que es una forma de relacionar los recursos materiales con los valores del Reino, que acumular riquezas terrenales. Las riquezas verdaderas son las que superan los linderos físicos y económicos. Los recursos fiscales terrenales se deprecian, los valores del Reino tienen repercusiones hasta el porvenir.

Esta enseñanza de Jesús, de acuerdo con la estructura amplia del Evangelio de Lucas (Lc 12.4-59), destaca varios temas de importancia inmediata, entre los que se incluyen la seguridad, el temor y la ansiedad. Esas preocupaciones evangélicas tienen repercusiones futuras y hasta escatológicas (Lc 12.35). Jesús, en esta sección de Lucas, identifica a quién realmente se debe temer en la vida (Lc 12.4-5), aunque posteriormente afirma que no deben temer, pues Dios mismo se ocupa de las aves ¡y las personas son más valiosas que los animales del campo!

Posteriormente, en ese mismo capítulo, el evangelista reitera a sus oyentes que no deben temer, pues el Padre les desea dar el Reino. Es decir, en estas narraciones evangélicas, Jesús afirma que la teología y los valores del Reino son una importante fuente de seguridad y esperanza, más que las cosechas cuantiosas y los recursos económicos abundantes.

De singular importancia en la enseñanza, es que la parábola destaca la abundancia de la cosecha en el campo, no necesariamente alude a los esfuerzos y la prosperidad previa del dueño del terreno. Ese detalle del relato ubica el bienestar del dueño en el nivel de lo fortuito, no lo asocia a su trabajo intenso, dedicación esmerada o esfuerzos profesionales. De esa forma se presenta el corazón del dilema: la fortuna le llega por accidente y el dueño del terreno actúa con un sentido extremo de autocomplacencia, confianza y seguridad. ¡Su nivel de responsabilidad personal, familiar o comunitaria no está presente! ¡La forma de responder a la prosperidad de sus terrenos no fue la más responsable!

Ese es el contexto de la enseñanza fundamental de la parábola. Viene el día en que no podrá disfrutar de sus recursos y, ese día de muerte, nadie realmente sabe cuándo llegará. Por esa razón, hay que ser prudentes, responsables, sobrios y sabios en la vida con los recursos económicos. Como las personas no tienen el control del futuro, deben actuar con mesura y cordura al tomar decisiones fiscales en la vida, pues esas acciones van a tener importantes implicaciones futuras.

Las personas que aceptan los valores del Reino no ponen sus esperanzas en las riquezas materiales, pues llega el momento en que no las podrán disfrutar. Y respecto a esta narración, es importante señalar, además, que esta es la única parábola en la cual Dios aparece como un personaje explícito del drama, que es una manera de enfatizar el tema expuesto. El tema de los recursos fiscales es tan importante para este evangelista, que Dios mismo es parte de las narraciones de Jesús.

La cultura

El contexto inmediatamente antes de esta parábola es la resolución de un conflicto (Lc 12.13-14). Tradicionalmente, estas disputas en ambientes judíos tenían que ver con la interpretación de la Biblia hebrea y la aplicación de esas convicciones en la sociedad. Y en esas dinámicas interpretativas, los rabinos y los maestros de la Ley jugaban un papel preponderante, pues eran las personas preparadas para dirimir y resolver ese tipo de dificultades.

En ese mundo bíblico la avaricia era considerada una muy mala falta ética y moral. Se pensaba, inclusive, que las actitudes asociadas a la avaricia eran el fundamento de otros pecados y acciones impropias, como la codicia y la falta de solidaridad. En las sociedades greco-romanas, la codicia era un tema recurrente en los procesos educativos que orientaban a las personas al bienestar personal y social. Lucas bebió de esas dos fuentes, judías y gentiles, cuando incorporó en su evangelio esta parábola de Jesús.

Las implicaciones

A través de la historia las iglesias han interpretado esta parábola como un rechazo firme a la codicia, el orgullo y la avaricia. Y para responder a esas actitudes personales impropias, tradicionalmente se ha destacado el valor de las ofrendas como demostración de solidaridad y misericordia en la vida. La ofrenda era una manera de demostrar de manera fiscal y concreta el apoyo a la implantación de los valores del Reino en medio de la sociedad.

En el proceso hermenéutico asociado a esta narración de Jesús, también se ha destacado la insensatez de confiar la vida, y sus componentes de importancia, a valores perecederos, como graneros, edificios o estructuras, que pueden ser destruidos por causas naturales, faltas administrativas y por conflictos bélicos.

La muerte repentina del hombre rico, en el mejor momento de su vida, puede ser una referencia al juicio de Dios sobre el pueblo de Israel. Es una especie de advertencia sobre la inminencia del juicio escatológico. La parábola infiere que la muerte llega independientemente de las realidades fiscales, sociales, políticas y económicas de las personas.

Entre los temas recurrentes que se incluyen en las enseñanzas eclesiásticas y teológicas están la avaricia y la generosidad. La avaricia, que ciertamente está íntimamente asociada a la codicia, son actitudes impropias e indeseables, pues no ponen de manifiesto los valores del Reino. Y esos valores afirman la humildad y la generosidad, por ejemplo, en las ofrendas y las demostraciones concretas de misericordia y amor. La parábola revela la insensatez de fundamentar la vida en las posesiones materiales, pues los tesoros físicos son perecederos y temporales.

Esta narración también se ha visto como una metáfora sobre el Reino. Hay que tomar las decisiones apropiadas cuando se trata de responder a los reclamos éticos, morales y espirituales de Jesús de Nazaret. La cosecha abundante y la vida agradable, desde esta perspectiva hermenéutica, alude a los frutos que se relacionan con la incorporación de las personas al Reino, que se relacionan con el bienestar, la prosperidad y la paz. El cambio abrupto en la vida del dueño del terreno puede relacionarse con el juicio divino sobre el pueblo de Israel, que rechaza las enseñanzas del Reino de Jesús.

Un ángulo singular de la enseñanza pone de relieve cuán poco poder tiene el ser humano sobre su futuro. Independientemente de sus expectativas de vida, y al margen de sus capacidades económicas, la vida y la muerte son realidades a las cuales las personas deben enfrentarse diariamente, y nadie tiene el poder de predecir el futuro con efectividad. La verdad es que en momentos el futuro sorprende a los individuos y las comunidades. Y el hombre de la parábola, en el mejor de los casos, ignoró a Dios, como el necio decía en su corazón (Sal 14.1).

Esta parábola de Jesús revela que la vida es frágil e incierta, y que para vivirla con seguridad y salud se necesita algo más que el dinero y las posesiones. La prosperidad económica no puede ser el centro ni el fundamento de la felicidad. En ocasiones, esas virtudes fiscales nada pueden hacer para traer paz, tranquilidad y esperanza a la gente. Aunque la enseñanza reconoce que el dinero es importante, los seguidores de Jesús no deben permitir que las realidades fiscales se conviertan en los elementos más importantes en la vida, pues de esa forma pierden sus virtudes y se convierten en fuentes del mal.

De importancia capital, al estudiar esta parábola, es comprender que la insensatez del dueño del terreno, supera los límites humanos, pues independientemente de la posición social o económica, la gente puede actuar con prepotencia, avaricia, orgullo, altivez, irracionalidad, inmisericordia… El secreto de la felicidad es incorporarse al Reino y vivir a la altura de los valores que presenta Jesús de Nazaret en sus enseñanzas y parábolas. La misericordia y el amor, en efecto, son más importantes que las finanzas.

Parábola del mayordomo infiel

Jesús contó otra parábola a sus discípulos:
"Un hombre rico tenía un administrador
a quien acusaron de derrochar sus bienes.
Así que lo mandó a llamar y le dijo:
'¿Qué es esto que me dicen de ti?
Rinde cuentas de tu administración,
porque ya no puedes seguir en tu puesto'.
El administrador reflexionó:
'¿Qué voy a hacer ahora
que mi patrón está por quitarme el puesto?
No tengo fuerzas para cavar,
y me da vergüenza pedir limosna.
Tengo que asegurarme de que,
cuando me echen de la administración,
haya gente que me reciba en su casa.
¡Ya sé lo que voy a hacer!'
"Llamó entonces a cada uno
de los que le debían algo a su patrón.
Al primero le preguntó:
'¿Cuánto le debes a mi patrón?'
'Cien barriles de aceite', le contestó él.
El administrador le dijo:
'Toma tu factura, siéntate enseguida y escribe cincuenta'.
Luego preguntó al segundo:
'Y tú, ¿cuánto debes?' 'Cien bultos de trigo', contestó.
El administrador le dijo:
'Toma tu factura y escribe ochenta'.
Pues bien, el patrón elogió al administrador de riquezas mundanas
por haber actuado con astucia.
Es que los de este mundo,
en su trato con los que son como ellos,
son más astutos que los que han recibido la luz.
Por eso les digo
que se valgan de las riquezas mundanas para ganar amigos,
a fin de que cuando estas se acaben
haya quienes los reciban a ustedes en las viviendas eternas.
El que es honrado en lo poco, también lo será en lo mucho;

> *y el que no es íntegro en lo poco, tampoco lo será en lo mucho.*
> *Por eso, si ustedes no han sido honrados*
> *en el uso de las riquezas mundanas,*
> *¿quién les confiará las verdaderas?*
> *Y si con lo ajeno no han sido honrados,*
> *¿quién les dará a ustedes lo que les pertenece?*
> *Ningún sirviente puede servir a dos patrones.*
> *Menospreciará a uno y amará al otro,*
> *o querrá mucho a uno y despreciará al otro.*
> *Ustedes no pueden servir a la vez a Dios y a las riquezas".*
> *Lucas 16.1-13*

La parábola

La *Parábola del mayordomo infiel* es complicada. Y la dificultad no está en la comprensión del texto griego ni en la traducción al castellano de los manuscritos disponibles. El desafío hermenéutico del relato es comprender adecuadamente el elogio del hombre rico al administrador, que modificó, junto con los deudores, las facturas del monto de las deudas. Ese acto, que puede entenderse como fraudulento o corrupción, no se critica en la narración, por el contrario, se celebra la actitud del administrador. Ese singular componente ético de la parábola es muy difícil de comprender, aceptar o asimilar.

El mensaje final del relato, sin embargo, es claro y preciso: no se puede servir a dos señores, a Dios y a las riquezas, pues en la vida hay que tener muy claras las lealtades. La gente que es íntegra y fiel en "lo poco", merece la confianza de recibir "lo mucho"; y las personas que no pueden demostrar virtudes en la administración de "lo poco", no pueden disfrutar de la confianza necesaria para recibir "lo mucho". Y de esa manera se incorpora nuevamente el tema de la administración de las riquezas como un valor de importancia capital relacionado con el tema del Reino de Dios.

La mayoría de las parábolas que se incluyen en Lucas 16, tratan el tema de la administración adecuada del dinero y las riquezas. Los relatos presuponen que las personas que se incorporan al Reino de Dios, entre los valores que revelan en sus vidas, están la integridad, la sabiduría y la honestidad. El Reino se distingue por una serie de principios rectores que no necesariamente son apreciados en la comunidad, y entre esos valores se puede destacar la integridad, que alude a la capacidad humana de actuar con dignidad, sobriedad y responsabilidad, independientemente de sus realidades sociales o económicas inmediatas. Integridad es el valor preponderante al explorar y analizar el tema de las riquezas.

Es muy difícil de comprender el elogio del dueño a las aparentemente actitudes impropias e ilegales del administrador de sus recursos económicos y cuentas. Ante la posibilidad de perder su empleo, el administrador trató de preparar un buen ambiente para su vida futura, ante la realidad y posibilidad inmediata del desempleo.

Para lograr esa meta, el administrador desesperado, disminuyó las deudas de sus clientes, para congraciarse con esas personas y así tener algún espacio de vida ante su futura y nueva realidad laboral, fiscal y social. Revisó y cambió el monto de las deudas para congraciarse con los deudores, como una especie de pago adelantado por los favores que esperaba recibir al quedar desempleado. Fomentó la administración impropia de las responsabilidades fiscales de los deudores hacia el dueño, con el fin de beneficiarse personalmente con esos arreglos fiscales. ¡Invirtió en su futuro con recursos ajenos!

Esa rebaja del monto adeudado le ganó el aprecio y la amistad de los deudores; además, le facilitó una posible buena respuesta de esos mismos deudores en el futuro, que para el administrador parecía incierto. Es importante notar que el administrador del relato actuó con premura al percatarse de su posible despido. No se sentó a llorar su desventura, ni se detuvo a lamentar su suerte en la vida, ni mucho menos comenzó a buscar culpables de su desgracia. Se dio cuenta que estaba inmerso en un problema económico serio y un conflicto laboral complejo y decidió actuar con rapidez, previsión y firmeza.

En el análisis de la parábola se debe entender bien que el reconocimiento y aprecio del dueño no es a la ilegalidad de los actos del administrador, pues eso sería un suicidio económico paulatino. Se elogia el hecho que, en medio de la posible crisis que se acercaba, actuó con premura para preparar su futuro. No es un aprecio de la posible falta de ética del proceso, sino la afirmación de su actuar con diligencia, pues se apresuró a tomar decisiones proactivas, decidió no esperar pasivamente la llegada del futuro, que ciertamente podía ser nefasto. La virtud del administrador se relaciona íntimamente con el reconocimiento de que las decisiones del presente afectan el futuro, independientemente del componente moral de la narración.

Esos gestos de previsión y proyección son los que merecen el reconocimiento y el aprecio del dueño. Se afirma la actitud decidida del administrador, que ante la posible crisis actuó con velocidad. Esta parábola no intenta celebrar ni apreciar la ilegalidad de los actos del administrador, solo reconocen su actitud de no quedarse inerte ante el porvenir que parecía fiscalmente incierto. La gran enseñanza es que ante los grandes desafíos de la vida debemos responder con firmeza y seguridad. Lo peor que puede hacer una persona en la vida es detenerse a esperar que el futuro positivo le llegue por casualidad.

En medio de esa dinámica compleja entre el dueño con autoridad y el administrador con un futuro incierto, se descubren principios éticos que incentivan la vida con propósitos: honradez, fidelidad, respeto institucional. Y esa vorágine de ideas preceden al gran mensaje de la parábola: no se puede servir a dos señores.

La cultura

De singular importancia en la comprensión de este mensaje es el análisis de la deuda. La primera deuda en la parábola (cien barriles de aceite), puede ser equivalente al rendimiento de unos ciento cincuenta árboles de olivo, que representa unos ochocientos o novecientos galones de aceite. Esa cantidad era suficiente para proveer el salario promedio de un trabajador por posiblemente unos tres años.

La segunda deuda (cien bultos de trigo) representaba el alimento de hasta ciento cincuenta personas por un año, que equivalía a un salario de más de siete años para un trabajador promedio. El análisis de la parábola pone en evidencia clara que el negocio del dueño de la finca era grande, complejo y exitoso. Los deudores, posiblemente, no eran agricultores modestos sino mayoristas e inversionistas que estaban bajo la supervisión del administrador. El contexto de la parábola era una operación laboral de gran importancia económica, social y laboral para la comunidad.

La parábola presupone el componente de la reciprocidad, que era un elemento esperado en las relaciones interpersonales en el mundo del Mediterráneo y de la Galilea. Tanto la generosidad como la hostilidad eran comportamientos que requerían respuestas similares. Y en el contexto de la enseñanza de Jesús, el dueño esperaba en respuesta a sus actitudes de confianza, los valores de responsabilidad, efectividad, respeto, honestidad e integridad.

Las implicaciones

La historia de la interpretación de esta singular parábola ha sido compleja, posiblemente por las dificultades éticas que se desprenden del comportamiento del administrador. Con frecuencia el tema a destacar se relaciona con las ofrendas, pues al no poder servir a dos señores de debe apoyar la causa de Cristo con generosidad. Y las ofrendas son el vehículo de apoyo tradicional para los proyectos eclesiásticos.

En torno a esta enseñanza del Señor, es importante afirmar la astucia del mayordomo, no desde la perspectiva de la deshonestidad sino la sabiduría en el uso del tiempo y el dinero. La inversión económica del administrador le preparó el camino al futuro. Por eso el dueño alabó la acción del mayordomo infiel, pues optimizó los recursos económicos que estaban a su disposición. La virtud estaba en la acción proactiva de administrador, no en los actos de bajar las deudas sin el consentimiento del dueño, que podían reflejar pobreza de carácter y falta de honradez.

Hay quienes han visto en el estudio de esta parábola, y en las acciones concretas del mayordomo, eficiencia y responsabilidad, no deshonestidad administrativa. Posiblemente el mayordomo, en el momento de la crisis de confianza de parte del dueño, eliminó los intereses de la deuda, y si ese fuera el caso, entonces demostró su sabiduría e integridad. Esa acción del administrador pone al dueño de la propiedad en una buena posición moral ante el pueblo, pues es visto como una persona recta, generosa, responsable y grata. Quizá este ángulo del estudio de la parábola puede ayudarnos a superar la dificultad de interpretación de los elogios del dueño y la deshonestidad del mayordomo.

Un detalle final relacionado con la parábola no debe obviarse. La afirmación del hombre rico, que declara tener muchos recursos y que fundamentado en esa singularidad económica, podía comer, beber y celebrar, es poco responsable. Sus expresiones referente a una vida desenfrenada son impropias. Junto a esta enseñanza debemos plantearnos la afirmación de Jesús de que, solo con dificultad, un rico entra al Reino de Dios (Mt 19.23; Mr 10.23; Lc 19.24).

El problema real de las riquezas no son propiamente las riquezas, sino el valor ético y moral que se le da a esos recursos. Si los bienes materiales y los recursos económicos se constituyen en el centro y la prioridad en la vida, pierden sus virtudes y se convierten en obstáculos para la afirmación de los valores fundamentales asociados al Reino de Dios.

El Reino de Dios requiere que sus ciudadanos manifiesten lealtad únicamente a Dios, no a las riquezas. La fidelidad a los recursos económicos genera avaricia; el compromiso con el Reino produce generosidad. El apego al dinero propicia el egoísmo y la mezquindad; la obediencia a las enseñanzas del Reino fomenta la misericordia y el amor.

Parábola del rico y Lázaro

"Había un hombre rico que se vestía lujosamente
y daba espléndidos banquetes todos los días.
A la puerta de su casa se tendía un mendigo llamado Lázaro,
que estaba cubierto de llagas
y que hubiera querido llenarse el estómago
con lo que caía de la mesa del rico.
Hasta los perros se acercaban y le lamían las llagas.
Resulta que murió el mendigo,
y los ángeles se lo llevaron
para que estuviera al lado de Abraham.
También murió el rico, y lo sepultaron.
En el infierno, en medio de sus tormentos,
el rico levantó los ojos
y vio de lejos a Abraham, y a Lázaro junto a él.
Así que alzó la voz y lo llamó:
'Padre Abraham, ten compasión de mí
y manda a Lázaro que moje la punta del dedo en agua
y me refresque la lengua,
porque estoy sufriendo mucho en este fuego'.
Pero Abraham le contestó:
'Hijo, recuerda que durante tu vida te fue muy bien,
mientras que a Lázaro le fue muy mal;
pero ahora a él le toca recibir consuelo aquí,
y a ti, sufrir terriblemente.
Además de eso,
hay un gran abismo entre nosotros y ustedes,
de modo que los que quieren pasar de aquí para allá no pueden,
ni tampoco pueden los de allá para acá'.
Él respondió: 'Entonces te ruego, padre,
que mandes a Lázaro a la casa de mi padre,
para que advierta a mis cinco hermanos
y no vengan ellos también a este lugar de tormento'.
Pero Abraham le contestó:
'Ya tienen a Moisés y a los profetas;
¡que les hagan caso a ellos!'
'No les harán caso, padre Abraham —replicó el rico—;
en cambio, si se les presentara uno de entre los muertos,

entonces sí se arrepentirían'.
Abraham le dijo:
'Si no les hacen caso a Moisés y a los profetas,
tampoco se convencerán
aunque alguien se levante de entre los muertos' ".
Lucas 16.19-31

La parábola

Esta es una parábola singular. En el relato los personajes tienen nombres propios; además, es una narración que supera los linderos de la historia para llegar a la vida después de la muerte. En efecto, es una parábola personalizada y con elementos escatológicos, que no son detalles comunes en las parábolas de Jesús. Además, es una de las cuatro parábolas en el Evangelio de Lucas que tienen dos etapas educativas, dos énfasis temáticos (p. ej., la de *la fiesta de bodas, el hijo pródigo* y *de las minas*).

La narración es muy clara y directa. La primera escena es la de un rico que disfrutaba mucho su vida, llena de placeres y abundancia. Literalmente frente a su casa, estaba un mendigo enfermo, llamado Lázaro, que vivía anhelando comer de las migajas o pedazos de pan que dejaban los comensales en los banquetes que ofrecía su acaudalado vecino. El cuadro es tétrico y de contrastes, y abundan las alegrías y las tristezas, las abundancias y las necesidades, la salud y la enfermedad, el bienestar y la miseria, las riquezas y la pobreza. Y finalmente, en medio de esos dos mundos cercanos y distantes, a ambos les sorprendió la muerte.

En el nuevo escenario post *mortem* del relato las dinámicas de los personajes se invierten. Lázaro, en vez de dolor, pobreza y enfermedad, fue llevado por los ángeles al lado de Abraham. Y el rico fue sepultado para llegar al infierno ardiente. El hombre pobre y enfermo, ahora disfrutaba de consuelo y paz; mientras que el que anteriormente había sido rico era atormentado por las llamas del infierno, en un ambiente de dolor intenso y desesperanza. Las realidades y las vidas de ambos protagonistas cambiaron diametralmente. A Lázaro lo sorprendió el bienestar y al rico, la calamidad.

Al percatarse de su nuevo estado, el rico pide a Abraham ayuda para cambiar su agonía; inclusive, solicita apoyo para avisarle a su familia, especialmente a sus cinco hermanos, para que pudieran evitar el tormento que él experimentaba. La reacción de Abraham fue referirlos a Moisés y los profetas, que era una manera de aludir a la Ley y al mensaje de esperanza que se incluye en los libros de los profetas de Israel, que estaban disponibles para leer y estudiar. Además, el famoso patriarca afirma que no puede enviar a ninguna persona muerta a que le predique a sus hermanos, pues si no hacen caso a los vivos, menos lo harán a los muertos. El mensaje de Abraham pone de relieve la ortodoxia teológica de las comunidades rabínicas de la época.

La parábola está muy bien redactada. Dos personas, dos realidades de vida, dos experiencias luego de la muerte, dos desafíos y un mensaje. En el relato, es importante notar que la vida del rico y de Lázaro la divide solo una puerta. Un espacio físico pequeño separa las dos vivencias extremadamente opuestas: el lujo y la miseria, la abundancia y la escasez, la salud y la enfermedad, el disfrute y el dolor. Jesús presenta en la parábola una de las realidades y complejidades de la vida que más llama la atención y preocupa: la mala distribución de los recursos económicos y los bienes, la separación abismal de dos sectores opuestos de la sociedad que, aunque conviven en los mismos espacios físicos, están fiscalmente distantes.

Una puerta, que pudo haber sido el canal de bendición para los dos protagonistas de la narración —uno por compartir y el otro por recibir— se convirtió en el muro de separación que propiciaba un cautiverio doble: el rico estaba encadenado en su vida vacía; y Lázaro, cautivo en su enfermedad e impotencia. El ambiente de la narración es el de la manifestación extrema de la injusticia social, emocional, espiritual, económica.

Cuando les sorprende la muerte, la fortuna de ambos cambia radicalmente, para el bien de Lázaro y para el mal del hombre rico. Los papeles de ambos personajes se transforman en una nueva realidad, donde quien tiene la paz y la seguridad es Lázaro, y quien sufre el tormento es el hombre rico. La vida misma los sorprendió con la muerte y la transformación radical de sus maneras de vivir cotidianas. De forma inesperada sus realidades se intercambiaron, que ciertamente pone de manifiesto lo efímero de la vida, lo corto de la existencia humana, lo frágil de las realidades sociales, lo impredecible de las dinámicas económicas.

En el corazón de la parábola se pone claramente de manifiesto una vez más el tema del dinero. Subyacente en el mensaje de Jesús están las formas que las personas que se incorporan en el Reino de Dios deben proceder en la vida con sus recursos económicos. Una vez más en Lucas se presenta el tema de la administración efectiva de las finanzas. ¿Cómo deben actuar las personas con recursos económicos ante las necesidades de personas en dolor, enfermedad y angustia? La confrontación real de la parábola es el encuentro cara a cara y directo de la riqueza y la abundancia con la pobreza y la necesidad.

La enseñanza de la parábola es que acciones históricas humanas tienen repercusiones escatológicas. La vida eterna se nutre de los estilos de vida, las prioridades éticas, morales y económicas que se han manifestado en la vida. Es decir, las repercusiones de nuestra administración de recursos económicos, tiene implicaciones eternas. ¡Las inversiones fiscales en la historia generan dividendos eternos!

La cultura

La literatura antigua es explícita en referencia a las costumbres y las vestiduras de personas ricas. Utilizar ropas de lino y púrpura era una manera de poner de manifiesto el estatus social y económico de una persona o familia. El tinte de púrpura era muy costoso y singular, pues provenía de caracoles marinos difíciles de conseguir. Y por la dificultad en la elaboración del tinte, y también por el costo de ese componente, la ropa púrpura se convirtió en la vestimenta ideal para personas que deseaban poner de manifiesto sus riquezas y presumir de sus recursos y bienes.

Respecto a la comida que caía de la mesa del hombre rico, no se trataba necesariamente de desperdicios o algún trozo pequeño de los alimentos que llegaba al suelo de forma inconsciente o accidental. Se trataba de pedazos de pan que se utilizaban como servilletas para limpiarse las manos y la boca luego de cenar. En una sociedad sin utensilios para comer, se usaban sin inhibición los dedos y las manos para distribuir y tomar los alimentos; el material para la limpieza era el pan, que posteriormente lo daban a los animales.

La imagen de las llagas de Lázaro que los perros lamían pone en clara evidencia su condición social y la realidad de su salud. Se trata de una persona de un nivel social bajo; además, esa descripción de las llagas revela que era un hombre religiosamente impuro, según la interpretación tradicional de la Ley mosaica. Las llagas revela que la enfermedad interna tenía manifestaciones externas y visibles. Lázaro representa todo lo opuesto al hombre rico. Y los perros no eran mascotas que se entendían como parte de la familia, sino animales de la comunidad que buscaban las sobras y las migajas de las mesas para el sustento diario.

La teología popular de la época puede presuponer que la vida del rico era resultado de la bendición de Dios, por su buena conducta y actitudes positivas en la vida. Igual se puede decir de Lázaro, que vivía enfermo y pobre; inclusive se podía interpretar su precaria condición de salud como que era maldito, como que pagaba por sus acciones impropias y pecaminosas (Job 1—3; Jn 9.2).

Esta parábola de Jesús elimina esa inadecuada posibilidad teológica, pues se invierten, tanto en la muerte como después de la muerte, las recompensas tradicionales: Lázaro va al lugar de paz, al lado de Abraham que representa la presencia de Dios y la recompensa divina; y el hombre rico llega directamente al infierno y al dolor eterno, que alude al lugar del tormento continuo para los pecadores. La expresión "al lado de Abraham" es una referencia a un lugar de honor, dignidad y prestigio, aunque puede también ser una alusión sosegada a la cena final y escatológica en la narración.

Las implicaciones

Esta parábola, desde el comienzo mismo de la historia de la interpretación, fue alegorizada, como la gran mayoría de esas enseñanzas de Jesús. La simbología más comentada era que la relación del rico y Lázaro era una referencia a los judíos y gentiles. La mención de los cinco hermanos eran símbolo de los libros de Moisés. Y los esfuerzos por relacionar al Lázaro de la parábola con el Lázaro, hermano de Marta y María, que fue resucitado (Jn 11), son realmente infructuosos. Cada narración es temáticamente independiente y el nombre Lázaro era popular en la antigüedad.

Otra forma de ver la narración es descubrir el componente moral de la enseñanza, pues podría ser una crítica muy seria a las formas en que los sectores afluentes de la sociedad judía antigua trataban a las comunidades económicamente desventajadas. Esta comprensión económica y moral de la enseñanza todavía tiene adeptos en la actualidad. En efecto, surgen cambios radicales con la irrupción del Reino en medio de las sociedades, que requieren una mejor y más justa distribución de las riquezas.

La comprensión de este relato como una historia de la vida real, es extremadamente difícil de asimilar y aceptar. Las referencias a la dicotomía radical entre el rico y Lázaro, y las alusiones al lugar cerca de Abraham y el infierno, apuntan a una enseñanza simbólica, no a la descripción de una experiencia real de vida. Y ciertamente el evangelista Lucas la consideró como una parábola de Jesús, pues la ubicó en la sección de ese tipo de narraciones en su evangelio; además, comenzó el relato de la misma manera que emplea para presentar este tipo de enseñanza.

El nombre Lázaro tiene en el relato su importancia específica. Es la forma abreviada del nombre Eliezer o Elazar, que significa literalmente "Dios ayuda". Y el reconocimiento de ese detalle ubica a Dios directamente encarnando en la vida de Lázaro, que era el pobre en la narración, para eliminar la interpretación que era una persona maldita por el Señor. Aunque era pobre, miserable y enfermo, no estaba maldito, pues Dios tenía el propósito de ayudarlo, sanarlo, transformarlo y bendecirlo. Desde la perspectiva teológica, la última palabra de

Dios para el Lázaro dolido y angustiado no era la enfermedad ni las llagas ni el cautiverio, sino la esperanza que produce estar al lado de Abraham.

En la parábola, ¿qué criterios éticos se utilizan para enviar a Lázaro al lugar de paz y al rico al de tormento? Las pistas que nos brinda la narración son las siguientes: en la vida el hombre rico gozó de los bienes y las bondades de las riquezas, mientras Lázaro sufría; al morir, las dinámicas cambian radicalmente y se presenta una realidad opuesta: Lázaro disfruta de paz y el rico sufre en el fuego del infierno. En efecto, la muerte de ambos personajes cambia sus realidades inmediatas y modifica sus condiciones de vida.

La evaluación detenida del relato posiblemente muestra que el juicio divino se hizo realidad en el hombre rico, pues no detuvo la injusticia que mantenía a Lázaro cautivo en su enfermedad y condición económica, mientras utilizaba sus riquezas para las demostraciones públicas de su poder fiscal y su prestigio social. La justicia de Dios revirtió los papeles de los protagonistas para enfatizar la importancia de las implicaciones éticas del comportamiento humano y sus consecuencias escatológicas. Una vez más las parábolas de Jesús afirman que las decisiones humanas tienen repercusiones eternas, que pueden ser tanto para el bien como para el mal.

La presencia del Reino de Dios en medio de las realidades humanas requiere la preocupación y el compromiso de apoyo a los sectores necesitados, marginados, pobres y cautivos de la sociedad. Y la falta de solidaridad tiene implicaciones históricas y escatológicas, según la narración de Jesús. ¡Solo en el infierno o el *hades* el hombre rico "descubre" a Lázaro! En la vida, el rico estaba a solo una puerta de distancia de Lázaro, pero estaba emocionalmente lejano y despreocupado, lo gobernaba la falta de solidaridad y la inmisericordia. Y el hombre rico, cuando desde el infierno alza la mirada a implorar ayuda a Abraham, lo hace solo para apoyar a su familia, en decir, a su clase social, que era una actitud impropia y egoísta. ¡Aún en el tormento del infierno no pudo superar su clasismo y su sentido impropio de superioridad!

La referencia al infierno en la parábola es importante. En hebreo, la palabra *sheol* se utiliza para designar el lugar de los muertos, que ciertamente puede ser la tumba física o la muerte en sí. *Hades* es la palabra griega que traduce el hebreo *sheol* en la versión griega del Antiguo Testamento, conocida como la Septuaginta (LXX). Los términos se refieren a lo de abajo, al mundo inferior y doloroso en donde estaban los muertos. El Nuevo Testamento también utiliza la palabra *gehena* para describir el lugar del castigo eterno después del juicio final.

Este concepto de infierno que se presenta en la parábola no es necesariamente adecuado para desarrollar y establecer una doctrina eclesiástica sobre el tema. La naturaleza poética y simbólica del lenguaje de la parábola revela diversos niveles de sentido que complican su interpretación literal.

En la narración de Lucas, el tema central no es describir el infierno ni explicar su naturaleza física, sino destacar las diferencias entre un lugar donde se manifiesta la paz, la calma y la seguridad, en contraposición a una zona donde se revelan el castigo, el cautiverio y el dolor. Inclusive, se indica en el relato, para enfatizar las diferencias innatas de los dos lugares, que no era posible moverse de un lugar a otro. No se puede viajar del infierno al lugar de paz donde estaba Abraham y Lázaro.

Quizá una de las enseñanzas más importantes de esta parábola se relaciona con la pobreza, que no es fruto de la gracia divina ni el resultado de la predisposición de Dios. La pobreza es un gran problema político y social que tiene muy serias implicaciones económicas.

¿Qué vamos a hacer con la pobreza que hiere a grandes sectores de la población mundial? De acuerdo con la *Parábola del hombre rico y Lázaro*, la única alternativa es transformar las realidades de la vida para que los Lázaros de la humanidad puedan recibir sanidad y paz, esperanza y vida, dignidad y transformación.

La riqueza del hombre de la parábola, que incentivaba un egocentrismo personal, con repercusiones familiares y sociales, no le permitía notar que al lado de su puerta tenía la oportunidad de poner de manifiesto la misericordia, que es uno de los valores más importantes del Reino de Dios. Los recursos económicos cegaron al hombre rico, que no se percató que muy cerca de su hogar habitaba la pobreza, el dolor, la enfermedad y el cautiverio.

07
Parábolas del Reino y la piedad

Parábola del amigo necesitado

"Supongamos —continuó—
que uno de ustedes tiene un amigo,
y a medianoche va y le dice:
Amigo, préstame tres panes,
pues se me ha presentado un amigo
recién llegado de viaje,
y no tengo nada que ofrecerle.
Y el que está adentro le contesta:
'No me molestes.
Ya está cerrada la puerta,
y mis hijos y yo estamos acostados.
No puedo levantarme a darte nada'.
Les digo que,
aunque no se levante a darle pan
por ser amigo suyo,
sí se levantará por su impertinencia
y le dará cuanto necesite".
Lucas 11.5-8

La parábola

Las parábolas que vamos a estudiar en este capítulo ponen de relieve la importancia de la oración, la espiritualidad, la piedad y la consagración en el Reino. Tienen implicaciones éticas y morales inmediatas, que apuntan hacia un nuevo estilo de vida, una manera novel de enfrentar la realidad. Esos valores reclaman formas diferentes de reaccionar a los continuos desafíos de la existencia humana. Las enseñanzas que transmiten esas narraciones requieren una perspectiva moral desarrollada, una comprensión ética pertinente y una espiritualidad transformadora, de acuerdo con los postulados del Reino de Dios que afirmaba Jesús de Nazaret.

La *Parábola del amigo necesitado* se incluye solo en el Evangelio de Lucas, aunque el entorno general de esta breve narración se incorpora en Mateo, en el contexto de la oración del *Padrenuestro* de Jesús (Mt 6.9-15); también hay algunas referencias al tema en Marcos (Mr 7.7-11). De singular importancia en el relato es la referencia al pan, que ocupa un lugar protagónico en la muy importante oración modelo y fundamental de Jesús, el *Padrenuestro*, pues es una referencia a la vida, a la existencia.

El relato es sencillo, directo y claro. Se trata de una persona que a media noche recibe la visita de un amigo para pedirle tres panes. El peticionario había recibido, a su vez, otra visita que llegaba de viaje y necesitaba atenderlo adecuadamente y darle de comer. Como telón de fondo a la narración están las costumbres de hospitalidad antiguas, que ciertamente eran muy apreciadas y respetadas. Y la hospitalidad se necesitaba en dos niveles, en el hogar del peticionario y en el de su amigo.

La respuesta del amigo visitado no fue la más cordial, grata o positiva, pues ya la familia estaba descansando, se había acostado. Y ante la actitud impropia del amigo de brindarle los panes, pues era muy tarde y sus hijos ya estaban durmiendo, el narrador añade el corazón de la enseñanza: aunque no le de los panes fundamentado en la amistad, la hospitalidad y la fraternidad, la impertinencia e imprudencia de llamar a esa hora tan avanzada de la noche, lo había despertado, y como ya estaba en pie se motivaría a darle al vecino lo que necesitaba. ¡Como ya estaba despierto, podía ayudar!

El tema que se afirma en el relato no es la fraternidad ni la misericordia ni mucho menos la hospitalidad, sino la persistencia, la reiteración y decisión de buscar ayuda y apoyo a la hora oportuna. Se destaca el hecho que la valentía y la decisión, independientemente del contexto y los horarios, es importante para lograr los objetivos en la vida.

El contexto temático amplio en Lucas, de esta referencia a la visita nocturnal del amigo en necesidad, se encuadra en un marco educativo que presenta el Señor referente a la importancia y los valores asociados a la oración y espiritualidad (Lc 11.1-13). Es de notar que las alusiones a la vida piadosa, reflexiva y de oración de Jesús en el Evangelio de Lucas, no se incorporan necesariamente en Mateo ni en Marcos. El evangelista Lucas de esta forma enfatiza la importancia de la espiritualidad y la piedad en relación al tema general del Reino de Dios.

Esos elementos indispensables de piedad y espiritualidad en los mensajes de Jesús de Nazaret se revelan en las siguientes narraciones de Lucas: en el bautismo (Lc 3.21); luego de la sanidad de un leproso (Lc 5.16); previo a la selección de los doce discípulos (Lc 6.12); antes de la confesión de Pedro y el anuncio de la pasión (Lc 9.18); en la transfiguración del Señor (Lc 9.28); en la oración del *Padrenuestro* (Lc 11.1); y en la cruz (Lc 23.34). En efecto, en el modelo de vida que ofreció Jesús, la oración y la piedad juegan papeles protagónicos. No son valores secundarios ni optativos en la teología del Señor, sino componentes indispensables de la espiritualidad transformadora que emana del compromiso con el Reino de Dios.

La cultura

El mundo de la Galilea en la época de Jesús, y también en la cuenca del Mediterráneo y el Oriente Medio en general, se fundamentaba en los valores de la vergüenza y el honor. En efecto, la dignidad humana y la afirmación de las tradiciones familiares y culturales eran componentes indispensables para la convivencia necesaria, responsable y pacífica. Y en ese tipo de sociedad, la hospitalidad era un valor prioritario y requerido.

Los lugares que recibían viajeros en general no eran muchos en ese antiguo mundo palestino y, es de notar, que en ocasiones esas casas de hospedaje eran también centros de corrupción y peligro. Esa peculiaridad ética y moral hacía que no todas las personas que viajaban procuraran frecuentar esos albergues populares y temporeros y que, en su defecto, llegaran a hogares de familiares o personas conocidas. En esa sociedad, la hospitalidad era una cualidad cultural distinguida y revelaba un buen sentido del deber familiar y social.

En el mundo de viajeros y hospitalidades, las personas que recibían las visitas se convertían en anfitriones oficiales de los recién llegados. Esa responsabilidad no solo se relacionaba con el descanso y el albergue inmediato sino con la alimentación. En medio de esas dinámicas de hospitalidad, respeto y fraternidad, los vecinos debían apoyarse mutuamente.

En la parábola de Jesús, sin embargo, la persona que se supone apoye al vecino necesitado, no solo responde en la negativa sino que revela cierta actitud de hostilidad y falta de solidaridad. La frase "no me molestes", de quien se supone responda con amistad y decoro a un reclamo de apoyo y generosidad, revela la crisis de la parábola. Se encuentran en la narración del Señor las dos caras de la hospitalidad: la petición de ayuda fraternal y apoyo, con el rechazo decidido e inmisericorde.

La preparación del pan en esas culturas era a menudo una actividad familiar (Jer 7.18). Los vecinos no solo estaban conscientes del proceso, sino que también podían participar de los preparativos sin dilación o dificultad. Eran labores familiares y comunitarias. Y de esa forma la preparación del pan se convertía no solo en la elaboración de los alimentos familiares íntimos, sino en un ambiente de diálogo y comunicación comunitaria. Alrededor de la preparación del pan se producían encuentros importantes para individuos, familias y comunidades. Aunque en esa época había elaboradores de pan oficiales para las comunidades, ese no es el ambiente que presupone la parábola.

Las implicaciones

Tradicionalmente las primeras interpretaciones de las parábolas de Jesús se alegorizaban. Las iglesias, y sus teólogos y maestros, han intentado descubrir sentido en los más mínimos detalles de las narraciones. Y esos contextos hermenéuticos de alegorización le han dado rienda suelta a la creatividad y el ingenio.

Para algunos intérpretes, la *Parábola del amigo necesitado* se trata de la oración, al evaluarla a la luz del *Padrenuestro*. El pan alude, desde esta perspectiva, a algún beneficio espiritual que pueden recibir los creyentes; el amigo que pide el pan se relaciona con las iglesias y los discípulos que anhelan recibir la bendición y la gracia de Dios; y Cristo, en este esquema, es el amigo que tiene el potencial de brindar el pan. Es un tipo de hermenéutica eclesiástica, en la cual cada detalle del relato tiene implicaciones simbólicas y enseñanzas.

La parábola también se ha asociado a los temas de la persistencia, la perseverancia y la oración. Si una persona es capaz de responder a alguna necesidad y si puede perseverar en su petición, cuánto más hará el Dios soberano con el clamor humilde, sistemático y continuo de las iglesias y los fieles. La idea, según esta comprensión del relato, es que, si la gente de fe mantiene sus peticiones ante el Señor, tarde o temprano recibirá la adecuada respuesta divina. Desde esta perspectiva, la afirmación apostólica de "orar sin cesar" paga dividendos, pues la respuesta divina está asociada a la oración persistente y continua.

Otro ángulo singular del relato destaca la imprudencia del amigo que llega a media noche a molestar al vecino que ya estaba descansando con sus hijos y familia. La respuesta de quien está en la casa revela que, aunque la impropiedad y la falta de consideración sean altas, el valor de la hospitalidad era tan grande en su cultura que debía responder a la necesidad, independientemente de la hora y las condiciones de la petición.

El énfasis de la enseñanza es que en el Reino la solidaridad y la fraternidad son valores impostergables y necesarios para la supervivencia humana. No se exalta la impertinencia sino se afirma la perseverancia. El valor real no se relaciona con la imprudencia, sino con la capacidad de superar la oscuridad de la noche y lo avanzado de la hora con el fin de dar apoyo a alguien en necesidad, que en el caso de la parábola de Jesús era el vecino.

El corazón de la parábola no es la impertinencia del peticionario, la imprudencia de la visita o la actitud de quien ya duerme con su familia. La afirmación implícita en la narración se relaciona con el deseo y la capacidad divina de responder a las oraciones de los creyentes y los reclamos de la iglesia. Si los seres humanos, aun en medio de situaciones complicadas de vida e impertinencias, pueden responder a las peticiones de sus vecinos, Dios también posee esa singular cualidad de responder a las necesidades de individuos y comunidades. El mensaje se relaciona con la audacia de la oración y la virtud de la espiritualidad, pues esa dimensión de perseverancia propicia la respuesta divina en el instante oportuno. La oración en el Reino es un valor de importancia.

Vista desde ese singular ángulo, esta parábola afirma la oración como uno de los valores que distingue a los ciudadanos del Reino. La oración reiterada, independientemente de las circunstancias en la vida, es la clave capaz de incentivar la respuesta divina. La perseverancia de la oración es necesaria para la afirmación del Reino de Dios en medio de las vicisitudes humanas. Y la esencia misma y el carácter de Dios, de acuerdo con la parábola, es responder a las oraciones y las peticiones humanas.

Ese modelo de piedad se manifiesta en Jesús y se requiere en los ciudadanos del Reino. Para Jesús, la espiritualidad saludable y la oración continua son elementos indispensables de sus discípulos y seguidores. La paz interna de las personas, y las buenas relaciones entre vecinos, requieren la manifestación plena de la piedad, pues son esas dinámicas las que ponen en evidencia los valores del Reino en medio de la sociedad.

Parábola de la viuda y el juez injusto

Jesús les contó a sus discípulos una parábola
para mostrarles que debían orar siempre, sin desanimarse.
Les dijo: "Había en cierto pueblo un juez
que no tenía temor de Dios ni consideración de nadie.
En el mismo pueblo había una viuda
que insistía en pedirle:
'Hágame usted justicia contra mi adversario'.
Durante algún tiempo él se negó,
pero por fin concluyó:
Aunque no temo a Dios ni tengo consideración de nadie,
como esta viuda no deja de molestarme,
voy a tener que hacerle justicia,
no sea que con sus visitas me haga la vida imposible' ".
Continuó el Señor: "Tengan en cuenta lo dicho por el juez injusto.
¿Acaso Dios no hará justicia a sus escogidos,
que claman a él día y noche?
¿Se tardará mucho en responderles?
Les digo que sí les hará justicia, y sin demora.
No obstante, cuando venga el Hijo del hombre,
¿encontrará fe en la tierra?".
Lucas 18.1-8

La parábola

La finalidad de esta breve parábola es muy clara: Jesús mismo indica que era para motivar la oración continua de sus discípulos y para que no se desanimaran en la vida. Sin embargo, el análisis del contenido es complicado, pues uno de los personajes del relato, el juez, manifiesta dificultades éticas, morales y espirituales. Es un juez descrito como que no tenía temor de Dios ni consideración de la gente. Y esas peculiaridades del carácter no son las mejores para describir a una persona que debe conocer, interpretar y ejecutar la ley con justicia, efectividad y equidad.

Son dos los personajes de la narración: un juez, descrito por la falta de consideraciones espirituales, morales o éticas; y una mujer, que reclamaba justicia y manifestaba una actitud firme, reiterada y perseverante. El relato identifica a la mujer como viuda, para destacar su necesidad personal, fragilidad social y dificultad económica. Y la narración se produce en el encuentro de ese singular tipo de juez con esa particular mujer. De esa forma, en la narración del Señor, se encontraron cara a cara el sistema legal del pueblo y las condiciones sociales reales que prevalecían en la sociedad; un representante jurídico de difícil carácter y proceder, con el reclamo inmediato de una mujer vulnerable y en necesidad de esa comunidad. Y Jesús utiliza esos dos polos sociales para presentar su enseñanza referente a la oración y la piedad.

La parábola es breve y tiene dos momentos de importancia en el relato: el primero se asocia con la personalidad controversial del juez; y el segundo, con la necesidad imperiosa de la viuda. Los detalles del relato no son muy explícitos. Sin embargo, subyacente en la enseñanza, se pone claramente de manifiesto la importancia de la petición reiterada —independientemente de las respuestas iniciales— y las respuestas a la perseverancia.

En el corazón mismo de la narración está un contraste intenso de valores: la actitud desconsiderada del juez y el reclamo de justicia de la viuda; la autoridad legal y la necesidad de una mujer; la estructura del poder judicial y la fragilidad humana. Implícito en la parábola está la virtud de la perseverancia y el poder de la persistencia. Y de acuerdo al relato de Jesús, esas actitudes en la vida se convirtieron en el contexto ideal para presentar las virtudes de la oración que, en efecto, es el tema central que se desea destacar.

Esta es una parábola adicional en el contexto general de la oración en el Evangelio de Lucas. Además, se presuponen otros temas de importancia. Con los relatos anteriores en el Evangelio hay continuidad, especialmente con las preocupaciones teológicas; es una especie de conclusión al discurso escatológico amplio del Señor (Lc 17.20—18.8). Las virtudes del Reino, en efecto, tienen repercusiones eternas.

La cultura

La identificación precisa de la mujer como viuda le brinda al relato un detalle social y religioso de importancia. En primer lugar, las viudas vestían de forma singular, para poner de manifiesto su condición (Gn 38.14,19); y como las mujeres se casaban generalmente muy jóvenes, el número de viudas en la comunidad judía podía ser elevado, aunque no necesariamente eran de edad avanzada. Las viudas constituían un sector tan importante en las comunidades, que las iglesias primitivas organizaron un ministerio específico para atenderlas y apoyarlas (Hch 6.1).

En las sociedades patriarcales, que están representadas en las narraciones bíblicas, las mujeres dependían de algún varón, que podía ser el padre y, posteriormente en el vínculo matrimonial, el esposo. Al quedar viudas debían decidir si regresaban a su familia original o si se quedaban con la familia del esposo. En el caso de regresar al hogar paternal, la familia de la viuda debía devolver lo que había recibido en la boda como parte de las transacciones fiscales en los matrimonios. Si decidía mantenerse en su nuevo contexto familiar del esposo, podía hacerlo, pero en una singular condición de inferioridad y subyugación.

Las viudas eran muy discriminadas y oprimidas en la antigüedad. Ese ambiente de cautiverio llegaba a su máxima expresión cuando en ocasiones las vendían para pagar alguna deuda (Lm 1.1-2). Y como representaban una realidad social y económica de subyugación, necesidad u opresión, el Señor atendió a las viudas con dignidad y decoro.

En la sociedad palestina del Nuevo Testamento había dos sistemas jurídicos: uno judío y otro gentil, romano. El sistema judío, de acuerdo con la literatura de la época, requería tres jueces para evaluar, dirimir y resolver las dificultades relacionadas con las propiedades; posteriormente, se aceptaba que un juez autorizado y conocedor, resolviera los problemas relacionados con el dinero.

La narración evangélica destaca, por un lado, la necesidad urgente y la desesperación de la viuda; y por el otro, la actitud indiferente y hasta corrupta del juez, que se supone es la persona responsable que le haga justicia. El marco de referencia de la parábola es un sistema de justicia frágil y una necesidad humana inmediata. Se contraponen en la parábola, las estructuras legales oficiales de la comunidad judía, con el reclamo humilde de una persona que representaba los sectores más necesitados y subestimados de la sociedad, las viudas.

Las implicaciones

Las interpretaciones históricas de esta parábola enfatizan el contraste entre un juez malvado y corrupto, un Dios justo e íntegro. Si un juez incrédulo e injusto puede responder a los reclamos persistentes y continuos de una mujer viuda en necesidad, cuánto más puede Dios manifestar su justicia y amor, que entre los valores principales que le caracterizan están la misericordia y la rectitud. En esa narración se presentan, de forma elocuente: las injusticias del juez, las necesidades de una viuda, y la revelación de la misericordia y el amor de Dios.

La parábola presenta un singular tipo de contraste ético y moral para poner de manifiesto los valores de la oración y la justicia: en el Reino de Dios se requiere la oración persistente, pues es preámbulo de la manifestación de la justicia divina. De esa forma se afirma en la enseñanza que la oración y la piedad juegan un papel central en las dinámicas del Reino de Dios. La espiritualidad responsable y saludable incorpora la oración, la piedad y la justicia a los estilos de vida que delatan las virtudes del Reino de Dios.

Algunos estudiosos han visto otros ángulos singulares en la narración, que ciertamente tienen implicaciones sicológicas. Para varios académicos del campo de la salud mental, en algunas culturas, el ego y la autoridad masculina no puede aceptar inconsciente o conscientemente el reclamo y la autoridad de una mujer. Esa peculiaridad socio-sicológica y cultural está implícita en el relato, sin tomar en consideración la petición ni el contexto de la dinámica.

Otros analistas de la parábola han asociado la reiteración de la viuda, independientemente a las actitudes del juez, con el avance del Reino de Dios en el mundo y la historia. Ese Reino avanza, independientemente de los sistemas jurídicos, económicos y sociales humanos, que están llenos de injusticias y prejuicios. Con el tiempo, afirma la enseñanza de la parábola, Dios responderá de forma efectiva, para implantar la justicia y poner de manifiesto los verdaderos valores espirituales del Reino.

El tema amplio de las peticiones reiteradas y continuas se descubren en las narraciones evangélicas. El relato del encuentro de Jesús con la mujer sirofenicia es revelador: Jesús no respondió inicialmente a la petición de la mujer (Mt 15.22 28); sin embargo, la persistencia dio resultados positivos, pues el Señor le concedió a la mujer su petición. Inclusive, los Evangelios presentan a Jesús orando de forma reiterativa a Dios (Mr 14.32-42; Lc 22.39-46). Todas esas narraciones evangélicas ponen claramente de relieve que la oración es un componente de gran importancia en la revelación del Reino.

El valor básico de la parábola es poner de relieve el carácter misericordioso de Dios, que es capaz de atender los clamores humanos; además, incentiva la perseverancia en la oración y las manifestaciones concretas de piedad. Las características y los valores éticos del juez en la parábola, que no son las mejores actitudes para distinguir a quienes administran la justicia, son incidentales: la finalidad es destacar la naturaleza misericordiosa de Dios, que es capaz de hacer justicia verdadera al responder en amor y misericordia a las peticiones del pueblo. El Dios soberano del Reino escucha y responde al clamor de su pueblo, en una tradición que se incluye en la Biblia desde la época de Moisés (Éx 3).

La afirmación final del relato ciertamente tiene connotaciones escatológicas. La referencia al Hijo del hombre y la pregunta en torno a la fe, apuntan hacia las implicaciones futuras de las decisiones históricas y presentes de las personas. La justicia divina puede, en efecto, superar las maldades y las injusticias humanas, pero si esas realidades de adversidad y maldad persisten, inquiere la parábola bíblica, ¿encontrará Dios fe en la tierra en los tiempos finales y escatológicos? ¿Cuáles son las implicaciones a largo plazo de las manifestaciones continuas de maldad en medio de la humanidad y la historia?

Esas preguntas del relato, en torno a las manifestaciones persistentes de las injusticias en la sociedad, pueden ser motivos reales para que la gente de fe se desoriente y pierda la confianza en Dios. Como en el Reino, la fe es un componente indispensable, la implantación de la justicia es un requisito impostergable. Esa pregunta final de la parábola es ciertamente un desafío general, tanto para los discípulos como para los líderes de las comunidades religiosas judías.

La fe se nutre y crece con acciones concretas que se fundamentan en valores como el amor, el perdón, la misericordia, el respeto a la dignidad humana y la esperanza. En el Reino hay que alimentar la fe, y ese proceso incluye actividades internas, como la oración, y demostraciones externas, como las acciones de piedad, misericordia y amor.

El Reino de Dios incentiva en las personas una transformación en las formas de enfrentar la vida. Y el ejemplo de Jesús, de un juez que no teme a Dios ni tiene respeto a las personas, indica que es necesario un cambio de actitudes en la sociedad y en las personas para que la fe germine y de frutos, y sea un componente de importancia en los tiempos escatológicos.

Parábola del fariseo y el publicano

A algunos que estaban seguros de ser justos por sí mismos
y que despreciaban a los demás,
Jesús les contó esta parábola:
"Dos hombres subieron al templo a orar;
uno era fariseo y el otro, recaudador de impuestos.
El fariseo se puso a orar consigo mismo:
'Oh Dios, te doy gracias porque no soy como otros hombres
—ladrones, malhechores, adúlteros—
ni mucho menos como ese recaudador de impuestos.
Ayuno dos veces a la semana
y doy la décima parte de todo lo que recibo'.
En cambio, el recaudador de impuestos,
que se había quedado a cierta distancia,
ni siquiera se atrevía a alzar la vista al cielo,
sino que se golpeaba el pecho y decía:
'¡Oh Dios, ten compasión de mí, que soy pecador!'
"Les digo que este, y no aquél,
volvió a su casa justificado ante Dios.
Pues todo el que a sí mismo se enaltece será humillado,
y el que se humilla será enaltecido" ".
Lucas 18.9-14

La parábola

Una vez más tenemos una parábola de contrastes, de actitudes opuestas, de comprensiones diferentes de la vida. La narración contrapone las oraciones y las actitudes que esas plegarias presuponen de dos personas esencialmente religiosas. Los dos hombres están demostrando sus comprensiones de la religión, la piedad y la espiritualidad, y manifiestan sus entendimientos de la oración y de la vida. Uno de los protagonistas del relato, ora consigo mismo; el otro, ni siquiera se siente digno de alzar su cabeza, era ciertamente un símbolo de humillación. Y la pregunta del Señor es directa: ¿quién de las dos personas que oran será justificado ante Dios?

La estructura de la parábola nos puede ayudar a identificar los temas de importancia:

1. Introducción del relato (Lc 18.9).
2. El contenido de la narración (vv. 10-13).

3. La oración del fariseo (vv. 11-12).
4. La oración del publicano (v. 13).
5. La evaluación del narrador de las oraciones (v. 14a).
6. La afirmación ética final (v. 14b).

Las dos oraciones comienzan de forma similar, pues se dirigen a Dios. La crisis llega al estudiar el contenido de las plegarias. La primera oración, aunque se "dirigía" a Dios, en verdad era una conversación consigo mismo, una afirmación de sí mismo en voz alta ante la comunidad religiosa, una especie de afirmación pública de sus virtudes.

El fariseo, en ese ejercicio fútil de piedad artificial, espiritualidad vacía y religiosidad enajenante, identificó a las personas que él entendía eran indeseables: por ejemplo, ladrones, malhechores y adúlteros. Y cuando evaluó el ambiente que le rodeaba, también incluyó al publicano o recolector de impuestos, como un tipo de persona rechazada por la comunidad a la cual el fariseo no se quería parecer. El catálogo de pecadores incluía personas con dificultades éticas en los mundos amplios de la honestidad personal, familiar y comunal.

La parábola también presenta al publicano en oración en el mismo lugar y ambiente. Sin embargo, en contraposición a la auto plegaria del fariseo, el relato transmite una actitud diferente en el publicano, un sentido de humildad identificable, un tipo de piedad sincera, una oración humilde, una espriritualidad grata. Su plegaria implora misericordia y reclama una manifestación de la compasión divina por su naturaleza pecadora. Este clamor es un buen ejemplo de la piedad que se relaciona con los ciudadanos del Reino de los cielos. La humildad y el reconocimiento de la naturaleza pecaminosa del ser humano, son características indispensables de las personas que siguen los valores y las enseñanzas de Jesús.

Una vez el narrador inquiere sobre los dos tipos de oraciones y las diferentes actitudes ante Dios y ante sus semejantes, llega el mensaje contundente de la parábola: las personas que se llenan de orgullo y se enaltecen a ellas mismas serán humilladas en la vida; y las que se presentan con humildad, sin embargo, serán enaltecidas. El camino que lleva a la bendición divina pasa por la humildad, no por el orgullo. El sendero del triunfo de los ciudadanos del Reino se asocia a la piedad, la sencillez, la sobriedad, el reconocimiento de gracia divina y la aceptación de la fragilidad y pecaminosidad humana. El orgullo, la altivez, el prejuicio, la inmisericordia y la hostilidad no tienen espacio en los estilos de vida y las actitudes de los seguidores de Jesús.

La enseñanza de la parábola asocia las formas de oración con las recompensas divinas; relaciona la percepción que se tenga de uno mismo y de la comunidad, con la manifestación de honra y reconocimiento público de parte de Dios. La narración pone de relieve un Dios que toma en cuenta las actitudes y los sentimientos de los adoradores y de las personas que oran. Desde esta perspectiva, la oración no solo incentiva el grato y transformador dialogo divino-humano, sino contribuye positivamente a la salud espiritual y mental de los creyentes, pues incentiva una auto comprensión adecuada de las personas.

La cultura

En las sociedades palestinas del Nuevo Testamento se pone claramente de manifiesto el aprecio a los grupos fariseos. En efecto, eran sectores de la comunidad muy respetados y reconocidos, pues entre sus miembros había personas justas y muy deseosas de cumplir con la Ley de Moisés. Se preocupaban por cumplir la voluntad de Dios, desde los detalles más sencillos hasta las recomendaciones más complicadas. Y sus interpretaciones y enseñanzas sobre la vida y las actividades religiosas eran muy bien recibidas y apreciadas en las comunidades judías.

El fariseo de la parábola supera los niveles comunes del fariseísmo. El ayuno tradicional judío era requerido anualmente en el Día de la expiación. También, cuando los judíos piadosos enfrentaban adversidades y conflictos serios en la vida, recurrían al ayuno como vehículo religioso para implorar y recibir la bendición de Dios. Esas referencias al ayuno dos veces por semana (posiblemente, lunes y jueves) destaca su piedad y quizá alude a sus oraciones por todo el pueblo de Israel. Su comprensión del diezmo revela su buen estilo de vida, que estaba fundamentado en las tradiciones judías que afirmaba su comunidad farisea. De acuerdo con las normas de su grupo de apoyo, el fariseo era una persona de bien, que cumplía a cabalidad con las estipulaciones religiosas de su comunidad. ¡Era un buen ejemplo para el pueblo!

La actitud del fariseo en la parábola hacia los publicanos y cobradores de impuestos pone de relieve el extremo opuesto del panorama religioso de la época. Las personas que recogían los impuestos eran agentes del gobierno general en la comunidad local, que se dedicaban a recibir del pueblo el pago relacionado con los censos, las ventas, los viajes y las herencias. Generalmente, no eran bien vistos en sus comunidades.

Había en la antigüedad un proceso legal para llegar a cumplir esta labor fiscal en la sociedad. Los recaudadores de impuestos compraban el derecho para llevar a efecto sus labores en regiones específicas, y una vez pagaban lo pautado a las autoridades en Jerusalén, lo que añadían en la transacción fiscal quedaba como beneficio y ganancia. En las comunidades judías, como presupone la parábola, los recaudadores de impuestos eran considerados traidores, pues eran agentes del sistema económico y político que propiciaba la presencia y opresión romana en toda la Palestina antigua. Eran vistos como representantes del imperio romano, que era responsable de sus calamidades, angustias, pobrezas y dolores.

Los impuestos por las operaciones diarias de las personas, los comercios y los transeúntes eran muchos, a los que debemos añadir lo que se debía cobrar para apoyar los servicios que se ofrecían en el Templo de Jerusalén. La percepción general de la comunidad judía de los cobradores era muy negativa, pues los relacionaban con la falta de honradez y la corrupción, y hasta con asesinatos y robos.

La crisis en la parábola se revela en el rol que se brinda a los dos personajes. El fariseo es visto como hipócrita y falto de la esencia verdadera de la religión; y el recaudador de impuestos es presentado como hombre de oración, humilde y piadoso. Ante los oídos de la comunidad judía antigua, ¡esa comparación era casi inimaginable!

Con esta enseñanza, Jesús desafiaba radicalmente la comprensión tradicional de los dos grupos aludidos. La respuesta inmediata de los líderes religiosos judíos que escuchaban la enseñanza de Jesús no debió haber sido muy positiva. Esta parábola revisa con criticidad los prejuicios que las personas tienen hacia los diversos grupos de la sociedad; y esos prejuicios pueden ser erroneamente negativos o positivos.

En efecto, el Reino de los cielos demanda un nuevo entendimiento de la vida y de sus protagonistas. Más importantes que las palabras que se utilicen en las plegarias públicas o privadas están los sentimientos, los valores que sirven de marco de referencia a las oraciones y la intención de las personas que oran. La oración verdadera no es una demostración pública y orgullosa de piedad, sino una petición sobria de misericordia, una demostración humilde de espiritualidad.

Las implicaciones

La interpretación de esta parábola tradicionalmente ha sido directa y sin muchas complicaciones. En ocasiones, el fariseo representa a los judíos y el publicano, a los gentiles. También esta enseñanza se ha asociado a los conflictos que generan las actitudes prepotentes y orgullosas, en contraposición a las dinámicas relacionadas con la humildad y la sencillez. Inclusive, la parábola se ha utilizado como una representación de los estilos de vida de la gente, y como expresiones de lo que puede llegar a convertirse una experiencia religiosa: los ambientes de orgullo y egocentrismo generan prejuicios y rechazos; pero las demostraciones de humildad son agentes de liberación y esperanza.

La evaluación sobria de la parábola, además, puede encontrar en la narración un llamado a cambiar las prácticas religiosas tradicionales del judaísmo. La oración, el ayuno y los diezmos son pilares de la experiencia religiosa asociadas a la Ley de Moisés. Con esta parábola, sin embargo, Jesús reclama que esas prácticas, si no se relacionan con las actitudes espirituales y éticas correctas, no son adecuadas ni efectivas. En este sentido, el Señor afirmaba la teología y los valores explícitos en el libro de Isaías, respecto a la religión en general y el ayuno en particular (Is 58). La religión verdadera se demuestra en los apoyos que se brindan a las personas en cautiverio y necesidad.

La comparación que se revela en la parábola puede ser una forma de disminuir el valor de las demostraciones públicas de piedad, que pueden reflejar arrogancia personal y desdén hacia sectores heridos de la sociedad. El llamado de Jesús es, en la narración, a sustituir esas acciones religiosas cargadas de superficialidad y protagonismo, por una espiritualidad sana, una vida responsable, unos sentimientos puros, unas actitudes nobles y unas decisiones justas. Para Jesús, había que transformar la religión, para que pudiera responder adecuadamente a la voluntad de Dios y no a las interpretaciones mecánicas y de conveniencia de los líderes de su época.

Los prejuicios sociales, étnicos, económicos, religiosos o de género no tienen espacio en la formulación y vivencia de la piedad del Reino. La enseñanza del Señor requiere algo más que una experiencia religiosa superficial o enfermiza, demanda un estilo de vida saludable y grato, que manifieste de forma espontánea los valores espirituales que se desprenden de los reclamos del Reino.

Los dos hombres en la enseñanza de Jesús se presentan como polos opuestos, representan directamente dos comprensiones de la religión y la vida que están diametralmente en conflicto. Sin embargo, el estudio de las tradiciones judías de la época revela que la parábola no es una exageración fuera de la realidad. Tanto en el mundo antiguo como en la sociedad contemporánea se pueden identificar ejemplos de cada una de esas actitudes. Son personas que no tienen una comprensión saludable de las funciones de la experiencia religiosa en la vida.

La experiencia religiosa, en efecto, puede generar actitudes de superioridad y reacciones de humildad. El secreto, sin embargo, para moverse efectivamente del mundo de la religión enfermiza al otro de la salud mental y espiritual, es la humildad y la sencillez, que se contraponen directamente al orgullo, la arrogancia y la altivez. El mensaje de la parábola de Jesús revela sabiduría: ¡quienes se humillan serán ensalzados y quienes se ensalzan serán humillados!

El camino correcto para disfrutar una experiencia religiosa saludable y liberadora se relaciona con la oración, la humildad y la piedad. Las experiencias religiosas tóxicas destacan lo superficial de las ceremonias y los protocolos, mientras que la espiritualidad saludable genera personas sobrias, sabias, prudentes, humildes, respetuosas e íntegras.

Los reclamos del Reino, de acuerdo con el mensaje de Jesús, demandan personas espiritualmente sanas que vivan, no para criticar o enjuiciar a otras personas o grupos, sino que estén orientadas al servicio, el amor, la paz, el perdón, la misericordia… Los dos casos que presenta la narración de Jesús, no solo aluden a las comunidades judías de la antigüedad, sino que se manifiestan con fuerza en el fenómeno religioso contemporáneo. El gran secreto de la religión que representa los valores del Reino es que está orientada al servicio y a las personas en necesidad desde la perspectiva de la humildad.

Quizá hay una enseñanza adicional en esta parábola del fariseo y el publicano. ¿Qué es lo que Dios considera en la vida como justicia? Las acciones de las personas que no se fundamentan en el amor, la solidaridad, el perdón y la misericordia, no son consideradas como justas ante Dios. Y esa singular enseñanza de Jesús debió haber sido muy difícil de asimilar y aceptar para los sectores de liderato tradicional del judaísmo. Si la base de las decisiones en la vida no se relaciona con los valores del Reino, se separan de la justicia y se transforman en sistemas que oprimen, cautivan y hieren las sensibilidades más hondas del alma humana.

Los líderes de los fariseos entendían que lo importante en las demostraciones de piedad eran las manifestaciones externas. Seguir los protocolos establecidos era lo correcto. Jesús de Nazaret presenta otra alternativa, en la que se destaca la piedad verdadera que nace en el corazón de las personas. En la parábola, la verdadera piedad no está asociada a la religión tradicional, sino a las expresiones y oraciones a Dios que salen del corazón de forma espontánea. El Reino reclama personas que se presentan ante Dios en humildad, para que se conviertan en ejemplos que lleguen a todos los sectores de la sociedad, incluyendo las comunidades religiosas.

08
Parábolas del Reino y la escatología

Parábola de la red

"También se parece el reino de los cielos a una red echada al lago,
que recoge peces de toda clase.
Cuando se llena, los pescadores la sacan a la orilla,
se sientan y recogen en canastas los peces buenos,
y desechan los malos.
Así será al fin del mundo.
Vendrán los ángeles y apartarán de los justos a los malvados,
y los arrojarán al horno encendido,
donde habrá llanto y rechinar de dientes".
Mateo 13.47-50

La parábola

Los niveles escatológicos del Reino de los cielos se ponen de manifiesto con claridad en diversas parábolas y enseñanzas de Jesús. El Reino no solo es una realidad histórica e inmediata en la vida y teología de Jesús de Nazaret, sino que tiene repercusiones futuras extraordinarias, pues llegan a niveles escatológicos. Inclusive, la oración modelo del Señor, el *Padrenuestro*, alude al tema cuando afirma "venga tu Reino", que es una manera teológica de presentar, afirmar y promover sus niveles escatológicos de la enseñanza.

Aunque el tema del Reino o del Reinado de Dios estaba presente en el ministerio histórico y transformador de Jesús, sus virtudes espirituales no se agotaban en las vivencias y realidades políticas, sociales y religiosas de su época. En efecto, el Reino apunta hacia un nivel adicional en el futuro indeterminado, en el porvenir indescriptible, en el mañana inimaginable. El componente escatológico acompaña la teología del Reino desde los comienzos mismo del ministerio de Jesús y desde el inicio de sus enseñanzas en parábolas. No es un tema secundario la escatología del Reino en las enseñanzas del joven rabino galileo.

En su manifestación plena, el Reino incorpora un muy importante componente de esperanza, una dimensión escatológica, un elemento del futuro indescriptible. Jesús incluyó en sus mensajes una serie de parábolas del Reino que nos pueden ayudar a comprender mejor ese componente de futuro y de porvenir. Esos mensajes generan esperanza en el pueblo, porque afirman el cumplimiento de las antiguas promesas divinas hechas al pueblo de Israel. En Jesús la escatología tradicional del Antiguo Testamento, especialmente la que se manifestaba en los mensajes de los profetas, se hacía realidad y llegaba a su tiempo de cumplimiento.

Ciertamente, el Jesús histórico entendió muy bien esa necesidad teológica y anhelo histórico del pueblo, y afirmó en sus mensajes el tema del Reino de los cielos con sus implicaciones escatológicas de esperanza y liberación. El Dios bíblico, de acuerdo con las enseñanzas de Jesús, cumple sus promesas, que en este caso se relaciona con el advenimiento del Reino de Dios al pueblo de Israel y a la humanidad. El Reino de los cielos anunciado por Jesús es el cumplimiento de las antiguas promesas divinas al pueblo de Israel.

La *Parábola de la red* es una de las que explora el tema escatológico y alude directamente al Reino. Esa referencia de futuro indeterminado o al "fin del mundo" no solo está explícita en el relato, sino que se presupone, pues la parábola está inmersa en Mateo 13, donde el evangelista presenta de forma reiterada el Reino y sus dimensiones presentes y futuras. Y el lenguaje utilizado en la enseñanza de *la red* es similar al usado en la *Parábola del trigo y la cizaña*.

La parábola es clara, corta y directa. El Reino de los cielos es semejante a una red que se echa al lago y recoge multitud de peces. Cuando se llena la canasta, llevan los pescados a la orilla del lago, para clasificarlos entre los buenos y los malos. Esa dinámica, que se relaciona con la identificación de bondades, virtudes, defectos y dificultades, es un signo claro de lo que sucederá al final de los tiempos. Se identificarán las personas que siguieron los valores del Reino de las que rechazaron o subestimaron el mensaje de Jesús.

En esa época escatológica, según la parábola, vendrán los ángeles de Dios, que tendrán la responsabilidad directa de identificar y separar las personas y echar, a las que han actuado con maldad, al horno encendido. La afirmación final es de juicio: allí será el llanto y el rechinar o crujir de dientes, que son imágenes de dolor intenso y sufrimiento extremo. La narración se mueve de las dinámicas normales de la pesca a niveles escatológicos asociados al juicio divino. Se presenta el ambiente del juicio asociado a las personas que rechazan las virtudes del Reino, de acuerdo con las enseñanzas del Señor.

Esta parábola no tiene presencia en los Evangelios de Marcos ni de Lucas; sin embargo, Tomás incluye una narración similar (Tom 8), que no necesariamente indica dependencia literaria. Posiblemente, versiones de esta parábola, con algunas diferencias, circularon entre diversas iglesias en las comunidades neotestamentarias. Y esa presencia en el Evangelio de Tomás, puede ser una buena indicación de que la parábola proviene directamente de Jesús.

La cultura

En una sociedad donde la pesca abunda, son varias las referencias a los instrumentos de trabajo de los pescadores. En el lago de la Galilea se utilizaban diversos tipos de redes, dependiendo del tipo de pesca que se deseaba. En el caso de esta narración de Jesús, puede tratarse de una especie de tejido o red que generalmente era bastante larga, que tenía varios flotadores de corcho para identificar dónde estaban los peces. Las formas de utilizarlas eran principalmente dos: podían tenderse entre dos barcos y halarla para llevar a efecto la pesca; otra posibilidad es tirar la red desde un barco, pero tendrían los pescadores que halarla hasta llegar a la orilla.

En el lago de la Galilea había en esa época unas veinticuatro especies diferentes de peces. Y había peces comestibles y otros, que tradicionalmente no eran consumidos por la comunidad judía. De acuerdo con la Ley de Moisés, los peces comestibles debían tener escamas y aletas; los que no tenían esas características físicas, eran impuros, no aptos para el consumo humano (Lv 11.9-10). En el lago de la Galilea había los dos tipos de peces, puros e impuros, por esa razón se requería la identificación de los comestibles y la separación de los que no cumplían con las regulaciones de pureza, según las leyes judías.

Las implicaciones

Las interpretaciones de esta parábola la han relacionado con el ministerio de la iglesia. La iglesia es la red y el lago, el mundo. Y como en el mundo hay todo tipo de personas, buenas y malas, se necesita al final de los tiempos algún tipo de proceso para discernir, separar y llevar a efecto la justicia el día final.

La referencia al horno se relaciona directamente con el juicio divino del infierno; el llanto y crujir de dientes es la forma de describir el dolor y las penurias de la separación de Dios. En esta narración, la justicia divina no solo tiene sentido histórico de inmediatez, sino que incluye adversas repercusiones futuras y escatológicas. De esta forma se destacan los dos componentes primordiales del Reino: los históricos y los escatológicos.

La lectura cuidadosa de la parábola descubre otros detalles de importancia, como el trasfondo bíblico del relato. De acuerdo con el profeta Habacuc (Hab 1.14-17), Dios hace que las personas sean como peces y le ha permitido a Babilonia utilizar las redes para atrapar al pueblo. Entre los mensajes de Ezequiel (Ez 32.3), se indica que el Señor extenderá su red sobre el faraón de Egipto, en un acto extraordinario de juicio divino. La imagen de la red ya ha sido utilizada en la literatura profética del pueblo de Israel. Y Jesús se incorpora en esa tradición profética en la cual el juicio divino juega un papel primordial. Una vez más se pone claramente de manifiesto el componente profético del ministerio del Señor.

En nuestra parábola, y posiblemente con este trasfondo profético, se afirma que en la red se pescan buenos y malos peces, que es una manera de ver, comprender e interpretar la vida y la existencia humana. Hay un carácter mixto en la pesca, que el pescador no ve en el lago, pues se requiere tiempo para hacer la separación y llevar a efecto los procesos de discernimiento. Y esa separación debe ser hecha, de acuerdo con la narración evangélica, por los "ángeles" o enviados de Dios. Esa afirmación teológica, implica que ese es un acto de gran importancia, que requiere la intervención divina para que se haga con efectividad. En efecto, el juicio divino es parte de la teología del Reino y tiene un papel de importancia en las enseñanzas de Jesús.

La red en el pensamiento judío no siempre es una imagen negativa del juicio de Dios. Entre los mensajes de esperanza en torno al futuro que presenta el profeta Ezequiel (Ez 47.10), se indica que la pesca en el río del nuevo Templo, que ciertamente es una imagen ideal y escatológica, es un muy importante signo de bendición divina. La visión del profeta es que la pesca pone de relieve la abundancia, la misericordia y el amor de Dios.

Una pregunta que surge del análisis de esta parábola es respecto al Reino y la maldad. ¿Si ya el Reino ha llegado con la vida y el ministerio de Jesús, por qué todavía se manifiesta el mal en las sociedades? Para responder a este pertinente e importante interrogante hay que indicar que el tiempo de Jesús, en el cual el Reino ha llegado, no es el momento del juicio final y definitivo. El Reino se devela de forma paulatina hasta llegar a la dimensión escatológica.

En la *Parábola del trigo y la cizaña* se indica que la maldad existe juntamente con la bondad en medio de la historia, pero que es en el tiempo de la siega futura cuando se separan los frutos buenos y malos. En la narración de *la red* se afirma que, ciertamente, la separación entre la bondad y la maldad se va a llevar a efecto, pero que ese acto de análisis, discernimiento y separación será en el día del fin, no en el tiempo ni la historia humana, sino en el período del porvenir, en el mañana escatológico.

El énfasis pedagógico de la parábola es que la separación final es segura y que la maldad se excluirá del Reino. Y según el relato, la maldad y sus representantes, serán echados al horno, donde hay llanto y dolor. La imagen teológica y educativa de la parábola es clara y segura: la maldad tiene su tiempo, que finalizará completamente en el momento que se manifiesten de forma definitiva las dimensiones escatológicas del Reino.

Parábola del siervo fiel y prudente

"¿Quién es el siervo fiel y prudente
a quien su señor ha dejado encargado de los sirvientes
para darles la comida a su debido tiempo?
Dichoso el siervo cuando su señor, al regresar,
lo encuentra cumpliendo con su deber.
Les aseguro que lo pondrá a cargo de todos sus bienes.
Pero qué tal si ese siervo malo se pone a pensar:
'Mi señor se está demorando',
y luego comienza a golpear a sus compañeros,
y a comer y beber con los borrachos.
El día en que el siervo menos lo espere
y a la hora menos pensada el señor volverá.
Lo castigará severamente
y le impondrá la condena que reciben los hipócritas.
Y habrá llanto y rechinar de dientes".
Mateo 24.45-51

La parábola

La *Parábola del siervo prudente y fiel* no ha sido la más estudiada y analizada a través de la historia. Es un relato corto de comparación, donde un señor delega la alimentación de sus sirvientes a otro siervo que se convirtió líder del grupo. El relato contrapone dos posibles actitudes del siervo: una es de responsabilidad y profesionalismo y la otra, de irresponsabilidad y hostilidad. La primera actitud describe a una persona buena y noble, un siervo fiel; la segunda, relacionada con el siervo infiel, destaca la irresponsabilidad, la maldad y la falta del sentido del deber y del honor. La enseñanza se desprende de la dinámica de oposición de las dos actitudes.

La narración continúa con la llegada del señor de los sirvientes, en el momento menos esperado. El señor que regresa espera recibir buenos informes del trabajo del siervo líder en su ausencia. Y ante los informes negativos y la evaluación sobria de los hechos del siervo irresponsable, lo castigará con fuerza y le impondrá la pena que recibe la gente hipócrita, que se asocia directamente con el llanto y el crujir de dientes, que son símbolos de dolor intenso y agonía profunda. Esta sección final del relato, de acuerdo con la parábola, incorpora el componente escatológico en la enseñanza.

Esta parábola tiene un paralelo cercano en Lucas 12.42-46, y las diferencias son generalmente de naturaleza estilística que no afectan mucho el proceso hermenéutico.

La cultura

La palabra griega que se utiliza para los sirvientes es *doulos*, que generalmente se traduce como "esclavos". En la antigüedad era posible que algún dueño o figura pública le pidiera a algún esclavo que ejerciera liderato de autoridad sobre bienes y personas (Gn 39.4-8; 41.39-43; Sal 104). En nuestra parábola, ese siervo (o "esclavo") era la persona responsable de un área de fundamental importancia en la sociedad: la administración y distribución de alimentos. Se trataba de una tarea de gran responsabilidad, pues estaba a cargo de la salud y el bienestar de otros sirvientes y esclavos, que representaban la fuerza laboral de esa comunidad. Y sin esa fuerza laboral bien alimentada y atendida, la infraestructura del trabajo y los servicios en la comunidad se debilitaban, y se afectaba adversamente el balance económico de la ciudad.

Las referencias a las malas actitudes del siervo, al golpear los esclavos y emborracharse, revelan un componente de insanidad y desorientación respecto a la tarea asignada. Muestra un nivel de poca responsabilidad referente a las labores que se le habían encomendado. El siervo no actuó de acuerdo con la naturaleza de sus responsabilidades, y sus decisiones revelan, no solo poco juicio administrativo, sino también descontrol personal.

La dirección efectiva de los diversos procesos sociales y administrativos requieren de personas sobrias y sabias para ejecutar las directrices recibidas y cumplir los objetivos encomendados. La mala atención de ese sector laboral de las comunidades atentaba contra el bien común del pueblo. Es decir, las actitudes poco responsables del siervo líder podían tener repercusiones nefastas para el bienestar de la comunidad. En el Reino, los siervos y líderes deben mostrar un gran nivel de responsabilidad, además de estar conscientes de las influencias que ejercen en la comunidad sus decisiones y actividades.

Las implicaciones

Una forma de entender esta parábola es relacionar al señor de los siervos con el Señor de la iglesia. Cristo tiene la autoridad y responsabilidad de guiar y afirmar el trabajo de los discípulos y creyentes. En ese proceso de orientación y apoyo, se encuentra con dos reacciones diametralmente opuestas: una de obediencia y compromiso con los valores del Reino, que presenta Jesús como Señor; la otra, es el rechazo a los valores de honestidad y respeto, y a la demostración de comportamientos impropios y hasta violentos. Jesús afirma en esta enseñanza la importancia de la obediencia y la dignidad humana en el servicio a la comunidad. Un reclamo importante del Reino de Dios, de acuerdo a la narración evangélica, es que los seres humanos deben ser tratados con respeto, decoro y dignidad.

La descripción de los comportamientos opuestos entre los siervos pone de relieve la enseñanza central de la parábola. Un siervo demostró integridad y recibió su recompensa por sus acciones profesionales y efectivas. El segundo siervo, al poner de manifiesto su falta de valores y vida desorientada, fue tratado como hipócrita y recibió el castigo que simboliza el dolor intenso. Las acciones humanas tienen consecuencias serias, pues serán evaluadas de acuerdo con los valores del Reino que se presentan y describen en los mensajes de Jesús. Y la referencia a la actitud de hipocresía del siervo, revela claramente que ese comportamiento no revela los valores del Reino y muestra una singular intención de engañar a la comunidad.

Una forma alterna de leer y comprender esta narración explora la posibilidad de que Jesús le estuviera hablando a los líderes religiosos de la comunidad judía. Los confrontaba con sus decisiones, actitudes e interpretaciones de la Ley, que para el Señor, eran manifestaciones claras y directas de infidelidad e hipocresía. Un día, decía Jesús, Dios les pedirá directamente cuentas por sus acciones contra el pueblo, que podían llegar hasta los niveles de violencia que se presentan en la parábola. La hipocresía de sus enseñanzas los podía llevar a recibir el castigo severo.

De esa forma Jesús contrapone los valores de la honestidad y responsabilidad del Reino, con las actitudes hipócritas e impertinentes de los representantes de la religión oficial. La hipocresía de esos líderes podía consistir en reclamar de la comunidad judía en general, lo que ellos como líderes no podían ni estaban dispuestos a cumplir.

Esta parábola también se ha entendido como una muy seria afirmación escatológica. El Señor motiva a sus discípulos a perseverar y mantenerse fieles en medio de las realidades complejas de la vida. La manifestación plena y final del Reino se hará realidad. Y para evitar el juicio divino hay que vivir de acuerdo con los valores promulgados por Jesús, en sus enseñanzas en general y en las parábolas en particular. En ese contexto ético y espiritual era fundamental evitar la hipocresía para vivir de acuerdo con los valores del Reino que incluían el amor, la misericordia, el perdón y la paz.

Algunos estudiosos entienden, además, que esta es una parábola que proviene directa y esencialmente del ministerio de la iglesia, luego de la crucifixión de Jesús y resurrección de Cristo. Inspirada en los mensajes del rabino galileo, los primeros cristianos desarrollaron esta parábola para motivar a sus líderes a cumplir con sus responsabilidades pastorales y encomiendas misioneras.

Esa comprensión del origen de esta enseñanza destaca las dinámicas internas de las congregaciones, al comienzo de su tarea misionera y pastoral luego de la ausencia física del Señor. Las decisiones y acciones de los líderes cristianos tienen consecuencias ulteriores. Algunas de esas consecuencias, son positivas y gratas; otras, implican dolor y juicio.

Con las enseñanzas de esta parábola se pone en evidencia clara la importancia de identificar y comprender la dimensión escatológica en el mensaje de Jesús y de las iglesias. Las comprensiones del mensaje cristiano, sin el componente del futuro o las implicaciones escatológicas, no hacen justicia a las enseñanzas del famoso maestro nazareno. El problema del mal en el mundo y la historia tiene implicaciones contextuales y personales, pero también tiene repercusiones futuras y secuelas para el porvenir. Y esos componentes escatológicos provienen directamente de las enseñanzas del Reino que promulgaba y vivía Jesús de Nazaret.

Las personas deben entender, de acuerdo con la parábola, que las consecuencias de sus acciones no se agotan en la historia. Esa comprensión escatológica del mensaje de Jesús y de las iglesias pueden ayudarles a revisar las actitudes diarias que no reflejan los valores del Reino, que incluyen la justicia, la paz, la dignidad humana, el respeto, la honestidad, la misericordia, el amor...

Parábola de las diez vírgenes

"El reino de los cielos será entonces como diez jóvenes solteras
que tomaron sus lámparas y salieron a recibir al novio.
Cinco de ellas eran insensatas y cinco prudentes.
Las insensatas llevaron sus lámparas,
pero no se abastecieron de aceite.
En cambio, las prudentes
llevaron vasijas de aceite junto con sus lámparas.
Y como el novio tardaba en llegar,
a todas les dio sueño y se durmieron.
A medianoche se oyó un grito:
'¡Ahí viene el novio! ¡Salgan a recibirlo!'
Entonces todas las jóvenes se despertaron
y se pusieron a preparar sus lámparas.
Las insensatas dijeron a las prudentes:
'Dennos un poco de su aceite
porque nuestras lámparas se están apagando'.
'No —respondieron estas—
porque así no va a alcanzar ni para nosotras ni para ustedes.
Es mejor que vayan a los que venden aceite,
y compren para ustedes mismas'.
Pero mientras iban a comprar el aceite llegó el novio,
y las jóvenes que estaban preparadas
entraron con él al banquete de bodas.
Y se cerró la puerta.
Después llegaron también las otras.
¡Señor! ¡Señor! —suplicaban. ¡Ábrenos la puerta!'
'¡No, no las conozco!', respondió él.
"Por tanto —agregó Jesús—
manténganse despiertos
porque no saben ni el día ni la hora" ".
Mateo 25.1-13

La parábola

La *Parábola de las diez vírgenes* es un muy buen ejemplo de la capacidad narrativa de Jesús; además, pone en evidencia clara una vez más sus preocupaciones escatológicas. Las diez jóvenes están interesadas en ir a la celebración de bodas con el novio, pero deben estar adecuadamente preparadas para participar del evento. La enseñanza distingue entre los comportamientos prudentes y efectivos, las actitudes no visionarias e imprudentes, las decisiones pensadas y las improvisadas. Una vez más, las parábolas de Jesús ponen en clara contraposición dos tipos de actitudes en la vida, que en este caso se identifican como "prudentes" e "imprudentes".

La narración está muy bien articulada. El Reino de los cielos será como diez jóvenes solteras que esperaban la visita del novio para asistir a la fiesta de bodas. Las diez estaban conscientes que necesitaban prepararse bien para esa llegada inminente. Y en medio del proceso, buscaron sus lámparas para esperar la noche, el instante oportuno, el momento de celebración. Aunque hicieron alguna gestión, no todas se prepararon bien para recibir al novio.

Como el tiempo pasaba, y la llegada del novio no se materializaba, a las jóvenes les dio sueño y se fueron a dormir. Esta introducción dibuja el contexto general de la enseñanza. Sin embargo, hay un detalle de importancia que divide el grupo. Cinco jóvenes, que se identifican como prudentes o sabias, se prepararon adecuadamente para la llegada del novio con sus lámparas y con aceites, por si el tiempo se demoraba. Las otras cinco, llevaron sus lámparas, pero no se abastecieron de manera efectiva del aceite necesario y son identificadas como insensatas o imprudentes en la narración. La contraposición es clara y directa: la prudencia se contrapone a la insensatez; la sabiduría se separa de la imprudencia, las buenas decisiones superan las acciones impensadas e improvisadas.

Mientras las diez jóvenes duermen, a la media noche, se oye una voz que rompe el silencio nocturnal y anuncia la llegada del novio. Es en ese contexto que la narración llega a su clímax: las jóvenes prudentes estaban preparadas con su aceite para llegar ante el novio; las insensatas no estaban bien preparadas para la ocasión. Cuando las insensatas piden apoyo a las prudentes, la respuesta es negativa porque se exponían a que se acabara el aceite y ninguna pudiera participar de la fiesta y el banquete de bodas.

La enseñanza es múltiple. Para comenzar, se afirma la prudencia como un valor indispensable en la vida, para participar del banquete del novio. A su vez, la insensatez no es una cualidad que prepara a las jóvenes a llegar a donde deseaban llegar, a la celebración de las bodas. Cuando llegó la hora de la celebración, se cerró la puerta. La prudencia les permitió lograr el objetivo para el cual se habían preparado; la insensatez impidió que lograran sus metas, que alcanzaran sus objetivos. La prudencia contribuye positivamente a lograr las metas en la existencia humana, mientras que la insensatez es un obstáculo mayor para alcanzar los objetivos de los proyectos en la vida.

Las jóvenes insensatas llegaron tarde, llamaron a la puerta y recibieron una respuesta negativa y firme del grupo que se caracterizaba por la prudencia. El novio respondió: "no las conozco". Y afirma la narración que en la vida hay que estar preparados porque nadie conoce la hora cuando el Reino de los cielos llegará a su manifestación plena y total. El mensaje es contundente: el "no las conozco" pone de relieve un rechazo firme y decidido, sin posibilidades de cambio. Al no conocerlas, no había responsabilidad alguna para recibirlas, atenderlas o abrirles la puerta. La insensatez le abrió las puertas a la derrota, a la frustración, a la caída, a la desesperanza.

Respecto a esta parábola en el Evangelio de Mateo, hay que destacar el uso múltiple de la importante frase "nadie sabe el día ni la hora" (Mt 24.36,42,44,50; 25.13), que es una manera de revelar y enfatizar el componente escatológico en las enseñanzas de Jesús. A esa referencia teológica inicial, debemos añadir expresiones de importancia como "velar" (Mt 24.42-43; 25.13), "sabio" (Mt 24.45; 25.4,8,9), "preparado" (Mt 24.44; 25.10) y "tardanza" (Mt 24.48;25.5), que le brindan a esta parábola el sabor escatológico que manifiesta. El idioma de la narración es revelador de las intenciones teológicas y escatológicas de las enseñanzas del Señor.

Desconocer el día o la hora era una forma elocuente de incorporar el elemento del misterio en la teología del Reino. El Reino se manifiesta con autoridad y virtud en la vida y las enseñanzas de Jesús, pero la manifestación escatológica y futura de ese reinado divino, supera los límites del conocimiento humano. El tema del relato incluye un singular elemento de tiempo desconocido, de sorpresa; el Reino presenta un componente imprevisto e impredecible.

La cultura

En la cultura del Nuevo Testamento la edad para que las jóvenes pudieran contraer matrimonio era los doce años —cuando les llegaba la pubertad— y los varones debían tener, por lo menos, dieciocho años. Además de ese detalle referente a la edad propicia para las bodas, la información sobre las costumbres nupciales de la antigua Palestina no es abundante. Posiblemente los detalles de las celebraciones variaban de lugar en lugar y de cultura en cultura.

El anuncio del compromiso matrimonial, en las tradiciones judías, se hacía regularmente en la casa del padre de la novia. Ese evento se celebraba con fiestas, y la celebración podía durar varios días. En esa etapa inicial la novia permanecía en su casa, con sus padres. El día de la boda, la novia, que previamente había sido preparada con vestimentas especiales, adornos y perfumes, era escoltada al anochecer a la casa del novio y sus padres, en una procesión festiva de familiares y amigos.

Cuando el séquito nupcial llegaba a la casa del novio, las celebraciones continuaban. El novio recibía a su prometida en la puerta y la llevaba al interior del hogar, para recibir las bendiciones relacionadas con ese tipo de celebración de bodas, ¡que podía durar hasta siete días adicionales! Era la unión de no solo dos personas, sino de dos familias.

En algunos textos antiguos se indica que los novios paseaban la comunidad juntos hasta llegar al lugar del banquete y la celebración final. Era un deber cultural y religioso, que la familia y la comunidad en general se incorporaran en la celebración. ¡Era un evento social en el cual toda la comunidad participaba! Se trataba de una actividad fundamental para la pareja, las familias y la comunidad, pues representaba la afirmación de la familia, que constituía el bloque indispensable y necesario en la estructura social de los pueblos.

Las implicaciones

Tradicionalmente las iglesias han interpretado esta parábola como la presentación de la teología del juicio final que le espera a la humanidad. Los símbolos mayores en la narración se han identificado regularmente con cierta similitud. La imagen del novio se relaciona con Cristo; las jóvenes casaderas representan a los creyentes que se han incorporado al Reino; el aceite es una referencia a las buenas obras y las manifestaciones de amor de los discípulos y seguidores de Jesús; y el sueño se puede asociar con la muerte. La parábola se ha interpretado como un relato teológico de lo inminente del juicio divino y de las actitudes humanas ante tal realidad venidera.

Una buena posibilidad hermenéutica referente a esta parábola es que se trate de la advertencia de Jesús al juicio divino que le espera al pueblo de Israel. Esa comprensión del relato sería entendible y aplicable, pues en el contexto general del mensaje estaban las autoridades judías evaluando continuamente el mensaje de Jesús. Esos líderes religiosos rechazaban sus enseñanzas sobre el Reino, sus prioridades teológicas, sus valores morales y sus principios éticos. De esa forma, la parábola sería el reclamo de Jesús a las autoridades judías que vivían de acuerdo con el mensaje del Reino, que no solo anunciaba Jesús, sino que venía anticipado y predicho por los antiguos profetas de Israel.

Algunos estudiosos piensan, inclusive, que esta parábola, más que de Jesús, es de la iglesia primitiva que debía comprender bien la tardanza del retorno de Cristo. La preocupación fundamental, al comprender la narración desde esta perspectiva, es la demora de la manifestación plena del Reino, que los primeros creyentes esperaban con sentido de urgencia y prontitud. Desde esta perspectiva, la parábola sería la interpretación de las iglesias primitivas y de sus líderes

223

ante el no retorno inmediato del Señor, luego de la muerte de Jesús y de las narraciones de su resurrección.

La lectura cuidadosa de esta enseñanza de Jesús revela la importancia de la sabiduría en la vida. La gente que prevé el futuro y se prepara adecuadamente, tiene posibilidades de éxito. Los discípulos, y los creyentes en general, pueden participar de la celebración de las bodas, que es una imagen de triunfo escatológico, si están alertas, preparados y si actúan con prudencia y sensatez. Lograr las metas, como participar de las bodas, es resultado de las buenas decisiones, que en esta narración se relacionan con la prudencia.

En efecto, esta parábola incentiva la previsión, la preparación y la sabiduría. La enseñanza explora y afirma cuáles son las actitudes necesarias en la vida para descubrir y disfrutar la voluntad de Dios, que en la parábola es la manifestación plena del Reino de los cielos.

Este mensaje de sabiduría, prudencia, sensatez y preparación se puede relacionar con la *Parábola del juez injusto* (Lc 18.1-8). En ambos casos se afirma la llegada inminente del Reino, en contraposición de las adversidades y contratiempos de la vida. La sabiduría incentiva la preparación y motiva la capacidad de esperar.

Parábola de las monedas de oro

"El reino de los cielos será también
como un hombre que, al emprender un viaje,
llamó a sus siervos y les encargó sus bienes.
A uno le dio cinco mil monedas de oro,
a otro dos mil y a otro solo mil, a cada uno según su capacidad.
Luego se fue de viaje.
El que había recibido las cinco mil
fue enseguida y negoció con ellas y ganó otras cinco mil.
Así mismo, el que recibió dos mil ganó otras dos mil.
Pero el que había recibido mil fue,
cavó un hoyo en la tierra y escondió el dinero de su señor.
Después de mucho tiempo volvió el señor de aquellos siervos
y arregló cuentas con ellos.
El que había recibido las cinco mil monedas
llegó con las otras cinco mil.
'Señor —dijo— usted me encargó cinco mil monedas.
Mire, he ganado otras cinco mil'.
Su señor le respondió: '¡Hiciste bien, siervo bueno y fiel!
En lo poco has sido fiel; te pondré a cargo de mucho más.
¡Ven a compartir la felicidad de tu señor!'
Llegó también el que recibió dos mil monedas.
'Señor —informó— usted me encargó dos mil monedas.
Mire, he ganado otras dos mil'.
Su señor le respondió: '¡Hiciste bien, siervo bueno y fiel!
Has sido fiel en lo poco; te pondré a cargo de mucho más.
¡Ven a compartir la felicidad de tu señor!›
Después llegó el que había recibido solo mil monedas.
'Señor —explicó— yo sabía que usted es un hombre duro,
que cosecha donde no ha sembrado y recoge donde no ha esparcido.
Así que tuve miedo, y fui y escondí su dinero en la tierra.
Mire, aquí tiene lo que es suyo'.
Pero su señor le contestó: '¡Siervo malo y perezoso!
¿Así que sabías que cosecho donde no he sembrado
y recojo donde no he esparcido
Pues debías haber depositado mi dinero en el banco,
para que a mi regreso lo hubiera recibido con intereses'.
'Quítenle las mil monedas y dénselas al que tiene las diez mil.

Porque a todo el que tiene, se le dará más,
y tendrá en abundancia.
Al que no tiene se le quitará hasta lo que tiene.
Y a ese siervo inútil échenlo afuera,
a la oscuridad, donde habrá llanto y rechinar de dientes' ".
Mateo 25.14-30

La parábola

La *Parábola de las monedas de oro* es un tanto extensa, pero de fácil comprensión. Una vez más se contraponen las actitudes humanas en una narración escatológica de Jesús. Se compara el Reino de los cielos a un hombre rico que se va de viaje y deja a tres siervos una buena suma de dinero para que lo inviertan en lo que él regresa. Al primero le entregó cinco mil monedas de oro; al segundo, dos mil monedas; y al tercero, mil. A cada cual le dieron las cantidades adecuadas de acuerdo con sus capacidades. Y la expectativa del inversionista que se iba de viaje era que sus siervos multiplicaran su fortuna.

Esta narración en Mateo tiene eco en un relato que se incluye en Marcos (Mr 13.34) y presenta un paralelo en Lucas (Lc 19.11-27). El tema general es que se compara el Reino de los cielos con un inversionista que, al irse de viaje, desea recibir un retorno óptimo de sus recursos económicos. Y para lograr esa finalidad da a sus siervos los recursos y la autoridad para invertir y disponer de su dinero con sabiduría. Se trata de una parábola teológicamente amplia que une el componente escatológico con la administración efectiva de los recursos económicos.

La teología escatológica de esta parábola se nota no solo en el tema expuesto y las consecuencias de los actos de los siervos, sino en la ubicación de la narración de Jesús en la estructura temática general del Evangelio de Mateo. Para este evangelista, Jesús presentó esta parábola en la semana final de su ministerio, luego de la llamada "Entrada triunfal" a Jerusalén (Mt 21.1-11). Y la semana final del ministerio del Señor en Jerusalén fue testigo de una serie de actividades que tenían un gran valor simbólico, desde la entrada triunfal hasta sus momentos de oración íntima en el Getsemaní.

Esa semana, según Mateo, el Señor no solamente llegó al Templo con autoridad contra los compradores y vendedores (Mt 21.12-17), sino que presentó varios discursos de gran importancia teológica y escatológica: el matrimonio luego de la resurrección (Mt 22.23-33); de quién es hijo Cristo (Mt 22.41-46);

y las señales del fin del mundo (Mt 24.1-35). En el singular contexto de esas afirmaciones escatológicas, Mateo incorpora la *Parábola de las monedas de oro*.

La narración de Mateo se puede dividir en tres secciones básicas:

1. La distribución del dinero (Mt 24.14-15).
2. Las decisiones y acciones de los siervos con el dinero del señor (Mt 24.16-18).
3. El juicio final (Mt 24.19-30).

La lectura cuidadosa de la parábola revela que el inversionista asigna a los siervos una gran responsabilidad fiscal, que indica que esos siervos se habían ganado la confianza del señor. No se trata de una inversión a ciegas, sino de un proceso económico bien pensado, pues a cada cual se le dieron los recursos que podía administrar e invertir de acuerdo con sus habilidades e intereses.

Las respuestas de los siervos eran casi esperadas, pues los que recibieron más monedas procedieron con responsabilidad y recibieron sus retornos al cien por ciento de la inversión. Pero al que le dieron menos recursos, solo mil monedas de oro, decidió no hacer nada, y la excusa por su inacción fue el miedo a perder la inversión y por su inseguridad respecto a las posibles actitudes y decisiones del señor. En ese contexto de la narración, se describe al inversionista como una persona dura, firme e inmisericorde, actitudes que generaron temores en el siervo inseguro que recibió la menor cantidad de monedas.

Ese relato es parte del contexto inmediato de una serie de importantes afirmaciones teológicas de Jesús. En nuestra parábola se valora las actitudes de los primeros dos siervos y se rechaza la ineptitud del tercero. Entonces se pone de relieve la enseñanza escatológica: al que tiene se le dará más y tendrá en abundancia; y al que no tiene se le quitará hasta lo poco que tiene. El fruto de la efectividad y la responsabilidad es grato y positivo; el resultado de la inacción y la indecisión es la pérdida de lo que se tiene.

Junto a esa importante declaración, el Señor añade que echen fuera a la oscuridad al siervo irresponsable, pues ese lugar de penumbras incluye el importante elemento escatológico del "llanto y crujir de dientes", que es una forma visual de destacar el juicio de Dios y las agonías que produce. El resultado de la irresponsabilidad es el juicio divino. El futuro de las personas que no optimizan los recursos del Reino es la penumbra del dolor, la oscuridad de la angustia, la noche de la desesperanza.

La cultura

En las diversas culturas del mundo los acuerdos económicos se llevan a efecto con detalles singulares y específicos. Y estos tipos de arreglos se hacían en los tiempos neotestamentarios y durante el ministerio de Jesús, de acuerdo con las narraciones evangélicas. En nuestra parábola los siervos probablemente no eran esclavos, pues la cantidad invertida era considerable y se requería cierto nivel de libertad y autonomía para hacer las inversiones de forma efectiva, prudente y sabia.

De singular interés en esta parábola es el trasfondo cultural y religioso de la transacción económica. De acuerdo con las costumbres judías, basadas en las tradiciones del Antiguo Testamento (Éx 22.25; Lv 25.35-37; Dt 23.19-20), los israelitas no debían cobrar intereses a otros israelitas. Sin embargo, esa ley era comúnmente quebrantada, como se revela en la lectura de las Sagradas Escrituras (p. ej., Sal 15.5; Jer 15.10; Ez 18.8,13,17; 22.12). Es posible que en la Palestina de los tiempos de Jesús se diferenciara entre los judíos, los préstamos comerciales de los personales, y que en este caso el Señor aludía al primer tipo de préstamo.

El uso contemporáneo en castellano de la palabra "talento", posiblemente se relaciona con esta parábola. La idea que transmite el término es la habilidad para hacer algo y lograr sus objetivos. En la antigüedad, sin embargo, un talento equivalía a unas sesenta a noventa libras, aunque esa cantidad podía variar en diversas ciudades y regiones y, sobre todo, con relación al metal que se utilizaba.

El valor de un talento era considerable, pues equivalía a unos seis mil días de trabajo de un jornalero, ¡que aluden a como veinte años de trabajo! Es decir, la cantidad que les dio el señor a sus siervos era considerablemente alta. Y aunque el valor de la inversión puede ser una hipérbole, para enfatizar el tema, el mensaje es claro: se les dieron a los siervos recursos suficientes para ellos vivir y también para regresar con creces la inversión al dueño del dinero.

La actitud de esconder el dinero en tierra también se muestra en los descubrimientos de Qumrán, específicamente las directrices que se incluyen en el Rollo de cobre (3Q15). Parece que la parábola hace referencia a actitudes y prácticas que estaban vivas en los tiempos de Jesús.

Las implicaciones

Las interpretaciones de esta parábola en la historia de la iglesia han sido muchas, variadas e interesantes. En primer lugar, se ha asociado el hombre del dinero que se va de viaje con Cristo, que asciende al cielo y deja a sus discípulos con el evangelio que ciertamente es un tesoro valioso. Su regreso se ha visto como símbolo de la *parusía*, o el retorno de Cristo; y las actitudes de generosidad o juicio del señor, se han asociado directamente con las recompensas y los castigos escatológicos.

La parábola también se ha visto como símbolo de la predicación y recepción del mensaje del evangelio. El primer siervo, desde esta perspectiva, es el pueblo judío que acepta el mensaje de salvación; el segundo, en esta comprensión, alude a los gentiles que responden positivamente a los desafíos del Reino de los cielos. El tercer siervo es visto como las personas que, teniendo la oportunidad de escuchar, apreciar y aceptar el mensaje del Reino, deciden rechazarlo. Las primeras dos acciones reciben la bendición divina y la tercera, el juicio de Dios.

En este mismo espíritu hermenéutico, algunos intérpretes relacionan a los siervos con los maestros de la iglesia: los primeros dos hacen su labor; el tercero es descuidado, irresponsable y negligente. Otros estudiosos indican que el corazón del mensaje se relaciona con los esfuerzos humanos y las recompensas divinas. La fidelidad al Reino produce frutos positivos; la incompetencia y falta de lealtad, es el preámbulo del fracaso. En efecto, la parábola puede ser vista como un mensaje de ánimo a los discípulos y una palabra de alerta para los infieles, que podían ser los líderes religiosos y políticos judíos.

El propósito de Mateo al incluir esta parábola en su Evangelio es afirmar la fe de los discípulos, las iglesias y los seguidores de Jesús. Esta narración es una especie de exhortación a mantenerse fieles y obedientes hasta que el Reino se manifieste en todo su esplendor en medio de la historia, con sus implicaciones eternas. Posiblemente, el propósito original de Jesús al presentar esta parábola era destacar y afirmar los niveles escatológicos del Reino. Para Mateo, es un mensaje de confianza, seguridad y perseverancia.

Parábola de las ovejas y los cabritos

"Cuando el Hijo del hombre venga en su gloria,
con todos sus ángeles, se sentará en su trono glorioso.
Todas las naciones se reunirán delante de él,
y él separará a unos de otros,
como separa el pastor las ovejas de las cabras.
Pondrá las ovejas a su derecha, y las cabras a su izquierda.
Entonces dirá el Rey a los que estén a su derecha:
'Vengan ustedes, a quienes mi Padre ha bendecido;
reciban su herencia, el reino preparado para ustedes
desde la creación del mundo.
Porque tuve hambre, y ustedes me dieron de comer;
tuve sed, y me dieron de beber;
fui forastero, y me dieron alojamiento;
necesité ropa, y me vistieron;
estuve enfermo, y me atendieron;
estuve en la cárcel, y me visitaron'.
Y le contestarán los justos:
'Señor, ¿cuándo te vimos hambriento y te alimentamos,
o sediento y te dimos de beber?
¿Cuándo te vimos como forastero y te dimos alojamiento,
o necesitado de ropa y te vestimos?
¿Cuándo te vimos enfermo o en la cárcel y te visitamos?'
El Rey les responderá:
'Les aseguro que todo lo que hicieron por uno de mis hermanos,
aun por el más pequeño, lo hicieron por mí'.
Luego dirá a los que estén a su izquierda:
Apártense de mí, malditos,
al fuego eterno preparado para el diablo y sus ángeles.
Porque tuve hambre, y ustedes no me dieron nada de comer;
tuve sed, y no me dieron nada de beber;
fui forastero, y no me dieron alojamiento;
necesité ropa, y no me vistieron;
estuve enfermo y en la cárcel, y no me atendieron.
Ellos también le contestarán:
'Señor, ¿cuándo te vimos hambriento o sediento,
o como forastero, o necesitado de ropa,
o enfermo, o en la cárcel, y no te ayudamos?'

Él les responderá:
'Les aseguro que todo lo que no hicieron
por el más pequeño de mis hermanos,
tampoco lo hicieron por mí'.
"Aquéllos irán al castigo eterno, y los justos a la vida eterna" ".
Mateo 25.31-46

La parábola

Más que una parábola tradicional, esta narración es un muy importante discurso escatológico de Jesús, que incluye un singular detalle parabólico referente a las ovejas y los cabritos (vv. 32-33). El contexto temático amplio es el juicio final y revela que, en medio de esas dinámicas y de forma figurada, se separarán las personas que han actuado con justicia en la vida y las que no lo han hecho. Al final del tiempo habrá una distinción escatológica, basada en las acciones humanas en relación con la justicia.

La demostración concreta de esas acciones justas, de acuerdo con el discurso de Jesús, se evalúan a la luz de lo que las personas hacen por los sectores más vulnerables, necesitados y oprimidos de la sociedad: pobres, enfermos, hambrientos, sedientos, forasteros, deambulantes y confinados. De acuerdo con el discurso del Señor, que ciertamente explora, explica y aplica la imagen de la parábola, la incorporación al Reino está directamente relacionada con las demostraciones concretas de amor, misericordia, solidaridad y justicia. Los criterios de entrada al Reino no son filosóficos, especulativos y teológicos, sino concretos, reales, éticos y morales.

Varios detalles de este mensaje deben evaluarse con detenimiento. En primer lugar, la relación del trono y Reino del Hijo del hombre con el juicio divino proviene directamente del libro de Daniel (Da 7.27-29). Y esa singular percepción teológica se manifiesta con claridad en el Evangelio de Mateo en repetidas ocasiones (Mt 16.27; 19.28; 25.31-46). Además, los cinco discursos mayores de Jesús (Mt 5—7; 10; 13; 18; 24), de acuerdo con la presentación de Mateo, finalizan destacando el tema del juicio divino, que ciertamente no es un asunto menor en el Evangelio.

Esta parábola es una manera en que el evangelista Mateo relaciona el Reino de los cielos proclamado por Jesús, con el tema del juicio divino. Y si ubicamos estas afirmaciones teológicas en el contexto amplio de la convicción de que Mateo le escribe prioritariamente a una comunidad judía, podemos entender que la manifestación plena y final del Reino, en los discursos de Jesús, tiene un firme componente escatológico de juicio final y definitivo.

Estos mensajes en parábolas estaban dirigidos inicialmente a la comunidad de líderes religiosos judíos de Jerusalén, que debían entender bien el idioma teológico que Jesús utilizaba y reconocían los temas escatológicos de las tradiciones proféticas en la Biblia hebrea.

La cultura

La lectura de las Escrituras hebreas pone de relieve que la imagen de las ovejas como representación del pueblo judío es común. Y un buen ejemplo de esa relación se puede encontrar en las profecías de Ezequiel (Ez 34.1), en los Salmos (Sal 23) y en las asociaciones de David con la vida pastoril (1Sa 16.1-13). Sin embargo, la imagen de las cabras no es tan conocida.

Algunos estudiosos del tema de la relación entre las ovejas y los cabritos indican que son animales que viven juntos en una relación singular. Como las cabras son más sensibles al frío, tradicionalmente se ha pensado, había que separarlas de las ovejas todas las noches para protegerlas. Otros estudios indican que la separación se relaciona con la identificación de los machos jóvenes para la alimentación de la comunidad. Inclusive, hay quienes creen que la separación se relaciona con los procesos de ordeño de los animales. Independientemente de los motivos reales y los propósitos específicos, la separación de cabras y ovejas era un proceso común en las comunidades pastoriles de la antiguedad.

De importancia capital en la evaluación de este relato de Jesús es que no hay una valoración especial entre ovejas y cabritos, que la diferenciación está en el lugar donde su ubican, a la derecha y la izquierda. Tanto las ovejas como las cabras eran animales apreciados por los pastores palestinos antiguos, inclusive, se pastoreaban juntas. Y las referencias a la derecha y la izquierda, tradicionalmente se relacionan con aspectos positivos y negativos en la vida, respectivamente.

Las implicaciones

La comprensión inicial y básica de esta parábola y mensaje del Señor no es muy complicada. Podemos entender las imágenes y los simbolismos. Sin embargo, las diferencias hermenéuticas han sido muchas. Desde temprano en la historia se ha rechazado la idea de que la salvación eterna se puede conseguir por las obras que se hagan, aunque se espera que los creyentes tengan un comportamiento adecuado que demuestre los valores del Reino. Y la idea clave en la comprensión del mensaje era que, por cuanto se hacían estas buenas obras a la gente en necesidad, también se hacían por Cristo.

Referente al juicio divino varias interpretaciones se han explorado a través de la historia. Algunos intérpretes piensan que el juicio divino es universal e incluye judíos, cristianos y no cristianos. Y el criterio de salvación son las demostraciones concretas de acciones positivas a las personas en necesidad, fundamentadas en la fe. Otros estudiosos de las Sagradas Escrituras indican que el texto se refiere al juicio solo de cristianos y la expresión de "los más pequeños" alude a las personas necesitadas.

En momentos cuando la obra misionera de las iglesias estaban en pleno apogeo, se interpretó esta narración como una referencia al juicio de las naciones, que eran evaluadas a la luz de cómo recibían a las comunidades misioneras. Aunque otros ven en la narración el juicio a las naciones en general, pero en referencia a cómo trataron a los judíos que había en sus comunidades.

Posiblemente Jesús presentó este discurso a un grupo judío, como parte de sus enseñanzas sobre el Reino de los cielos y referente al juicio escatológico. Pero ese importante diálogo teológico incluía también a los discípulos que presenciaban y recibían las enseñanzas.

En la base misma de esta narración evangélica se destacan los temas del amor y la misericordia. Esos valores se convirtieron en los criterios fundamentales para la separación apocalíptica, entre ovejas y cabritos. Y esa distinción final puede entenderse como una referencia a los judíos que reciben las enseñanzas de Jesús el Mesías en torno al Reino, y los que la rechazan. También puede asociarse con los gentiles que aceptan la predicación de Jesús en torno al Reino como la intervención de Dios en la historia, en la que se incorpora a los no judíos en el plan eterno de salvación.

De singular importancia es la referencia en el relato a "los hermanos más pequeños". Pudiera parecer obvio que se trata de una alusión a la gente en necesidad inmediata. Sin embargo, esa correlación, que puede ser adecuada, no debe ignorar que la frase puede también señalar a los discípulos, que vivían en un ambiente de dificultad espiritual, hostilidad religiosa y opresión política. Y no podemos perder de vista que en Mateo hay referencias directas de Jesús aludiendo a los discípulos como "hermanos" y "más pequeños" (Mt 10.40-42).

Al estudiar el pasaje bíblico con sobriedad se descubre que, aunque el tema del juicio divino es importante en la enseñanza, los valores que mueven su elaboración son la misericordia, el amor y la compasión. De vital importancia teológica y práctica en la enseñanza de Jesús es el trato que se da a personas en angustia y necesidad. La idea básica y extraordinaria es que la relación espiritual con Dios se manifiesta de forma práctica en el trato a los semejantes, especialmente a los más heridos y cautivos de la sociedad.

La superación definitiva del juicio final y la salvación eterna están íntimamente relacionadas con acciones humanas concretas y específicas: las relaciones interpersonales positivas y transformadoras con hombres y mujeres que carecen de comida, bebida, albergue, ropa, salud y libertad. No son las buenas obras los agentes que propician la salvación, pero esas obras ponen de manifiesto la intimidad con el Dios del Reino que reclama esas acciones positivas hacia los sectores más necesitados y desprovistos de protección de la sociedad.

Es muy interesante notar que todas estas parábolas de Jesús, que tienen niveles escatológicos, no solo apuntan hacia el futuro. En efecto, estas enseñanzas revelan que las decisiones del presente tienen implicaciones para el porvenir. La escatología en el discurso de Jesús no era una especie de escape hacia el "más allá" desde las realidades del "más acá", sino la afirmación de que las decisiones reales e históricas de las personas en el tiempo presente, tienen repercusiones muy serias a largo plazo, hasta el juicio final.

09
El Reino en parábolas:
Conclusiones

Ese mismo día salió Jesús de la casa
y se sentó junto al lago.
Era tal la multitud que se reunió para verlo
que él tuvo que subir a una barca donde se sentó
mientras toda la gente estaba de pie en la orilla.
Y les dijo en parábolas muchas cosas como estas:
"Un sembrador salió a sembrar.
Mientras iba esparciendo la semilla,
una parte cayó junto al camino,
y llegaron los pájaros y se la comieron.
Otra parte cayó en terreno pedregoso, sin mucha tierra.
Esa semilla brotó pronto porque la tierra no era profunda;
pero cuando salió el sol, las plantas se marchitaron
y, por no tener raíz, se secaron.
Otra parte de la semilla cayó entre espinos
que, al crecer, la ahogaron.
Pero las otras semillas cayeron en buen terreno,
en el que se dio una cosecha
que rindió treinta, sesenta y hasta cien veces más
de lo que se había sembrado.
El que tenga oídos, que oiga".
Mateo 13.1–9

El Reino en parábolas

Luego de estudiar las parábolas en los Evangelios sinópticos descubrimos y afirmamos que Jesús de Nazaret era un maestro excepcional. Esas narraciones, generalmente cortas, se articulan con gran imaginación teológica y belleza literaria. Son relatos muy bien pensados que incorporan el mundo palestino del primer siglo, que estaba bajo el yugo del imperio romano; y usan paisajes y labores familiares para transmitir alguna enseñanza, y para afirmar valores éticos y principios morales. Y esas parábolas transmiten compromisos espirituales y propician decisiones éticas y morales fundamentadas en la fe, que superan las expectativas religiosas de la época.

Pero no solo Jesús demuestra su capacidad pedagógica y sus virtudes de oratoria en las parábolas, sino que pone de relieve sus destrezas teológicas y capacidades intelectuales. En esos relatos breves, el Señor transmite el corazón de su mensaje, presenta el centro de sus doctrinas y revela en fundamento de sus enseñanzas. Y cuando hablamos de la teología de Jesús, descubrimos el poder que tenían las imágenes del Reino de Dios en sus presentaciones.

Jesús de Nazaret era un joven rabino galileo, que incursionó en la historia para presentar la voluntad divina al pueblo de Israel en la tradición de los antiguos profetas bíblicos en medio de las realidades y los desafíos de la vida (p. ej., Elías, Eliseo, Isaías, Jeremías y Ezequiel). Era un maestro itinerante, un orador creativo, un predicador de la esperanza, un crítico de la religión superficial, y un analista serio de las realidades políticas y sociales que se manifestaban en la Palestina antigua, que vivía bajo la autoridad del imperio romano. Y junto a esas características extraordinarias de comunicación, el Señor también era un profeta del Reino de Dios.

El ministerio docente de Jesús se nutrió con el componente profético de su mensaje. Jesús de Nazaret no solo era un buen maestro, sino que tenía imaginación profética, y esa peculiaridad ampliaba grandemente el valor y la amplitud de sus enseñanzas y brindaba a sus mensajes un muy importante sentido de urgencia, desafío y pertinencia.

El joven rabino de la Galilea, a la vez, era un maestro eficaz y sabio, y un profeta visionario y decidido. En el Señor se unieron dos de las características más importantes y necesarias para llevar a efecto ministerios relevantes y transformadores: la pedagogía y la profecía. La capacidad de comunicación y el contenido transformador. La oratoria y la ética.

Esa singularidad profética en Jesús se nota claramente en los siguientes detalles: su relación y aprecio al ministerio de Juan el Bautista, que anunciaba el Reino, llamaba al arrepentimiento y proclamaba el juicio de Dios; en el llamado a los doce discípulos, que era una forma simbólica de aludir y retornar al mundo ideal de las doce tribus de Israel; en su teología escatológica que va en continuidad con lo dicho por los antiguos profetas de Israel; en su profecía sobre la destrucción del Templo, que revela su deseo firme de restauración nacional, su rechazo a la religión que descuida los valores de la dignidad humana y la santidad divina; y en su firme anhelo de volver a las raíces de la identidad del pueblo (Éx 19) y al centro de la voluntad de Dios (Is 40).

Sus discípulos y seguidores más cercanos entendieron muy bien estos importantes y muy necesarios componentes proféticos del ministerio del Señor: ¡luego de su muerte, prosiguieron la proclamación de esos mensajes del Reino y llamaban al pueblo a regresar a la voluntad de Dios!

El Reino de Dios o de los cielos era el tema central del ministerio docente y profético de Jesús. Esa prioridad teológica y pedagógica se descubre claramente al estudiar detenidamente las parábolas. Esos discursos, llenos de imaginación y belleza, transmiten los valores que el Señor reclama de sus discípulos y los desafíos que presenta a la comunidad judía, en general, y a los líderes religiosos y políticos de la época, en particular.

Respecto a este fundamental tema educativo, mi análisis está en consonancia con el estado de la investigación de los estudios contemporáneos referente al Jesús histórico. Y relacionado con ese tema del Señor, debemos afirmar lo siguiente:

1. El Reino de Dios era el asunto más importante que se presenta en los mensajes y las enseñanzas de Jesús de Nazaret, de acuerdo con las narraciones que se incluyen en los Evangelios. Y esa prioridad pedagógica, teológica, profética y misionera se pone claramente de manifiesto al estudiar las parábolas.

2. Una porción sustancial de los mensajes del Reino en los Evangelios sinópticos se encuentra y se relaciona directamente con las palabras auténticas de Jesús. Este detalle implica que, si nos interesa estar lo más cerca posible de las expresiones reales y las predicaciones auténticas del Señor, nuestro primer espacio de análisis son las parábolas.

3. Para Jesús, de acuerdo con sus parábolas, el Reino tenía dos dimensiones fundamentales e inmediatas: la primera es histórica y presente; la segunda, escatológica y futura. En las parábolas del Señor se unen la teología y la realidad, que desafían a los oyentes a tomar decisiones sobrias y bien pensabas, pues las decisiones del presente tienen ramificaciones concretas y de importancia en el futuro.

4. El Reino se refiere principalmente a la manifestación de la soberanía de Dios en medio de la historia humana. El Dios soberano, que ya había

manifestado su capacidad de intervención en la vida del pueblo de Israel (Éx 1—15), irrumpe nuevamente en el tiempo y la historia en la vida y el ministerio de Jesús de Nazaret, para afirmar que el Reino de Dios anunciado por los profetas y esperado por el pueblo tiene componentes en el presente histórico y el futuro escatológico.

5. No se dedica el Señor, por ejemplo, a explicar detalladamente las definiciones, características y peculiaridades del Reino. La lectura de las parábolas de Jesús revela que sus auditorios íntimos entendían el tema, pues comparten las tradiciones proféticas del Antiguo Testamento. En momentos, sin embargo, dedicaba tiempo para explicar a sus discípulos y seguidores más cercanos algunos detalles, peculiaridades e implicaciones del mensaje y las enseñanzas que deseaba transmitir. Las autoridades religiosas, sin embargo, no necesariamente comprendían los alcances de los mensajes de Jesús.

6. Y las formas concretas en que el Reino se hacía realidad en la historia era a través del ministerio y las enseñanzas de Jesús de Nazaret. El Reino de Dios se hizo realidad con la llegada del famoso rabino galileo a la antigua Palestina.

En efecto, las enseñanzas en torno al Reino contienen el centro teológico de la pedagogía y teología de Jesús de Nazaret, de acuerdo con los Evangelios canónicos. Esa capacidad teológica, con importantes implicaciones éticas, morales y espirituales, hizo que hasta sus adversarios dijeran que Jesús no hablaba como los escribas y los fariseos, sino como alguien que tenía autoridad (Mt 7.29; Mr 1.22). Inclusive, líderes y principales de las comunidades judías lo reconocían como maestro y rabí, apreciaban su integridad y celebraban su capacidad de comunicación efectiva.

Ese reconocimiento público que la comunidad en general le brindó al Señor, se relaciona íntimamente con la integridad que vivía y proyectaba. Y ese importante valor se ponía de manifiesto en las dimensiones espiritual, ética y moral que vivía, afirmaba y proyectaba. La distinción como rabino, maestro y profeta, Jesús se la ganó por su forma de ser y sus maneras de actuar, por sus estilos firmes e imaginativos, y por su capacidad de comunicación sabia y sobria. En el Señor había correspondencia íntima entre el decir y el hacer. Y esa peculiaridad ética se manifestaba en sus discursos y vivencias.

Las virtudes educativas del Señor eran reconocidas por sus discípulos y también por las autoridades religiosas de la época, pues reiteradamente se referían a Jesús como "maestro" (Jn 3.1-2); inclusive, el propio Jesús utiliza ese título para aludir a su labor misionera y programa educativo en la comunidad (Mt 10.24-25; 23.8). Además, la expresión aramea *rabí* se utiliza en, por lo menos, catorce veces adicionales para describir y afirmar sus actividades (Jn 3.1-3). Efectivamente, a Jesús lo distinguían como maestro amigos y enemigos, discípulos y adversarios, seguidores y perseguidores.

Ciertamente Jesús era un maestro efectivo que respondía a las necesidades de sus discípulos y colaboradores, además de desafiar la imaginación y las experiencias religiosas tradicionales de la comunidad judía en general y de los líderes de los fariseos y publicanos en particular. Su pedagogía era contextual, pertinente e inmediata, pues escuchaba a las personas, atendía sus preocupaciones y respondía a sus necesidades con sabiduría, pertinencia y autoridad.

Como maestro, y de acuerdo con la investigación contemporánea sobre este tema, Jesús de Nazaret llevó a efecto las siguientes actividades, en conformidad con las responsabilidades de los rabinos de su época:

1. Enseñó en diversas sinagogas (Lc 4.16-21).
2. Proclamó y afirmó la Ley de Dios como un valor importante de autoridad en la vida (Mr 12.28-34).
3. Llamó y organizó a un grupo de sus seguidores cercanos, que posteriormente se convirtieron en sus discípulos inmediatos y en sus colaboradores más importantes (Mt 4.12-25).
4. Se le pidió que evaluara disputas en la comunidad referente a las diversas posibilidades para las interpretaciones adecuadas de la Ley (Mr 12.13-17; Lc 12.13-21).
5. Debatió públicamente con los líderes religiosos de la comunidad (Mr 11.27-33), y hasta en el Templo (Lc 2.41-52), demostrando su dominio de las Escrituras hebreas y su gran capacidad de razonar, analizar y compartir sus ideas en foros de tensión religiosa, política y social.
6. Separaba tiempo de calidad para enseñar a las multitudes y a sus discípulos (Mt 5.1; Mr 4.1).
7. Utilizaba las Escrituras hebreas como el fundamento de sus discursos, enseñanzas, argumentaciones y diálogos (Mr 2.25-26; 10.5-9).
8. E incentivaba que los discípulos escudriñaran y memorizaran las Escrituras, como un valor de importancia en los procesos educativos en la vida.

La labor docente de Jesús, en efecto, ocupó un lugar protagónico en su ministerio, y en ese contexto didáctico, las parábolas fueron el vehículo principal de comunicación. En estas narraciones cortas y llenas de imaginación, presentaba sus mensajes, doctrinas, prioridades, desafíos, teologías, profecías y enseñanzas. Y en ese tipo singular de relato, generalmente breve, destacó la importancia del Reino de Dios o de los cielos a su comunidad, generación e historia.

El idioma figurado que se pone de manifiesto en las parábolas del Reino es una de las más interesantes características del ministerio docente de Jesús. Ese estilo literario y simbólico del Señor se revela en el uso continuo que hacía de las diversas formas y paralelismos de la poesía hebrea.

En los evangelios sinópticos de pueden identificar más de doscientos ejemplos claros del uso de los paralelismos hebreos, que constituyen una de las características más importantes de ese singular género literario. El joven rabino de la galilea utilizó los paralelismos sinónimos (Mt 7.7-8), antitéticos (Mt 6.22-23), progresivos (Mr 9.37) y cruzados (Mr 8.35). Además, utilizó en su verbo elocuente y desafiante una variedad de hipérboles (Mt 7.3-5), juegos de palabras (Mt 23.24), símiles (Lc 13.34), metáforas (Mr 8.15), proverbios (Mr 6.4), entre otros recursos literarios y de oratoria.

La comprensión de esa capacidad de comunicación poética y el entendimiento de sus virtudes de oratoria nos permiten dividir las parábolas estudiadas de Jesús en varias categorías temáticas. Esta estructura, que puede ser vista como parcialmente impuesta sobre las narraciones originales de Jesús, nos puede ayudar a catalogar y entender sus enseñanzas al identificar los ejes temáticos de importancia en sus discursos.

El Reino de Dios es ciertamente el vector central del ministerio didáctico de Jesús de Nazaret. Y nuestras diversas categorías de las parábolas estudiadas fueron las siguientes:

1. Parábolas del Reino de Dios.
2. Parábolas del Reino y las cosas y las personas perdidas.
3. Parábolas del Reino y del pueblo de Israel.
4. Parábolas del Reino y sus ciudadanos.
5. Parábolas del Reino y las riquezas.
6. Parábolas del Reino y la piedad.
7. Parábolas del Reino y la escatología.

El Reino y sus prioridades

Posiblemente es el evangelista Marcos el que describe de forma clara y directa la percepción que tenía Jesús del Reino. Una vez encarcelaron a Juan el Bautista, el Señor regresa a la Galilea y anuncia su mensaje, sin ambigüedades ni inhibiciones:

> *"Se ha cumplido el tiempo —decía.*
> *El reino de Dios está cerca.*

¡Arrepiéntanse y crean las buenas nuevas!".
Marcos 1.15

Esa afirmación misionera y programática inicial de Jesús marca el contenido de sus mensajes, orienta su pedagogía y revela la naturaleza profética de sus parábolas. Con la presencia de Jesús se cumplía el tiempo de Dios para la implantación del Reino de los cielos en medio del pueblo judío primeramente, y luego para el resto de la humanidad.

Con esa contundente declaración teológica y profética le daba Jesús orientación temática y espiritual a su ministerio. Para el Señor, el Reino de Dios dejaba de ser un tema utópico, idealista o hipotético, relacionado con un futuro escatológico indeterminado, para convertirse en una vivencia, una forma de ser, una manera singular de ver la vida, y una comprensión alterna y redentora de la realidad. Ese singular entendimiento del Reino fue el fundamento para su elaboración de las parábolas.

Para Jesús, el Reino afirmaba la soberanía divina en medio de la historia y las realidades humanas. Esa fuerza de Dios se hacía presente de manera indiscutible, pero a la vez, era misteriosa y clara, pues estaba en el presente y también en el futuro. El Reino era una demostración de gracia y vida, y también, un reclamo a modificar conductas, revisar prioridades y cambiar valores. En la teología del Reino hay misterio y encanto, seguridad y esperanza, historia y escatología, presente y futuro.

Las parábolas del Reino eran formas creativas de desafiar las audiencias, tanto a los discípulos y seguidores, como al pueblo y sus líderes, a vivir a la altura de los reclamos espirituales, éticos y morales del Señor. Y ese llamado de Jesús demandaba dar prioridad a la oración y la piedad sana en la vida, y también a traducir esa espiritualidad a formas concretas de ayuda y apoyo a las personas más necesitadas y agobiadas en la comunidad. La solidaridad se desprende de la aceptación de los valores espirituales que se afirman y celebran en el mensaje de Jesús en torno al Reino de Dios.

El Reino requiere decisiones concretas que pongan de manifiesto, y de forma clara y pública, los compromisos íntimos y personales con Dios. La ética del Reino necesita que sus ciudadanos manifiesten en sus vidas un comportamiento orientado a la misericordia, el perdón, el amor y la justicia. La recepción y el aprecio de los valores del Reino demandan cambios sustanciales en los estilos de vida de los discípulos y seguidores de Jesús a través de la historia.

Ese mensaje del Reino en parábolas era a la vez religioso y político, espiritual y social, individual y colectivo, piadoso y subversivo. Era un desafío a las autoridades religiosas de la época, en medio de la opresión inmisericorde del imperio romano, que estaban en contubernio con los líderes judíos en Judea y Galilea. El Cesar reclamaba lealtad; Herodes demandaba obediencia; y en medio de esos parámetros de represión y opresión, Jesús presentaba el mensaje del Reino que requería fidelidad, integridad y compromiso.

Las enseñanzas de Jesús en parábolas superaban las fronteras físicas, las divisiones nacionales, las comprensiones legales, los compromisos religiosos, las diferencias políticas y las peculiaridades espirituales. En efecto, eran enseñanzas extraordinarias y transformadoras. Eran valores extraordinarios que generaban en las personas el deseo de servir, amar, compartir, celebrar, agradecer…

Para Jesús, esas fronteras humanas no contribuyen positivamente al avance del Reino. La felicidad y la libertad que emanan de sus mensajes en las parábolas, requieren lealtad absoluta únicamente a Dios, y a los principios que lo caracterizan. Y esos principios éticos y morales se relacionan con los valores de justicia, paz, misericordia, perdón, integridad, respeto a la dignidad humana, solidaridad… El Reino trajo el mensaje de esperanza a una sociedad inmersa en un cautiverio que produce dolor, enfermedad, desorientación, desesperación…

La llegada del Reino es buena noticia para la gente dolida y cautiva. Las parábolas de Jesús anuncian un Reino que transforma las dinámicas de cautiverio humano en redenciones, sanidades y liberaciones, que permiten a las personas no solo disfrutar la gracia de Dios y el perdón divino, sino vivir sin las cadenas que le impiden ser lo que el Señor quiere que sean.

El Reino y las mujeres

En ese mundo de cautividades y prejuicios, las mujeres recibieron un apoyo distinguido en el mensaje de Jesús de Nazaret. No son pocos los grupos marginados en el mundo palestino del primer siglo. Era una sociedad de clases sociales, de separaciones religiosas, de diferencias políticas, de rechazos por edades, culturas y etnias, y de discriminación por género. Y en ese tipo de sociedad llena de segregaciones, Jesús destacó el valor de la mujer, no solo en sus mensajes generales, milagros y liberaciones, sino en las parábolas.

En varias ocasiones los personajes protagónicos de las parábolas son mujeres. Y la descripción de esas mujeres no corresponde a la percepción tradicional que se tenía de ese sector social en la sociedad palestina de la época. En las presentaciones, los discursos y las parábolas del Señor las mujeres toman la iniciativa, deciden, piensan, analizan, hablan, convocan y reflexionan.

No son las mujeres, en el mundo conceptual de Jesús, personajes pasivos que ocupan papeles secundarios en las narraciones. Por ejemplo, la mujer que perdió la moneda encendió la luz y movió toda su casa diligentemente hasta encontrar lo perdido; y luego, ¡invitó a sus vecinas para la celebración! En efecto, era una mujer de liderato, con capacidad decisional y con un buen nivel intelectual. Era una mujer con sentido de dirección, dignidad e integridad.

Los que oían esas enseñanzas con los ejemplos que Jesús utilizaba, debían haber quedado perplejos. En la teología de Jesús no hay discrimen ni subvaloración de ninguna persona, aunque sea llamada "pecadora", de acuerdo con los criterios religiosos de la época. Y un magnífico ejemplo que destaca esa comprensión amplia y liberada de la vida, es el trato que el Señor brindó a las mujeres, pues eran valoradas como hijas de Dios y que formaban parte integral del Reino.

Con el Reino llegó una nueva hora para las mujeres y para las personas rechazadas y subestimadas en la sociedad. Las mujeres, que vivían en medio de un sistema religioso, familiar, jurídico, social y político injusto y discriminatorio, llegaron a un nivel de dignidad inusitado por la sabiduría de Jesús, y por las enseñanzas que se desprenden de las parábolas.

El Reino es una afirmación teológica amplia, que tenía repercusiones inmediatas y concretas en las personas heridas por la vida y la sociedad, entre las que se encontraban las mujeres. En las parábolas del Reino, las mujeres ocuparon un papel singular de dignidad, pues el Señor les dio prioridad y distinción. Las mujeres llegaron a un sitial de honor, pues Jesús las incorporó al grupo íntimo de seguidores y discípulos al que le dio encomiendas significativas, como que su resurrección se había hecho realidad (Mt 28.1-10).

El Dios del Reino, en la teología amplia y visionaria de Jesús, se especializa en salvar, redimir, transformar, restaurar, renovar, liberar, sanar, perdonar, consolar... Ese es el Dios del rico y Lázaro, de las diez vírgenes, de la mujer que extravió una moneda, del pastor que perdió una oveja, del padre que tenía dos hijos perdidos... Es el Señor que ve la necesidad humana, escucha el clamor del pueblo, entiende las angustias del alma, e interviene para transformar los ambientes de dolor, enfermedad y cautiverio en espacios gratos de paz, salud y libertad.

Irrumpe con fuerza en la historia el Dios de las parábolas, para presentar una alternativa de vida renovada. El cautiverio no es la palabra final de Dios para la humanidad... La religión superficial no es lo que el Señor quiere para su pueblo... La pobreza que ofende la imagen divina en las personas no constituye un plan adecuado y justo para los individuos y las comunidades... La incapacidad de alcanzar las metas en los programas personales, familiares y comunitarios, no puede ser el proyecto de vida para los hombres y las mujeres de bien... La ruptura de los horizontes de esperanza no puede constituir el porvenir de la niñez… La infelicidad individual y colectiva no puede convertirse en el entorno de vida de los ancianos…

El Reino de Dios es el vehículo divino, de acuerdo con las enseñanzas de Jesús, para alcanzar en la vida metas nobles, dignas, gratas, justas, sanas, íntegras, santas, liberadoras… La meta del Reino es vivir en santidad e integridad de acuerdo con los valores que se desprenden de las enseñanzas y las parábolas del Príncipe de la paz.

Lo que Dios desea para la humanidad, según las parábolas, es que la semilla del Reino se esparza en la historia y la geografía, en las ciudades y los campos, en los palacios y las chozas, en las urbes metropolitanas y las selvas, en los individuos y las familias, y en las naciones y los continentes… Lo que el Señor anhela es la traducción del mensaje del Reino en categorías entendibles, asimilables, disfrutables y compartibles en medio de la sociedad contemporánea… El reclamo divino es que con la presencia del Reino llegue una nueva intervención del Espíritu que genere vida, sanidad, liberación y esperanza en individuos, familias, iglesias, denominaciones, comunidades…

Los signos del Reino tienen dimensiones liberadoras, por eso los endemoniados quedaron libres por la palabra y las acciones de Jesús. El Reino es fuente de liberación y esperanza de todas las cautividades que alienan a las personas y las comunidades. Finalmente, los lunáticos, endemoniados y enfermos mentales de condiciones diversas, tienen esperanza. ¡El Reino de Dios ha llegado! ¡El Espíritu del Señor se ha revelado para romper cadenas y liberar cautivos!

El Reino, además, es poder humanizador, pues es capaz de motivar la sanación de las personas enfermas del cuerpo y del alma. ¡No hay dolencia que se resista a la palabra de autoridad y poder del Señor del Reino! ¡No hay insanidad capaz de detener la virtud transformadora y liberadora del Dios del Reino de los cielos! ¡No hay incapacidad física, mental o espiritual que pueda impedir el paso triunfante y decidido del Señor del Reino y de las parábolas! ¡No hay cadenas, cárceles ni cautiverios que se antepongan al movimiento decidido y sanador del joven Maestro galileo que anunció la irrupción extraordinaria del Reino de los cielos en medio de la historia, en la tierra!

El Reino también es poder que incluye a las personas identificadas como pecadoras. Ese mensaje transformador de las parábolas de Jesús en torno al Reino tiene una manera de aludir e incorporar en la sociedad a personas que han sido rechazadas, marginadas, subestimadas y oprimidas, por algún motivo espiritual, médico, social, étnico, económico, político, moral, racial o de género.

En efecto, las parábolas del Reino presentan el mensaje de Jesús de Nazaret de forma simbólica y de manera gráfica, con imaginación y dedicación, con implicaciones para el presente histórico, y con desafíos para el futuro escato-lógico. El Reino ha llegado a la historia en la figura de Jesús de Nazaret, pero también está por manifestarse de forma plena con sus implicaciones extraordi-narias que superan los linderos del tiempo.

El Reino y sus implicaciones éticas

En la tradición de los antiguos profetas de Israel, el mensaje de Jesús de Naza-ret al pueblo y sus líderes tenía muy serias implicaciones éticas. Las parábolas que se incluyen en los Evangelios revelan esa característica misionera del Señor. El análisis de vida de Jesús y su mensaje no revela discontinuidad entre su estilo de vida y sus reclamos a los oyentes. Por el contrario, las parábolas ponen de manifiesto la preocupación del Señor respecto a cómo las comunidades religio-sas y políticas asimilaban y reaccionaban a sus reclamos y desafíos.

Respecto a esas características éticas del mensaje de Jesús, según se despren-de del análisis de las parábolas, se debe reconocer que su fundamento está en las características de Dios. Un Dios santo requiere un pueblo santo. Y ese concepto religioso de santidad divina se puede articular de forma pragmática en la idea de integridad. La gente respetaba a Jesús porque veía la correspondencia íntima entre su palabra y su mensaje, que delata esa impostergable característica de las personas de éxito: la integridad.

Jesús de Nazaret, al igual que los antiguos profetas como Elías, Natán, Isaías y Amós, desafiaban a las autoridades religiosas y políticas. La pobreza que hería fuertemente a grandes sectores de la sociedad palestina del primer siglo, por ejemplo, era uno de los temas proféticos preferidos en los discursos de Jesús. Esa manifestación de injusticia se unía a la opresión política, la administración parcializada e inadecuada de la justicia, y la práctica religiosa cautiva en las formas litúrgicas tradicionales, pero carentes de transformaciones en el fondo de las personas.

Esas dinámicas sociales, cargadas de injusticias y prejuicios, generaban en la sociedad, de forma concreta e inmediata, una serie de calamidades que herían las fibras más íntimas del pueblo. En efecto, las comunidades judías vivían en medio de robos, estafas, pobreza, enfermedades físicas y emocionales, maltrato de personas indefensas, discriminaciones de sectores étnicos, religiosos y de género, soberbia y egoísmo en los sectores políticos, sentido de superioridad en los líderes religiosos, y ambientes de desesperanza espiritual y frustración intensa en el pueblo. Ese tipo de contexto era el que propiciaba el mensaje ge-neral de Jesús de Nazaret, y al cual el Señor respondía de forma directa con el extraordinario mensaje del Reino, a través de sus parábolas.

La conclusión del estudio de las parábolas del Reino de Jesús de Nazaret supera el disfrute de las virtudes literarias y pedagógicas de las narraciones y sobrepasa el aprecio al mensaje profético y desafiante que articulan. Las enseñanzas de las parábolas desafían a las iglesias contemporáneas a proseguir esa tradición profética en sus programas y prioridades. Los valores del Reino deben motivar a los predicadores y las predicadoras a traducir las virtudes y los desafíos que se ponen de manifiesto en el mensaje de las parábolas, en enseñanzas contemporáneas que produzcan en los oyentes salud, bienestar, liberación y esperanza.

El siglo veintiuno se caracteriza por una serie de polarizaciones que no contribuyen positivamente al bien social ni a la implantación de la justicia. Y entre esas realidades sociales, políticas y económicas se encuentran las siguientes: los adelantos tecnológicos y las disparidades en las oportunidades educativas; las polarizaciones ideológicas y políticas que dividen grandes sectores de las naciones; los abismos económicos que han aumentado los sectores de pobreza y miseria en el mundo; la división impropia de las riquezas y los recursos naturales en los continentes, que ha incentivado crisis fiscales en los centros de poder; la aparición de enfermedades noveles y pandemias que han diezmado sectores importantes de la población y las incentivadas crisis económicas indescriptibles; el discurso público discriminador y enajenante; y el aumento en la discriminación por razones ideológicas, étnicas, económicas, raciales y de género.

En medio de ese mundo lleno de crisis, desafíos y posibilidades las parábolas del Reino vuelven a escucharse. Y las iglesias son uno de los vehículos divinos de importancia para contribuir a la transformación de la sociedad que nos ha tocado vivir. En este momento histórico necesitamos más que nunca voces proféticas que anuncien el Reino, que proclamen al año agradable del Señor, que afirmen la esperanza como un principio teológico de prioridad, que le permitan al Espíritu tomar el control de nuestros proyectos y programas, y que retomen el tema del Reino de Dios como un valor indispensable para llevar a efecto nuestras labores de formas efectivas y contextuales.

Él era un hombre cojo

Para culminar este libro incluyo un poema sobre la sanidad de un hombre cojo frente al templo de Jerusalén, según se incluye en la narración en el Libro de los Hechos (Hch 3.1-10). Esta reflexión poética está en consonancia con el mensaje de los discípulos Pedro y Juan en torno al Reino de Jesús de Nazaret.

Al leer y disfrutar este poema nos parece escuchar nuevamente las eternas palabras de Jesús: El reino de Dios está cerca. ¡Arrepiéntanse y crean las buenas nuevas! (Mr 1.15).

Él era un hombre cojo...
Sus pies nunca habían disfrutado
la caricia de la tierra,
ni la herida de la zarza,
ni el cansancio del camino...

Nació con los pies cautivos...
Enclaustrados en la soledad
de un continuo detente.
Encadenados por la fuerza
despiadada y hostil.
Fuerza que le robó el movimiento
la dirección, el vivir...

Nació y creció cojo...
Sus pies se aferraron al suelo
y echaron raíces...
Raíces que se fundieron con la tierra inerte.
Raíces toscas, sin altura,
raíces que le hacían interpretar la existencia
sin esperanza y postura...

Era cojo y esperaba que alguien le ayudara...
(¡El hombre cautivo extiende la mano a la limosna!)
Era cojo y veía en el dinero, en la moneda,
en el metal que es capaz
de comprar hombres y
conciencias, su esperanza...

Extendía su mano diariamente...
A fuerza de costumbre venció
la inhibición del mendigar.
Pedir es fácil,
cuando no se tiene conciencia de futuro.
Pedir es el acto del cautivo

que le teme a la creación
de un mundo nuevo
con sus manos y mente...

Pedir es la fuerza
que mantiene al hombre atado
en el cautiverio eterno
de un pasado que lucha
por mantenerse en pie
en el presente...

El hombre era cojo y extendía su mano...
Estaba cautivo en el camino,
en la vereda y en la actitud de sus amigos.
Sus anhelos se tronchaban
al quedar confinado diariamente
a los pies que no se mueven,
a la libertad que no se alcanza...

Era un cojo, junto a los pies con vida...
Frente al templo, los pies de los comerciantes,
políticos, religiosos, caminantes
llevaban las noticias de un mundo cautivo.
Llegaban todos al templo
en la carrera continua y despiadada
de un intento de ser
que no construye un mañana.

El cojo, cautivo penitente
en su dolor sin nombre
quería ser, quería hacer,
quería volar, soñar...
Y en su martirio eterno y detenido
solo un sueño muy vago le inspiraba y venía.
Que una fuerza mayor con valor y osadía
rompiera las cadenas, destruyera raíces
detuviera la pena
y cambiara matices...

Era un hombre cojo
y se encontró en el paso de los dos caminantes...
Caminantes firmes...
con ensueño en los ojos,
con futuro en la voz,
con valor en la acción
con poder, decisión...
A fuerza de destellos y a impulsos de la altura
aprendieron misterios y
virtud y bravura...

Él era cojo y llegó la esperanza...
Una mirada enorme penetró por los huesos;
una voz muy potente taladró los sentidos;
con la fuerza viva se destruyó la muerte;
con un poder supremo se creó un hombre vivo...

Él era el hombre cojo...
Cuando llegó la hora del suelo,
sus pies tocaron tierra,
la vereda, el camino,
la piedra, los senderos
los puentes, el destino...
Sus pies cobraron fuerzas
a la voz, al gemido...
Los tendones, los huesos
ilusiones y ansío...
Recobraron futuro.
Resucitó el sentido...

Él era el hombre cojo,
como mi pueblo, amigo...
Él era el impedido
como aquel, mi vecino.
Él recibió la fuerza,
el poder y el soñar...
Él recibió la vida,
los pies al caminar.

Él esperó la hora
se levantó valiente
por esa voz potente, poderosa, silente
caminó hacia el futuro, con la ayuda de dos...
construyendo mañanas,
con la virtud de Dios...

Dr. Samuel Pagán
18 de marzo de 1988

Bibliografía

Jesús regresó a Galilea en el poder del Espíritu,
y se extendió su fama por toda aquella región.
Enseñaba en las sinagogas, y todos lo admiraban.

Fue a Nazaret, donde se había criado,
y un sábado entró en la sinagoga, como era su costumbre.
Se levantó para hacer la lectura,
y le entregaron el libro del profeta Isaías.
Al desenrollarlo, encontró el lugar donde está escrito:

"El Espíritu del Señor está sobre mí,
por cuanto me ha ungido
para anunciar buenas nuevas a los pobres.
Me ha enviado a proclamar libertad a los cautivos
y dar vista a los ciegos,
a poner en libertad a los oprimidos,
a pregonar el año del favor del Señor".

Luego enrolló el libro, se lo devolvió al ayudante y se sentó.
Todos los que estaban en la sinagoga lo miraban detenidamente,
y él comenzó a hablarles:
"Hoy se cumple esta Escritura en presencia de ustedes".
Lucas 4.14-21

Bibliografía selecta

La siguiente bibliografía, incluye únicamente las obras más importantes y recientes en torno a las parábolas. Son libros que ponen de manifiesto las reflexiones más significativas, tanto en español como en inglés, referentes a este singular segmento del mensaje de Jesús. No pretende ser exhaustiva ni completa, solo identifica los escritos que son indispensables para nuestro estudio de este fascinante componente del mensaje del famoso rabino de la Galilea.

Si el lector o lectora desea ahondar, profundizar y expandir aún más su estudio de las parábolas, puede encontrar bibliografías más completas en varios libros aquí identificados, particularmente en la importante obra de Snodgrass.

Aguirre, Rafael, Caren Bernabá y Carlos Gil. *Jesús de Nazaret*. Estella: Verbo Divino, 2010.

Béjar Bacas, José Serafín. *Los milagros de Jesús*. Barcelona: Herder, 2018.

Beutner, Edward F., editor. *Listening to the Parables of Jesus*. California: Polebridge Press, 2007.

Blomberg, Craig L. *Interpreting the Parables*. Downers Grove: InterVarsity, 1990.

Boucher, Madeleine. *The Parables*. Wilmington: Michael Glazier, 1981.

Carballo, José. *Las parábolas*. México: Ediciones Paulinas, S. A. de C. V., 1993.

Castillo, José María. *El Reino de Dios*. Bilbao: Desclée de Brouwer, 2002.

Contreras Molina, Francisco. *Un padre tenía dos hijos*. Navarra: Verbo Divino, 1999.

Crossan, John Dominic. *Jesús, vida de un campesino judío*. Madrid: Crítica, 1994.

———. *In Parables: The Challenge of the Historical Jesus*. New York: Harper and Row, 1973.

———. *El poder de la parábola*. Madrid: PPC Editorial, 2014.

———. *Cliffs of Fall. Paradox and Polyvalence in the Parables of Jesus*. New York: The Seabury Press, 1980.

Cruz, Antonio. *Parábolas de Jesús en el mundo posmoderno*. Barcelona: CLIE, 1998.

Cuervo, Marina y Jesús Diéguez. *Al calor de las parábolas*. Madrid: PPC, 1989.

Dodd, Christian Harold. *Las parábolas del Reino*. Madrid: Cristiandad, 2001.

Donahue, John R. *El evangelio como parábola*. Bilbao: Mensajero, 1997.

Dunn, James D.G. *Redescubrir a Jesús de Nazaret*. Salamanca: Ediciones Sígueme, 2015.

Drury, John. *The Parables in the Gospels*. New York: Crossroad, 1985.

Feldman, Asher. *The Parables and Similes of the Rabbis: Agricultural and Pastoral.* 2d ed. Cambridge: Cambridge University Press, 1927.

Fisher, Neal. *The Parables of Jesus.* New York: Crossroad, 1990.

Ford, Richard Q. *The Parables of Jesus: Recovering the Art of Listening.* Minneapolis: Fortress Press, 1997.

Funk, Robert W. *Parables and Presence.* Philadelphia: Fortress Press, 1982.

Funk, Robert W., Bernard Brandon Scott and James R. Butts. *The Parables of Jesus: Red Letter Edition.* Somona: Polebridge Press, 1988.

García Lomas, Santiago. *Escuchad esta parábola.* Madrid: San Pablo, 1995.

Guerra, Eduardo. *La parábola del buen samaritano.* Un ensayo de los conceptos de santidad y compasión. Barcelona: CLIE, 1999.

Gnilka, Joachim. *Jesús de Nazaret.* Barcelona: Herder, 1995.

Guillet, Jacques. *El Jesús de los discípulos.* Bilbao: Mensajero, 1998.

Harnisch, Wolfgang. *Las parábolas de Jesús.* Salamanca: Ediciones Sígueme, 1989.

Hendricks, Herman. *The Parables of Jesus.* San Francisco: Harper and Row, 1986.

Hultgren, Arland J. *The Parables of Jesus: A Commentary.* Grand Rapids: William B. Eerdmans Publishing Co., 2000.

Ibáñez Langlois, José Miguel. *Jesús. Una impresión deslumbrante.* Madrid: Ediciones Palabra, 2017.

Jeremías, Joachim. *Parábolas de Jesús.* Estella: Verbo Divino, 2000.

Jones, Peter Rhea. *Studying the Parables of Jesus.* Macon: Smyth and Helwys, 1999.

Kissinger, Warren S. *The Parables of Jesus.* Metuchen: Scarecrow, 1979.

Kistermaker, Simon. *The Parables of Jesus.* Grand Rapids: Baker Publishing Group, 1980.

Liebenburg, Jacobus. *The Language of the Kingdom and Jesus: Parable, Aphrism, and Methaphor in the Sayings Material Common in the Synoptic Tradition and the Gospel of Thomas.* BZNW 102. Berlín: Walter de Gruyter, 2001.

Longenecker, Richard N., ed. *The Challenge of Jesus' Parables.* Grand Rapids: William B. Eerdmans Publishing Co., 2000.

Martín Descalzo, José Luis. *Vida y ministerio de Jesús de Nazaret.* Salamanca: Ediciones Sígueme, 1998.

Martini, Carlo María. *¿Por qué Jesús hablaba en parábolas?* Estella: Verbo Divino, 1997.

Meier, John P. *Un judío marginal.* Estella: Verbo Divino, 1998.

Pagán, Samuel. *Jesús de Nazaret.* Barcelona: CLIE, 2011.

Pagola, José Antonio. *Jesús. Aproximación histórica.* Madrid: PPC, 2017.

Pikaza, Xavier. *Historia de Jesús.* Estella: Verbo Divino, 2014.

Pronzato, Alessandro. *Las parábolas de Jesús. Vol. I. Marcos y Mateo.* Salamanca: Ediciones Sígueme, 2000.

————. *Las parábolas de Jesús en el Evangelio de Lucas.* Salamanca: Ediciones Sígueme, 2003.

Purdy, John C. *Parables at Work.* Philadelphia: Westminster, 1985.

Ruiz de Galarreta, José Enrique. *Para leer el Reino en parábolas.* Estella: Verbo Divino, 2007.

Sanders, E.P. *La figura histórica de Jesús.* Estella: Verbo Divino, 2001.

Segundo, Juan Luis. *La historia perdida y recuperada de Jesús de Nazaret.* Santander: Sal Terrae, 1991.

Schillebeeckx, Edward. *Jesús la historia de un viviente.* Madrid: Cristiandad, 1981.

Schottroff, Luise. *The Parables of Jesus.* Minneapolis: Fortress Press, 2006.

Scott, Bernard Brandon. *Heard Then the Parables. A Commentary on the Parables of Jesus.* Minneapolis: Fortress Press, 1989.

Sider, John W. *Interpreting the Parables. A Hermeneutical Guide to their Meaning.* Grand Rapids: Zondervan, 1995.

Snodgrass, Klyne. *Stories with Intent.* Grand Rapids: William B. Eerdmans Publishing Co., 2008.

Tamayo Acosta, Juan José (ed.). *10 palabras clave sobre Jesús de Nazaret.* Estella: Verbo Divino, 1999.

Theissen, Gerd y Annette. *El Jesús histórico.* Salamanca: Ediciones Sígueme, 1999.

Westermann, Claus. *The Parables of Jesus in the Light of the Old Testament.* Minneapolis: Fortress Press, 1990.

Young, Brad H. *The Parables. Jewish Tradition and Christian Interpretation.* Massachusetts: Hendrickson Publishers, Inc., 1998.

Apéndice A: Las parábolas en los evangelios

A continuación, se incluyen las parábolas en su ubicación canónica y las referencias a los paralelos. Además, identificamos algunas parábolas que se encuentran en la literatura apócrifa, como el Evangelio de Tomás y el documento conocido como el Apócrifo de Santiago.

Parábolas en el Evangelio de Marcos, en los tres sinópticos y en los no canónicos

Título	Mateo	Marcos	Lucas	Apócrifos
Los invitados a la boda	9.15	2.19-20	5.33-39	
El remiendo de paño	9.16	2.21	5.36	
El vino nuevo	9.17	2.22	5.37-39	
El hombre fuerte atado	12.29-30	3.22-27	11.21-23	
El sembrador	13.1-9,18-23	4.1-9,13-20	8.4-8,11-15	Tomás 9
Lámpara y medida		4.21-25	8.16-18	
La semilla que crece en secreto		4.26-29		Tomás 21.4
La semilla de mostaza	13.31-32	4.30-32	13.18-19	Tomás 20.2
Los labradores malvados	21.33-46	12.1-12	20.9-19	Tomás 65-66
La higuera que florece	24.32-36	13.28-32	21.29-33	
El siervo vigilante		13.34-36	12.35-38	

Título	Mateo	Marcos	Lucas	Apócrifos
Parábolas que se repiten en Mateo y Lucas				
Los dos cimientos	7.24-27		6.46-49	
El padre y las peticiones de los hijos	7.9-11		11.11-13	
Los dos caminos/ puertas	7.13-14		13.23-27	
La levadura	13.31-32		13.20-21	Tomás 96.1
La oveja perdida	18.10-14		15.1-7	Tomás 107
La fiesta	22.1-14		14.15-24	Tomás 64.1-2
El ladrón en la noche	24.42-44		12.39-40	
El mayordomo fiel y prudente	24.45-51		12.41-48	
Los talentos y las minas	25.14-30		19.11-27	
Parábolas en Mateo				
El árbol bueno y el malo	7.16-20			
La red	13.47-50			Tomás 8.1
El trigo y la cizaña	13.24-30, 36-43			Tomás 57
El tesoro escondido	13.44			Tomás 109
La perla de gran precio	13.45-46			Tomás 76.1
Los dos deudores	18.23-35			
Los obreros de la viña	20.1-16			
Los dos hijos	21.28-32			
Las vírgenes prudentes y las insensatas	25.1-13			
Las ovejas y los cabritos	25.31-46			
Parábolas en Lucas				
Los dos deudores			7.41-43	
El buen samaritano			10.25-37	

Título	Mateo	Marcos	Lucas	Apócrifos
El amigo necesitado			11.5-8	
Las peticiones al Padre			11.9-13	
El rico insensato			12.16-21	Tomás 63.1
La higuera estéril			13.6-9	
Los edificadores de una torre			14.28-32	
El rey que fue a la guerra			14.31-33	
La oveja perdida			15.1-7	
La moneda perdida			15.8-10	
El hijo perdido			15.11-32	
El mayordomo deshonesto			16.1-13	
El rico y Lázaro			16.19-31	
El siervo humilde			17.7-10	
El juez injusto			18.1-8	
El fariseo y el publicano			18.9-14	

Parábolas fuera de los evangelios canónicos

Título	Mateo	Marcos	Lucas	Apócrifos
Los niños en el campo				Tomás 21.1-2
La vasija vacía				Tomás 97
El asesino				Tomás 98
La rama de palmera				Apoc. Santiago 6.8
El grano de trigo				Apoc. Santiago 6.11
La espiga de grano				Apoc. Santiago 8.2

Apéndice B: Las parábolas por capítulos

A continuación, presentamos las parábolas que se incluyen por capítulos en este libro.

Capítulo 2: Parábolas del Reino de Dios o de los cielos
Parábola del sembrador: Marcos 4.1-20; Mt 13.1-23; Lc 8.4-15
Parábola dc la semilla que crece: Marcos 4.26-29
Parábola del trigo y la cizaña: Mateo 13.24-30, 36-43
Parábola de la semilla de mostaza; Mateo 13.31-32; Marcos 4.30-32; Lucas13.18-19
Parábola de la levadura: Mateo 13.33; Lc 13.20-21
Parábola del tesoro escondido: Mateo 13.44
Parábola de la perla: Mateo 13.45-46

Capítulo 3: Parábolas del Reino y los animales, cosas o personas perdidas
Parábola de la oveja perdida: Lucas 15.1-7; Mt 18.10-14
Parábola de la moneda perdida: Lucas 15.8-10
Parábola de los dos hijos perdidos: Lucas 15.11-32

Capítulo 4: Parábolas del Reino y el pueblo de Israel
Parábola de la higuera estéril: Lucas 13.6-9
Parábola de los dos hijos: Mateo 21.28-32
Parábola de los labradores malvados: Mateo 21.33-46; Mc 12.1-12; Lc 20.9-19
Parábola de la fiesta de bodas y la gran cena: Mateo 22.1-14; Lc 14.15-24

Capítulo 5: Parábolas del Reino y sus ciudadanos
Parábola de los dos cimientos: Mateo 7.24-27; Lc 6.46-49
Parábola del buen samaritano: Lucas 10.25-37
Parábola de los obreros de la viña: Mateo 20.1-16

Parábola del edificador de la torre y el rey que va a la guerra: Lucas 14.28-32
Parábola de los dos deudores en Mateo: Mateo 18.23-35
Parábola de los dos deudores en Lucas: Lucas 7.41-43

Capítulo 6: Parábolas del Reino y las riquezas
Parábola del rico insensato: Lucas 12.16-21
Parábola del mayordomo infiel: Lucas 16.1-13
Parábola del rico y Lázaro: Lucas 16.19-31

Capítulo 7: Parábolas del Reino y la piedad
Parábola del amigo necesitado: Lucas 11.5-8
Parábola de la viuda y el juez injusto: Lucas 18.1-8
Parábola del fariseo y el publicano: Lucas 18.9-14

Capítulo 8: Parábolas del Reino y la escatología
Parábola de la red: Mateo 13.47-50
Parábola del siervo fiel y prudente: Mateo 24.45-51; Lc 12.41-48
Parábola de las diez vírgenes: Mateo 25.1-13
Parábola de las monedas de oro: Mateo 25.14-30
Parábola de las ovejas y los cabritos: Mateo 25.31-46